古典文獻研究輯刊

三五編

潘美月·杜潔祥 主編

第32冊

陳玉澍詩文集箋證
（第四冊）

陳 開 林 著

國家圖書館出版品預行編目資料

陳玉澍詩文集箋證（第四冊）／陳開林 著 -- 初版 -- 新北市：
花木蘭文化事業有限公司，2022〔民 111 〕
目 6+212 面；19×26 公分
（古典文獻研究輯刊 三五編；第 32 冊）
ISBN 978-626-344-134-7（精裝）
1.CST：（清）陳玉澍 2.CST：中國文學 3.CST：文學評論
011.08   111010336

ISBN-978-626-344-134-7

古典文獻研究輯刊
三五編　第三二冊　　　　ISBN：978-626-344-134-7

陳玉澍詩文集箋證（第四冊）

作　　　者	陳開林
主　　　編	潘美月、杜潔祥
總 編 輯	杜潔祥
副總編輯	楊嘉樂
編輯主任	許郁翎
編　　　輯	張雅淋、潘玟靜、劉子瑄　美術編輯　陳逸婷
出　　　版	花木蘭文化事業有限公司
發 行 人	高小娟
聯絡地址	235 新北市中和區中安街七二號十三樓
	電話：02-2923-1455／傳真：02-2923-1452
網　　　址	http://www.huamulan.tw 信箱 service@huamulans.com
印　　　刷	普羅文化出版廣告事業
初　　　版	2022 年 9 月
定　　　價	三五編 39 冊（精裝）新台幣 98,000 元

陳玉澍詩文集箋證
（第四冊）

陳開林　著

目
次

卷 八

乙亥冬十月上張孝達制軍書

晉王右軍有言：「內外和協，然後國家得安。」今者內外不和甚矣。輦轂之下，一親王、一大學士分掌重兵，權均勢敵，有殷、桓之疑貳，無平、勃之交歡，則大臣未和，滿漢之畛域未融，新舊之意見各別，則群臣為和議者。兼謂自皇躬不豫，太后垂簾，斂衽負芒，已逾一載。果如此言，則宮闈未和。屬上新聞各報又屢言皇太后密謀廢立。此說遠播，聞者憤恨，則四海不和。然以國家之篤祜，並無此事；以皇上之盛德，必無此禍；以皇太后之慈明，不獨無此議，亦必無此心。選育宗支，豈臨洮之世子；經營鐵屋，豈宮禁之房陵？擬議之談，悖妄已甚。草茅疏逖，有可掠理以決者也。昔司馬師廢魏主，假郭太后命，數其不孝子之罪。皇上純孝性成，恪恭齋栗，親政伊始，即修建名園，以佐頤養。經營數載，大工未就。御史吳兆泰疏請停罷，詔削其官。侍郎汪公鳴鑾於召對，時詞氣抑揚，詔責其離間，罷職永廢。而光緒二十一年四月十四日之諭，尤為悱惻，尊養之至，上追有虞。去年八月之事，由康有為、譚嗣同等矯詔，於皇上無與也。豈聖明如皇太后，不能洞鑒，而欲傚宋曹太后之問昌邑故事耶？此可據理以決其必無者一也。

前代被廢之君，類多失德。退處高辛者，荒淫不善矣。放居桐宮者，縱欲敗禮矣。出金馬門，就乘輿副車者，荒淫迷惑，亂漢制度矣。由華林園出居故太子宮者，居喪無禮，遊戲無節矣。我皇上自親政以來，敬天法祖則郊廟明禋，恤下愛民則恩施渥需，求賢籲憂則詔書屢下，旰食宵衣則聖容日瘠，臣民愛戴，中外聞知。庾後之牙尺，且無所用之，況欲傚上官太后之幸承明

殿，坐武帳乎？此可據理以決其必無者二也。

自古避皇位者，皆君臨天下未久。殷太甲立數月而放，漢少帝立四年而廢，昌邑王立四十餘日而歸藩，宏農王立六月而遘難。吳之會稽王、晉之海西公，則六年也。宋之營陵王、陳之臨海王，則二載也。齊之齊南王，則十月也。唐之廬陵王，則二月也。此皆踐祚日淺。其稍久長者，唯帝摯之八載、齊王芳之十有五年耳。我皇上隸中國而撫四夷，已二十有五年矣。歷年愈久，民心愈固，天人眷佑，不可動搖。安能傚漢宮永巷之幽、唐代均州之徒乎？此可據理以決其必無者三也。

在昔元魏之季，幼主甫立，晉陽興兵，兩雄繼起，東西分裂，拓跋七朝，不祀忽諸。昔唐中宗之幽別宮也，李英公起兵揚州，自稱匡復上將，山東豪傑之憤惋不平者，皆炙麥為糧，伸鋤為兵，以俟其軍。而突厥默啜進寇，趙定、偽檀欲取大河以北，亦以輔立李氏兩兒為名。今若躐其所為，知海內英傑為爾朱榮、李敬業者必有人，而東西諸強國為突厥默啜者更不少。仗義執言，彼直我曲，分疆裂土，何以御之！此孟子所謂「自毀自伐」者也。且恐有倒行逆施之徒，如元义、劉騰者。北宮傳食，不免饑寒，養虎得噬，空自嗟歎。前史所載，可為炯鑒。皇太后即不為皇上計，亦當為宗社計；不為宗社計，亦必自為計。安肯為此召亂啟侮之事乎？此可據理以決其必無者四也。

然浮言之興，必有自來。昔宋英宗有疾，太后權同聽政。內侍任守忠等共為讒間，兩宮成隙，內外洶懼。知諫院呂誨上書，開陳大義，詞旨深切，多人所難言。而首輔韓琦之言尤切至，對章獻則勸以調護聖躬，對英宗則勉以舜之大孝。兩宮之疑盡釋，不一載而太后反政，鑾儀撤簾。今之大臣小監，或有構讒好亂如宋世者乎！竊願明公奏請入觀，竭忠盡誠，苦語危言，以彌兩宮之隙，是亦今之韓魏公也。否則宜略採鄙說，與於次棠中丞合疏，奏請皇太后誕告萬方，以示無他。兼飭總理衙門，移諮英領事，使嚴禁上海諸報館，不得妄言廢立，搖惑人心。是亦明公所得為也。必兩宮和而後四海乃和，必皇上安而後宗社始安。今日大計，無切於此，公為柱石重臣，憂國奉公，故敢竭其惓惓。臨啟，無任憂危屏營之至。

上王益吾先生書

自戊子辜月暨陽拜別，寒燠忽忽十有二周，未貢一函於師門。議者或疑忘德，自撲豈曰敢爾。昔蘧伯玉行年五十，而知四十九年之非。玉樹齒今四

十有七，是非要可以自覲。十數年來，學業未增於昔，心性實亦未薄於昔也。未食斗筲之祿，而不忍忘君國之恩，又曷忍忘師恩哉！昔桐城姚石甫見知於山陽汪文端公，謂眾鳥啁啾，獨聞孤鳳。石甫自錢塘見汪公後，未通一書。或問之，石甫謂：「公之知我，以為賢也。要當勉自樹立，俾知我者無失言之悔，豈在尺書通問乎？」區區之意，竊附於此，蓋兢兢焉不敢作一近恥之事，不敢取一自辱之錢，以期無負先生之教，而不欲徒以簡墨達殷勤也。然已為大匠之門之樗櫟矣。三十年前，群盜蟻聚，九域雲擾，賴楚南諸名賢出而削平。今群夷蠶食，皇輿不綏，海宇咸切衡湘生才之望。先生主講嶽麓、城南兩書院，亦有英達沉毅之士，他日能出膺天下之大難者乎？天之生才如草木，然雖有凋落，而無滅息生機之理。嚴霜冽雪，槁葉盡脫，然萌蘗已生於枝柯間。一旦谷風春雨噓之潤之，而華莩發矣。昔之造就才俊者，如羅忠節，如胡文忠，如曾文正，與谷風春雨何以異焉！澍竊願先生繼羅山之軌，而有若王壯武、李忠武、李勇毅、劉武烈、蔣果敏諸公者出於門也。

與山陽田魯璵書

契闊塵久，望風依依。尺書遠屆，惠逾百朋。雖先施未能，亦無所庸其怍矣。客歲之夏，天子發憤有為，丕革其故，以張新猷。下走喜極欲顛，向者林宗屋烏之歎、索靖荊駝之憂，至是盡滌而除之。而肉食者之憂喜，率與愚判其塗焉。有一邑令謂予曰：「朝旨令士民皆得上書言事，成何政體？自是吾曹動輒受制，雖欲有為，不亦難乎？」予笑曰：「今日行一不善，明日已上聞。明府而欲為不善之政，誠難也。今日行一善，明日亦上聞。明府而欲為善政，則甚易也。但使在位者皆畏為不善，而樂勉於善，則內治修飭，而中夏強矣。水疏其壅則溢止，胸去其隔則疾除，此除隔於三焦之妙藥也。何可訾乎？」令慚無語，旁顧而言其他焉。夫開廣言路之為善政，令非不知也。其詆為不善者，私蔽之也。有公忠體國者，不憂一己之害，而為國家攘其害；不急一身之利，而為國家謀其利。其所憂者碩，其所見者明，其為言也乃洞表運裏而無所蔽。反乎此，則謂國家之利害，我何與焉？乃捨其不利於己者莫之言，而言此法若行，將為國不利。庸者不詳，究隨其聲而和之，此囂囂之舌之所以燒城，而新法之所以倏行而忽替也。夫羔羊之鞹不如狐貂之皮之煖，愚哲所共知也。然使謀裘於狐，狐必曰：「狐裘不逮羊裘遠甚。」此其說，豈狐之本心哉？梗新法者之議，亦若是焉已矣，然大臣亦不得辭其咎也。太公望之

言曰：「不癡不狂，其名不彰。不狂不癡，不能成事。」公孫僑之癡狂也，鄭人欲殺之，而不廢其盧井之伍、都鄙之章。商鞅之癡狂也，宗室貴戚怨望，而不改其變法之令。故法行政成，國安富而君以尊榮。今之大臣，多力避癡狂不韙之名，習為畏慎智巧，以全其軀，任新舊兩黨之詢詢橫議，莫敢詳別是非，堅定以持其後，此其衷縱無自私自利之見，然已與危身奉上之義乖矣。若康、梁、譚、楊之輩，庶幾癡狂，然其傾危乃倍於蘇、張，此其所以身戮而名亦毀也。新法既沮，諸邦益橫，王室蠢蠢，未識所底。賦園桃者，誰知其憂？以君忠誠，故敢吐其所懷。南望雲間，臨啟曷任懃懃之至。

致陳善餘同年書

武昌據長江上游，同時一撫一督，以氣節經濟聞天下，而幕府又多魁碩傑特之士，蓋今日宇內之小朝廷也。玉澍江行之舸，西不逾石頭城，未覽天門、采石之勝，無論皖、潯、蘄、黃以西之地。然意馬思車，久馳驛於鵠磯、鸚洲間，不啻一日而九回也。憶昔遷君稜陵，歲在玄黓執徐，其時海宇可稱小休。未及二載，東鄰犯順，六軍外燼，九府內滷，婪婪群夷，源源狺起，攷我鐵路、金銀、煤鑛之利，據我旅順、威海、膠、澳之險，豆分瓜剖，公言無諉，累卵岩牆，不足喻危。求如壬辰相見時，胡可再得？乃中外僚吏，酣嬉自得，不講經濟，不言氣節，各營其私，相競以利，寧待國變，不使懲改。《詩》所謂「其何能淑，載胥及溺」，《易林》所謂「長夜之室，不逢忠直」者也。唯楚督張公之洞，體用賅備，規畫宏遠；鄂撫於公蔭霖，浩氣剛腸，忠誠自矢；兩峰並峙，眾山俱小。久仰輝光，無因緣以達於左右。聞君久居翹材，館為上賓，因郵寄所箸《後樂堂集》三部。以一部奉贈，求匡疵謬；其二部請轉貽於于、張二公，非欲以文詩為贄為刺，蓋欲使二公知山林草澤間，尚有痛朝危、憂主辱如不佞其人者，未始非祖宗培養之厚、中朝士氣之奮，知天下事雖甚呰困，尚可為。身居崇高之位，有不容不盡瘁以圖大匡者也。道路修遠，覯止無期，幸惠顧前好，時眖箴誨。潯暑炎歊，為邦自胗，臨穎無任惓惓之至。

致姚君煥章家鵬程唐素修彭文甫書

吾輩無尺寸之柄，不能為國家謀富強，亦當為鄉里謀富強。謀富必自力田始，謀強必自體操團練始。諸君子自奉檄團練，新器械，勤操演，日有警察，夜必巡防，擊柝相聞，通宵不寐。盜賊戢斂，閭閻安堵，會匪鹽梟不復橫

行，亦可謂有明效矣。建陽周蘭軒孝廉、高作呂尚卿茂才、馬廠馬懷之上舍、梁坣鄭守愚太學，皆能實事求是，肩勞任怨，軍容均有可觀，亦未能出諸君之右。然玉澍竊願諸君子之明農也，團防局中，宜置徐文定《農政全書》、《欽定授時通考》及《湖北農學》各一部，每逢團期，擇其切要易行者，為團丁解說數章，使之心悟，勸之力行，則務農講武合而為一。一處若是，處處若是；一歲若是，歲歲若是。吾鹽之富強，不可翹足待乎？玉澍嘗恨民氣之惰，中國為甚；農功之惰，吾鹽為甚。尤可憎者，滅裂而耘，蓄草害苗，萬室一病。聖人好惡當理，原不易逮，何以僅學孔子之惡莠，亦不可得。每行陌阡，見夫驕驕桀桀者，如疾痛之在厥躬，語以芟除，莫之肯聽。湖坣、建陽、高作等處，有田百畝者，歲以錢六十千購糞灰，一畝田，費錢六百，亦可謂之不惜財力。然吾謂其以三百錢肥苗，以三百錢肥草，至愚可憫也。《呂氏春秋》言「五耕五耨」，今從不肯五耨，而麥田必宜再耨，稻田必宜三耨，耨麥田以除，耨稻田以鎛。鎛一名鎒，鎒又作櫌，江南人曰杷。《農政全書》謂之芸蕩，以此推蕩苗間，則耘而兼耔，耔之義為壅根。士且不知，何論農民？願諸君勤勤誨之。

書示兄子宗實弟子宗亮

昔宋仁宗①慶曆四年三月，以范仲淹、宋祁諸人之議，行科舉新法三場，先策、次論、次詩賦，通考為去取，而罷帖經墨義。至五年三月，范公既去位，執政奏言詩賦聲病易考，策論汗漫難知，請仍用詩賦試士。仁宗從其議，詔前所更令悉罷之。夫策論之深淺得失，亦何難知者，於以歎執政之不學，而不自知其言之陋也。彼以詩賦竊巍科，躋高位，於策論非所素習，固宜視之若瀛海之無涯涘。然其時歐陽修、王素、余靖、孫復諸賢皆在朝，用為考官，豈不能鑒別策論，以進退多士，而乃以己之不知檠天下乎？

去年五月，皇上詔廢八股時文，以策論取士。未及四月，以庸臣之議，仍廢策論而用八股。與慶曆四年五年之事，同出一軌。汝曹平日厭薄時文，而嗜為策論，際此當亦不懌。然余意不以為然。為學首貴立志，志之所向，如朝宗之水，萬折而必東，不以朝廷之功令改也。胡安定先生於慶曆間，為湖州教授，從之遊者，常數百人。時人方尚詩賦，湖學獨立經義、治事齋以敦實學。范公奏改科舉之制，蓋心慕安定先生之教，故其時立太學，而詔下湖州取其法，著為定式。是一州之風氣，可以上移朝政。但使今之士子，競崇尚策

論，超躍乎制藝試帖範圍之外，風聲所播，京師震動，安知廢者之不復興，興者之不再廢乎？《勸學篇》言：「法之變與不變，操於國家之權，而實成於士民之心志議論」，實篤論也。抑余別有說焉。皇祐四年，胡安定為國子監直講，其徒至不能容。禮部所得士，先生之弟子十常有居四五。先生在太學，非以詩賦教人者。先生之弟子，非習詩賦者，而登第者乃若是之眾，其故何耶？可知其時知貢舉者之明達，能破格拔士，不為功令限制，而士之風尚可以奪考官守舊之見也。力守所好，以開風氣，不隨朝政以為轉移，吾於汝曹有厚望焉！

【校記】

①「宗」，原作「宋」。

致張退齋先生書一

中夏遊滬，深以不陟海虞為憾。秋初接手翰，並蒙貺大集，反復觀誦，竊歎執事抗論世變，深識治要。如良醫見證，既審而又善使方藥。雖古之《潛夫》、《申鑒》，何以加茲？據崇高者不鳴，而能鳴者多在庫下，此古今所以治日少而亂日多也。《伊川易傳》於《豫》之六五，以漢、魏季世之君，權失而位未凶者當之。愚謂漢孝獻之位奪於當塗，魏高貴鄉公、陳留王之位移於典午，安得謂之「貞疾，恒不死」哉？唯周自遷鼎東洛，歷春秋戰國，綿延近五百年而共主之號不改，此古之「貞疾，恒不死」者也。印度於乾隆中葉為英人兼併，而其君之食俸守府者，至今未絕，此今之「恒不死」者也。越南於光緒乙酉滅於法，而東京阮氏之王存焉，此將來之「恒不死」者也。我國家能革變作新，則為殷盤庚、武丁之復盛，為周宣王之中興，否則為威烈以後之鞏洛，與《豫》之五爻亦將有合焉。此庸臣之所竊喜，以為諸強國雖盡奪我權利，必不能驟為愚狐陽人之遷。而忠臣志士則疾首痛心，謂權利既失，與依斟居斟似亦無以異也。意大利要索未已，而法人又強佔粵海群島；俄人欲通遼薊鐵路，而英人又欲建鐵路，自印度達於長江。擾擾群雄，機肉視我。及今不改圖，後雖噬臍何及。去年舉國洶洶，蓋猶有冥眩之象。以今歲視之，如在中天。人但知洶洶者之不安，而烏知啾啾者之愈危也。虞山古稱名勝，亦有窮谷窶巖可築王君公之牆、申屠蟠之屋者乎？願夫子明以告我，敬獻拙集，聊用裝函。願賜觀覽，匡其愆謬。

致張退齋先生書二

　　鳳皇不夜鳴而鶴夜鳴。《說苑》言鳳「晨鳴曰發明，晝鳴曰保長，飛鳴曰上翔，集鳴曰歸昌」〔1〕，不云夜鳴，若《易》言「鳴鶴在陰」，陰即夜也。故《淮南子》言「雞知將旦，鶴知夜半」，《墨子》言「鶴時夜而鳴，天下振動」。詩人誨宣王而以鶴鳴起興，豈非以其時昏而寂，其聲大而遠，可以警發聾瞶，異於威鳳之雍雍喈喈，和聲而鳴盛也乎？然則周文公之《文王》，冠正大雅之首；召康公之《卷阿》，殿正大雅之末；此周之鳴鳳也。若召穆公之《民勞》、凡伯之《版衛》、武公之《抑》、芮伯之《桑柔》，皆周之鳴鶴也。後世乘軒之鶴多，而鳴皋之鶴少，求邦之無杌、主之尊榮，胡可得乎？自安小峰侍御讁戍龍荒，文仲山侍御出守河南，鳴鳥不聞，下懷怫鬱久矣。今忽聞貴邑沈編修鵬手創疏藁，請逐大學士剛毅，請誅宦官李聯瑛，此固盈廷噤口結舌不敢言者，何以七品小臣敢諤諤道之？此如深夜黯默，萬籟俱寂，皋禽矯首一喉，眾寐胥覺，上聞於九天；天帝欲泣，下聞於九野。野人雪涕，豈止如陸璣《草木蟲魚疏》所言「聲聞八九里」也。而或者以李善感鳳鳴朝陽〔2〕方之，殆不類矣。雖圄之黃門北寺，聲譽益重，不知此君里居家世及行義年，請先生詳舉以告。

【疏證】

　〔1〕見《說苑》卷十八《辨物》。

　〔2〕（宋）祝穆《事文類聚》新集卷二十一《諸院部‧鳴陽鳳》：「唐高宗自韓瑗、褚遂良之死，內外以言為諱。高宗造奉天宮，李善感始上書極言之。時人喜之，謂之鳳鳴朝陽。《李善感傳》。」

與左生榘書

　　聞在城與人言變法利益，聞者環攻駁辯，有彼眾我寡之憤。竊以為不必憤也。泰西諸大邦，未變法時，世家高位之專利、農商百工之瘠困、守舊士大夫之謬論，無一不類今日之中國。逮變法而風氣議論大變，然倫敦至今尚有守舊求新二班。宰相沙士勃雷侯即守舊班中人，特不若中國守舊者之太拘墟耳。士人不閱中外各報，不覽《泰西新史攬要》、《列國變通興盛記》、《日本國志》、《日本圖經》諸書，故不知變法之可致富強，保君國。其所以不閱各報，不覽諸書者，由於專倚時文，以博取微名，炫鄉曲，求衣食，故不暇旁及其他。無怪多士之愚陋，百口而一舌也。昔明太祖設獄於中都，以錮有罪，宗室

謂之高牆。成祖幽建文帝少子文圭其中，號為建庶人，至英宗天順元年釋之。係時纔二歲，至是年已五十有七，出見牛馬不能識。今變法之利，誠若牛馬易辨，而士子之識，乃若久錮之建庶人。則時文者，實中國二十二省之一絕大高牆也。吾曹始亦高牆中人，幸早鑿穴而出，得稍廣其耳目心思之用。回念舊侶，中心悽惻，不能不思所以拔出之。然手無咫尺之柄，徒慟哭太息，發為議論，如日本之高山正之，止能去高牆之三五瓴甋，何捄於幽繫之人？一旦朝廷大革舊制，以經濟時務策多士，士自爭閱滬上各報，溜覽時務諸書，以應考官之試，則高牆基址盡毀，而拘攣者得盡脫桎拳而出，聞見自遐①，而口說立變。吾故謂足下不必憤也。然足下可謂「己欲達而達人」，此仁者之用心，良不可及。足下憤愈深，而不佞之喜亦與之俱深也。

【校記】

　①「遐」，疑為「逷」。

答友人書

　　來書責僕以時文舉鄉試，以犴獄痛詆之為背本，又言中興名臣如曾、胡諸公皆以時文舉甲科，此中自有人材，未可厚非。考先儒朱文公於紹興十九年舉進士，亦以時文博科第者，而朱子嘗詆時文為妖中之妖，又言時文之弊日趨於弱，將士人志氣都消剝得盡，又言國家若要恢復，須罷三十年科舉以為極好。然則朱子亦背本耶？國家設如宋徽宗之世，以書畫取士，亦必有賢而才者偶出其中，曾、胡諸公亦必習而精焉，以俯就有司之繩墨，而不得謂書畫之可以得人才也。瓦礫之堆，高於陵阜，搜索其中，或得金玉，因此而遂寶瓦礫，可乎？伊、呂由耕釣而發跡，其所以治殷、周者不在耕釣。湯、文之所以相伊、呂者，亦不在耕釣也。曾文正作《武昌張君墓表》有云：「自制科以四書文取士，強天下不齊之人，一切就瑣瑣者之繩尺，其道固已隘矣。」文正之厭薄此物為何如！時文者，科名之父母，而經濟之蟊賊。科名者，私家之富貴，而非君國之人材。足下戚戚於貧賤，汲汲於富貴，所見固宜如是，吾不能勞子以詆之也，子亦不必勉吾以好之也。各行其志可矣。

致謝鍾英同年書

　　珪月穿櫺，金風透隙，蛩攻幌外，莽吟沐下，寤不成寐，懷我石交。惝如朝饑，殆無以喻。君素篤舊，詎有殊情。值嶽麓過雨，清湘微波，攜一榼酒，

陟八景臺，眺遠浦之歸帆，望平沙之落雁，當亦念天末有故人也。憶客年病
月，邂逅宣南，握銀兩餅，同躋酒樓，市脯膾鱻，浮鍾舉白，顏酡耳熱，縱論
時事，深夏苦語，流涕沾袂，直欲借朱游之劍，請子雲之纓，攬孟博之轡，枕
越石之戈，為國家一刷除凶恥也。在昔宗之望天，王郎斫地，有此豪宕，無斯
忠憤。雖劉生下第，江東無名，綱官繼軌，墨水灌腸，而意氣發揚，曾不少
減。視鳳池龍榜，魚變鶯飛，固已侔於芥屣矣。未幾，酒車罷戰，觸客四散，
韗轂揖別，輪蹄分馳。我返淮東，君宦楚南，弦筈既離，參辰不見。回首良
會，迷離若夢。積久不改，惟此心耳。自與君仳，長安似奕。此新彼舊，朝革
夕因。白衣蒼狗，瞬息萬狀。豹變未成，虎視益眈。亂如此憮，昔闇今瘝。莫
非率土，而能勿憂。謂我宣驕，聽之多口。同懷惟君，敢陳拙集。雖非《潛
夫》、《申鑒》，亦殊彫蟲繡帨也矣。

致華亭張聞遠同年書

　　昔咸、同間，寰宇紛亂，東南數行省糜爛尤甚。卒能芟薙寇難，奠元元
於衽席之上者，講學諸儒之功力蓋居十之七八。今韗轂大臣庶司與郡國士大
夫，亦有研究關濂洛閩之書，如倭文端、曾文正、羅忠傑其人者乎？居今仰
昔，此風已如在三代中天以上，耳可得聞，目不可得而覿矣。心性迷沒，節
義掃地，求其無苟得苟免於財難之臨，必不可得。此吏治兵事之所以日敝，
而世道所由淪痛也。與君相知相慕，積十數寒暑，未獲一握手敘平生。今秋
得山陽田魯璵書，盛推君學行志節。聞其語，滋以室遠不見為憾。夫制藝與
試帖，干祿之學也。高才生菲之，以為不足振奇，而欲崇其位置於俗學之頂，
乃勞精敝神於考據訓故，自以為召陵、高密之功臣，而其心固已出入，莫知
其鄉。是亦盜名欺世之學而已。君獨擯虛而責實，學漢而兼宋，儒先語錄學
案，心思口述而躬蹈之。污萊彌望，乃有紫芝朱草挺出於其中，不思採擷紉
佩，豈人情哉？昔有明之季，吳中理學號稱至盛，東林未替，而復社、幾社
續興。鼎革之際，諸儒類能以疾風勁草自肩，而華亭一縣，節義尤為蘇、松
之冠。諡忠裕者，陳公子龍；諡忠穆者，張公肯堂；諡忠烈者，沈公猶龍；
諡烈愍者，王公域；諡忠節者，王公鍾彥、李公待問、夏公允彝；諡節愍者，
宋公天顯、施公溥、章公簡、吳公嘉允、夏公完淳。十二公者，皆產華亭。
而諸生、韋布、市賈、村氓，慨然遂志成仁，以增九峰三泖之光者，尚不在
此數。嗚呼！盛已！君產忠義之邦，而又專孳心性之學，其所樹立，何可思

量！儒者不計六物之吉凶於初生，不揣一身之福極於未來，不隨舉世之好惡以為趨捨，唯捐嗜捨慾，一意孤行，講經濟以儲其才，集節義以養其氣，若衣履食飲之麗於吾身，必不可一日離也。自甲午以來，華威日熸，濱海要地分割殆半。後此之變，大異咸、同。求之前代，或亦未有。士君子不能使一世不亂，要當使吾心不擾。程、朱諸子之書，胡可不讀？俗儒失其本心，反輕議新安，妄詆姚江，謂迂疏不切時用，則謂賊民之多、介狄之橫，皆此輩召之可矣。臨風翹想，不盡欲言。附文數冊呈覽，勿以刊刻而恕其疵焉。幸甚！

與孫養清孫澤蒼書

黯黯乾坤，是和景象。漢鼎唐甌，群議豆分。自渝關越醫巫閭，至於白山黑水，已無一片乾淨土矣。將來解子慶之小冠，戴盎何市？復彥方之晨器，種苗何隴？捨根矩之樹錢，為社何村？戴幼安之皂帽，置床何所？思昔之避地潦水東者，其篤祜良不可幾也。山澤之腥，怲怲若痛；槐棘之輔，容容以保。後福居今懷昔，不獨胡邦衡之疏一紙千金，即袁邵公之涕，亦一滴千金也。《易林》云：「長夜之室，不逢忠直。」三復斯語，噫嗚曷極。

致呂君達材書

能降其心志，阨遺不憫，何邑非柳下？能不求聞達，苟全性命，何廬非隆中？十數年來，擁文史，墊居荒瀨，為村塾童子傅，無士師三黜之辱，亦無南陽躬耕之苦，歲獲餐錢二百餘緡，飽妻孥，賀弔朋友，又以其餘給乞人之求，俯仰天人，可以自得。唯日覽邸報，胸多野史。雖不明讖緯風角，而有折象知衰、董扶知亂之識。縱欲考阿潤之槃，其可得乎？協辦大學士剛毅之按事江南也，唯劾罷某大令，差快人意。至禁釐商、尅減竈丁桶價，僅屬空談；而高等學堂、練將學堂之裁，與晉殷浩以軍興國用不足，罷遣太學生徒何異？聞者駭焉。理財之要，得人為先。如鄂省之重任程雨亭、王雪塍二觀察，最可師法。此公不黜貪進廉，嚴杜中飽而責鹽課，釐金驟加於常額之外，勢非割剝商民不可。吳中田賦之重甲天下，此次清釐近於搜括。萬一有司奉行不善，其不類於宋之方、田也幾希。天下安危，懸於宰輔，跡其措置數大端，庸暗狂躁，可以概見。此邵康節所以憂安石之亂天下，劉誠意所以懼惟庸之僨轅也。足下高識遠慮，以此說為何如？

與李生樹滋書

不見生已兩閱月矣。高等學堂議更名中西書院，未知曷月觀厥成也。新寧劉公既深識裁撤學堂之非，而又不欲顯與建議裁撤者齟齬，姑棄其名而存其實，上之為邦國陶冶人材，下之亦不失寅和協恭之義。此大臣謀國之善，不出於詭隨激烈之兩途，有令人聞之嘉歎者也。然愚竊有說焉。自學校輕而書院多，自書院輕而學堂起。學校之輕以儒官，書院之輕以時文。夫既知時文之不足以造士，欲改弦而更張之，則曷弗即會城舊設之書院，擇其規制宏而輕費裕者，仍其舊名，而盡易其所以課士者，以培養髦俊，而備異日軍國之需。則不獨高等學堂之精舍為可用，而亦非持異議者之所能掣其肘也。夫士子習制藝試帖，以弋科名，猶漁者具竿綸釣餌以釣池魚。有求名干祿之志，不患其不為制藝；有臨淵羨魚之思，不患其不為竿網。高才生平居徵逐嬉遊，及邇試期，閉戶揣摩一月，橐筆入棘闈，伸紙濡毫，塗抹揮灑，足以娛悅試官之目，攫其所求而去。不待長官多方誘之，乃能屬其志而精其技也。如謂憫其饑困，在上者期以是豢之，則是導以利而誨之爭。書院乃為壞人心術之地，安在書院之愈於鄉校，而山長之高於儒官乎？則雖聽其墟廢可矣。制府不大改鍾山尊經課士之制，僅即協揆所廢者而規復之，毋亦畏俗士之多口，而昧於「己日乃孚」之悟也乎？然以視剛協揆之措施，為宏遠矣。州里千金之家，不以資用虧乏而廢學塾。協揆但期節用，不求育才，此孔子所謂「見小利，大事不成」也。足下不待書院告成，束載先往，其志良苦。然凡人為學之道，先學為人；為人之道，先辨義利。蒯麗卿觀察，奉檄來鹽丈量樵地，不必干預其事。有以此相浼者，宜溫語辭之。深秋氣肅，應候珍攝。握管遠懷，意不盡言。

與馮君為琳書

人皆患閏月之在酉，吾兼憂歲星之在庚。道光庚戌，洪、楊起金田，毒流海內。咸豐庚申，英、法二國陷我京師，文宗皇帝巡狩熱詞。同治庚午，有天津之變。光緒庚辰，俄羅斯謀入寇濱海，各直設防，曾忠襄率師屯山海關，鮑忠壯率師守灤州，海內震動。此皆往事，可為明鑒。來年歲在庚子，兼閏八月，有心人能無隱憂？足下高識見微，當同此懷抱耳。

與馬慕邊書

蘭秋接誦報書，言聽鼓未久，補缺有待，不願為躁進速化之事。此有道

君子之言也。其在《周易·晉》之初六曰「晉如摧如，貞吉」，六二曰「晉如愁如，貞吉」。執事居今日之位，蓋已有「晉如」之象。晉而未能遽晉，蓋猶有「摧如」、「愁如」之象。人皆奔而己獨蹲，人皆競而己獨定，淑人壬人之稱譽，無異喙焉，蓋又有「貞吉」之象。「受茲介福，於其王母」，有不待原筮者也。《履》之九二，與此義亦可互證。其爻曰「履道坦坦，幽人貞吉」。夫二非初爻無位之此，而其詞如此，蓋仕途雖甚險怪，要自有坦蕩正直之路；求仕率多奔走，要貴有幽閒貞定之意。此唯寡營於外、有主於中者能之。隆中之澹泊以明志，寗靜以致遠，即《象傳》所謂「幽人貞吉，中不自亂」者耳。唯澹故靜，能幽乃貞。此八字，澍嘗書於座右，以自箴儆。今願與吾弟共勉之也。人雖亂，己不可亂；世雖亂，心不可亂。欲治一世，先治一心；欲治一郡一邑，先治一身。曾文正公之削平禍亂，不基於總督數省軍務之日，而基於與倭、何諸公講學之年也。京師人才淵藪，亦有講求體用之學而可師可友者乎？聽訟之餘，與之遊焉可也。近聞奉京尹之檄，承審宛平獄訟，得此餐錢，可以無饑。然不節之嗟，當慎防之。

致劉楚薌邑侯書

客歲塗月之望，使君重來之信，播流瀱瀬，父老懽語，強梁憂悸。居季世而有茂宰若此，其黃葦白茅中之孤松乎？然怒慕既切，責望亦篤，拭目傾耳，觀化聽風，小疵徵著，盛名虧騫。《詩》曰「靡不有初，鮮克有終」，史云「行百里者半九十」，良可畏也。玉澍山藪頑闇，未睹治體，懷抱忠款，不敢喑嘿。妄掬土壤益泰山，持布鼓過雷門，芻蕘之一得，或亦賢達所芼採也。謹條所宜施行五事表左。

一事曰化學序。明府以元禮簡亢之質，奮周甫勵俗之志，秉正嫉邪，尤鄙庠校藏疾納污，情所不怡。然而《周易·蒙》之九二曰「包蒙」，《泰》之九二曰「包荒」，謂以剛居中，遇蒙昧荒穢而能容也。慨自八表埃霧，舉世溫蠖，儒官晦盲，藻芹凋芳，城闕匪噦鳳之岡，泮林有集鴞之桑。抗論世變者，增厥怛傷。然此由木鐸之啾響，非盡子衿之不臧。非元惡巨憝，均可含忍。不得已，會同廣文先生榎楚收威，以制其猖，此亦時政之所不替，而非期於踔犖之循良。昔韓延壽守東郡，上禮義，好古教化，所至聘徵賢士，廣謀議，納諍諫；舉行喪讓財，表孝弟有行；修治學宮。春秋鄉射，值有欺負，痛自刻責，聞者皆自傷悔。後為左馮翊，行縣至高陵，民有昆弟相與訟田，延壽自責，不

能宣明教化。入臥傅舍，閉閤思過。兩昆弟自髡袒謝，願以田相移，不敢復爭。二十四縣，莫復辭訟。〔1〕然則多士之不淑，無亦明府少諄諄之誨乎？至誠之感物，捷於威術；罪己之動人，深於法巽。閒其縱佚，養其其廉恥，拯其阨窮，伸其屈枉。必曰士不可化，匪所敢信。竊願明府之慕傚韓長公也。

二事曰廣德量。捲舌六星，一曰天讒。維彼譖人，上應列宿。投北界昊〔2〕之詩，下走別有解說，而不取高密鄭氏之義，向與湛村書論辯詳矣。以法滅怨，欒公之社宜毀；睚眥必報，法正之德無稱。仁軌之薦袁異式，雖為過正；安國之善遇田甲，究為可則。設彼記之子革面上謁，不必如晉文之於頭須，辭焉以沐。豈惟安反側之心，杜陰邪之謀，亦以淵廣其德心，追懿於前修也。

三事曰消成心。鑑以照妍媸，而非鑑之能妍媸物也。官以判枉直，而非官之能枉直人也。辯者不盡黠，訥者不盡愿，淑人亦有未行之善，宵人亦有不作之惡。公私殊途，不可以人言為憑；訊鞫未審，不可以己意為斷。士與氓訟，士不必皆強，氓不必盡弱。婦因姑斃，婦固多不順，姑亦多不慈。命案之早結，原以釋擾累。然過於欲速，則冤抑或多。盜案之拘繫，誠不可枝蔓。然過於矜容，則吞舟漏網。密訪以祛蔽，而姦人或預播道路之言。馭役以懲貪，而黠者即飾為廉謹之狀。是貴多閱書史，以益其識；不輕喜怒，以靜其神；不露好惡，以藏其用。小其心以持敬慎，虛其心以養公明，清其心以寡嗜慾，斯可以執其中而無偏，得其情而無蔽矣。

四事曰崇風教。宋左丞相陸忠烈公生以陽月入日，歿以如月六日，宜以其日達諸生致祭其祠。旌表孝廉方正、郡庠生唐耀遠坊燬於火，宜檄其孫曾籌貲改建。旌表孝子廩膳生薛宮，學行俱茂，與楳村先生齊名。歿已卅載，坊猶未立。農人許良棟，質本喬野，孝感鬼神。縣學生姚煥章，貧不妄取，孝而兼廉。旌久矣，而烏頭綽楔缺焉。請明府捐廉俸，為三人合建一坊，以礱代石。崔烈婦單氏，絕粒卅日，蹈死如飴。朝旨雖旌，坊表莫植。其夫弟崔某尚裕貲稸，請以手書敦促。徵士宋曹寧、都縣知縣王世璽、給事中薛鼎臣、寧海州知州成永健，宜崇祀鄉賢者也。鹽城縣知縣安平武韓、濟源衛哲治、休寧程國棟、石城劉武烈公同纕、章邱焦肇瀛，宜崇祀名宦者也。恩貢生蕭句榮，德修於躬，化行於鄉，宜以蕭公鄉三字扁其里門者也。翰林院檢討徐兆續，官年百二，真年九十餘，宜遵會典，歲時存問，饋以粱肉者也。氓之蚩蚩，干犯刑義，有賣女於漚者，有刼嫠為妻者，有昆歿而室其嫂、弟殀而妻其

婦者，宜密察嚴禁，刑教兼歧者也。此皆敦尚禮教之大，猶培厚風俗之訏謨。俗吏或聆而迂之，而明達政要者，必視為當務之急矣。

　　五事曰清盜藪。玉澍嘗謂中國士農工商無進益，唯盜有進益。升高鑿堅，技巧日增；執仗秉燭，膽氣日壯。盜不畏民，民反畏盜。昔則小姓為盜，今則大姓為盜。昔則無恆產者為盜，今則有恆產者為盜。盜牛、盜船、盜磘磚、盜車軸、盜刈禾，穗各有專門，各有黨羽，多者至數十人，鄉人而莫敢言，捕役知之而倚以為利，而州縣官亦多縱盜諱盜，一若有惡於民、有愛於盜者。譬諸惰農之不耘，一若有惡於苗、有愛於草者。農務不講，將來必至草密禾稀。捕務不嚴，將來必至十民而五盜。此大可痛也，亦大可危也。治盜之要領何在？曰去其巢窟，則盜無所容。其在《周書》「掩賊為藏，有常無赦」；商君之法，「匿奸者與降敵同罰」。夫所謂掩賊匿奸者，即《漢書·張敞傳》之「囊橐」，《大清律》之「窩主」。治盜必治窩，猶擒賊先擒王，此古今不易之定軌也。盜無刦竊不吸洋煙者尟，盜之巢穴不依煙館者亦尟。故吸食洋煙者之為盜與否，設煙館者類能知之，鄉鎮之煙館宜簿錄也；煙館之窩盜與否，為里長者類能道之，則里長之言宜簿錄也。然今之里長，皆近利小人，非漢代三老嗇夫之比。即感以誠信，馭以賞罰，其言必有誣隱矣，奚可盡信？復問之士紳，質之捕役，訊之所獲之盜，參互鉤稽，不厭詳審，則里長之情偽可見，盜賊之窟宅可知，可以行吾之法而清盜之源矣。漢尹翁歸為東海太守，縣縣各有記籍。凡為州縣者，亦宜多置記籍，以某鄉某鎮為綱，以人為目，而記其善惡於下，而煙館為盜賊博徒及安清會匪所萃，尤宜詳載其姓名居址方向，寘之坐右，以備觀覽，庶不為里正吏胥所欺。明府勤惠清嚴，無與參伍。治鹽三稔，百廢具舉。厚豢猛士誅貔貙，其於捕務，可謂碩膚，而論者頗議其嚴於崔苻，寬於穿窬。即崔苻之根株，惡可易火烈為水濡。願明府誠諸。

　　右共五事，語紛絮無次。第行以健恒，初艱而終易，而又有碩於此五者。百病之源，皆起於貧。捄貧之要，罔急於畇畇。勸農教稼，其事至纖至悉，匪可約言以陳。俟博稽周諮，別為條目以聞。

【疏證】

〔1〕見《漢書》卷七十六《韓延壽傳》。

〔2〕《詩經·小雅·巷伯》：「彼譖人者，誰適與謀？取彼譖人，投畀豺虎。豺虎不食，投畀有北。有北不受，投畀有昊！」鄭《箋》：「付與昊天制其罪也。」

致劉楚薌邑侯書

前執事言鎮海古甬東地，彼時心惑其說，以執事生長蛟門，考古籍以證今地，即所見以核所聞，當無錯誤。今知其不然也。

鎮海本唐鄮縣望海鎮。朱梁開平三年，吳越王錢鏐奏置望海縣，後改定海。宋、元仍之。國初改鎮海縣。《明史・地理志》：「鄞縣東有甬東巡檢司，治甬東隅，後遷定海縣東南竹山港口。」《方輿紀要》云：「甬東巡司在定海縣東十五里。甬東橋舊置於府東甬東隅，洪武二十年徙竹山海口。」[1]定海即今鎮海，舊有甬東巡檢司。鎮海襲甬東之名，似非無因。又《史記・吳世家》，《索隱》引《國語》曰：「『甬勾東，會稽勾章縣東海中洲。』案：今鄮縣即是其處。」又《文獻通考》云：明州本會稽郡之鄮縣。鄞縣，甬東地，唐鄮縣也。司馬貞、樂史、馬端臨皆以甬東為唐鄮縣，而鎮海古為鄮縣地。又元吳萊《甬東山水古蹟記》所載，在今鎮海境內者甚眾。則以鎮海為古甬東，實符於《索隱》、《通考》及吳萊之說。今知其不然者。

《左氏・哀二十二年傳》：「請使吳五居甬東。」杜預《注》：「甬東，越地，會稽勾章縣，東海中洲也。」《國語・吳語》：「寡人其達王於甬勾東。」韋昭《注》：「甬勾東，今勾章東浹口外洲也。」又注《越語》云：「甬，甬江。句，句章。達王出之東境也。」杜云「海中洲」，韋云「浹口外洲」，《尒疋》、《方言》皆云「水中可居者曰洲」，《〈詩・關雎〉正義》引李巡曰：「四方皆有水，中央獨可居。」鎮海雖南東北三面瀕海，而西垒慈溪，西南接壤鄞，不可謂海中洲也。以鎮海為甬東，與杜氏之說背矣。

《通典》：浹口在明州鄮縣東北七十里。《通鑒・晉紀》「孫恩寇浹口」，胡三省《注》云：「浹口在明州定海縣虎蹲山外。」《明史・地理志》鄞縣下云「鄞江即甬江」，定海下云「南有大浹江，其上流即鄞江分流，為小浹江，併入海」。又齊召南《水道提綱》云：「寧波府甬江即鄞江，有南北二源。南源曰奉化江，東北流，至府城東北與姚江之南港會，姚江一名舜江，即甬江北源。又東北與東港會，經鎮海縣城南，即大小浹江總匯也。又東一里至招寶山，前浹口南曰金雞嶼，北曰虎蹲山。又前曰蛟門，入於海。」浹口雖鎮邑海口，而鎮邑究非口外洲也。則以鎮邑為甬東，與韋氏之說又背矣。

李吉甫《元和郡縣志》：「翁洲入海二百里，即《春秋》所謂甬東也，其洲周環五百里。」《方輿紀要》云：「翁山城，縣東北海中舟山上，越之甬東。」考翁洲，唐開元二十六年置翁山縣，屬明州。宋熙寧六年置昌國縣。元至元

十五年，升昌國州。明洪武二年，降為縣。二十年六月，縣廢，置舟山中中千戶所、舟山中左千戶所。國朝順治八年，克舟山，改名定海山，後置定海縣。今為定海廳，其地在甬江之東浹口之外，而又四面環海，有翁洲之名，與韋、杜所謂「海中洲」、「口外洲」者正合。《元和郡縣志》、《方輿紀要》以為甬東無疑也。

今復以諸書證之。《通鑒輯覽》注云：「浙江寧波府定海縣在海中，其東有翁洲，即《春秋》越甬東地。」顧棟高《春秋大事表》輿圖云：「越甬東，今定海縣治。《國語》作甬勾東，明其地在甬勾之東也。秦置句章縣，在慈溪縣西南三十五里。」江永《春秋地理考實》引《春秋傳說匯纂》云：「句章，今慈溪、鎮海二縣地。海中洲即舟山，今之定海縣也。縣東三十里有翁山，顧祖禹《讀史方輿紀要》作翁山城。一名翁洲，即《春秋》之甬東。」梁履繩《左通補釋》引姚氏附注，同《匯纂》。沈欽韓《左傳地名補注》引《一統志》：「翁山故城在寧波府定海縣東三十里翁山下，春秋時，越之甬東也。韋昭曰：『甬東、句章，東海口外洲也。』」以上諸書皆以定海為甬東無異說。《索隱》既引「海中洲」之說，而又云「今鄞縣是其處」者，彼時無鎮海縣，翁山亦未置縣。鄞縣地逾海東，包洲島故云。然汪遠孫《國語發正》雖引《索隱》，而仍主《元和郡縣志》翁洲之說是也。《太平寰宇記》既載定海縣與翁山廢縣，而甬東錄之鄞縣下，此乃大誤。甬東即翁山。翁山縣廢，甬東地當屬定海，不屬鄞也。或疑《史記·吳世家》注，引賈逵注：「甬東，越東鄙，甬江東也。」《國語》云：「句踐之地，東至於鄞。」由鄞東北至鎮海皆越東鄙地，惡知非甬東？不知鎮海雖越之東鄙，而與甬江東三字究屬不合。大浹江、小浹江之名起於後世，古止謂之甬江。鎮海為甬江出海之口，不得如賈逵所說，謂之甬江東。故李詒德《春秋左傳賈服輯述》亦引韋說，而云「海中洲即舟山，今為定海縣也」。

澍於寧波郡縣志皆未一覩，唯據韋、杜及近儒諸家之說，知甬東之為定海，非鎮海甚明。執事以為何如？

【疏證】

〔1〕（清）顧祖禹《讀史方輿紀要》卷九十二《浙江四》。

庚子秋七月與李審言書

來書深憤王公大臣之為，其言絕痛。眾穉且狂，何足以知之。不佞嘗謂

媮惰不已，必生頑闇；頑闇不已，必生驕恣；驕恣不已，必生兇狂。今日之
役，不顧國家之禍福安危，務逞忿兵殺人以為快，兇狂至此已極，然實平日
媮惰、頑闇、驕恣之習所積而成，《易》所謂「非一朝一夕之故，其所由來者
漸也」。中國古軍禮：兵交，使在其間，飛矢在上，走驛在下。凡《春秋》書
「執行人」、「殺行人」，皆譏也。明於此義，則德國使臣克林德之不可殺，各
國使署之不可攻，其理甚明。且我國使臣，太常寺卿呂海寰在德、四品卿銜
羅豐祿在英、二品頂戴慶常在法、工部右侍郎楊儒在俄，胡未聞有圍攻而戕
賊者耶？吾聞泰西立法，最重使臣。凡踐國土者，皆納身稅。唯隨公使來者
免之。使署之僕從，犯法仍付使者治罪，不得以國法治之。刑部侍郎郭公嵩
燾之使英也，隨員張斯栒之僕入市買物，遇醉人，以肱擊其首，帽墜地。英官
見之，大怒，執醉人，判監禁數月記名。道志剛之使法也，適天津亂民殺法領
事豐大業及教士十四人，事聞於巴黎，舉國洶洶。或謂志剛曰：「此天津之事，
與使臣無涉，勿懼也。」翰林院侍講何如璋之使日本也，東人戶懸畫日旗。兒
童奔走，亦手執小旗以示慶賀之意。東西人之敬我使臣也如此，何意中國以
數千年文明之邦，反不如彼之重禮儀、敦信義耶？使署不破，他日行成尤易。
設天不悔禍，所攻悉毀，狂王悍將，必躬竭兵力，恣其屠殺，無有孑遺，我咎
益重，彼怒益赫，雖欲不為埃及之續，胡可得也？側聞聖皇極不以用拳匪攻
使館為然，而魁柄倒持，詔令不行，舉朝蜩螗之議，反不愜於皇上。宋袁愍孫
言「狂國之人，飲狂泉無不狂者，反以其君之不狂為狂」，讀史至此，為之眥
裂。

庚子秋九月與夏生雨人書

　　嗚呼！五庚未盡，尚書省蕭慶入居；六甲無靈，宣化門郭京出走。望火
星於南斗，北極樞移；愴河水之東流，西行涕霶。雖百六有之適逢之會，降此
鞠凶；亦九五少獨斷之權，慍於群小。

　　然足下謂鑾輿必宜出狩，愚則不以為然。夫大目多髭，煽妖氛於輦下；
強宗貴室，斁忠赤於朝端。必有外兵，乃清君側。如無大國，孰正狂童。雖若
契丹之括錢帛、女真之索金銀，未始非右賢去卑之攻催、烏桓羯末之討穎也。
此不必出狩者一。德光入晉，怒鎖航川；宗浩致書，乞誅佖胄；無所憤於晉出
帝、宋寧宗也。況王柄未歸，恭宗斂衽；牙尺垂訓，成帝負芒。二載漸豪，萬
邦洞鑑。方擬恭奉皇輿，以當除舊佈新之彗。此不必出狩者二。晉秦圍鄭，任

好修盟；韓趙攻梁，子罃得立；以同役而所見殊也。亞洲同處，日恐唇亡；大沽初攻，美曾力諫。英俄勢埒而相忌，意奧力弱而勉從。使署胥全，凱歌可奏；張旗待命，罷戰無難。何必如金宣之棄中都，以激元人之怒也。此不必出狩者三。候景入宮，先朝梁武；隋軍叩閣，致敬陳儲。況彼自詡文明，動稱公法，孰敢肆行暴慢，侵犯乘輿？使皇上開門揖客，御殿筵賓，引咎責躬，開誠見愫，彼縱不請盟若突厥，未必不羅拜如額森也。此不必出狩者四。

足下謂張方太橫，逼帝登車；全誨無君，擁兵入殿，急挾兩宮而北，乃同八月之西巡。然而黨賊之郭倪已竄，開隙之童貫將誅，何以仍離高歡避暑之宮，復行魏主入關之策？雖天語煌煌，明言無輕棄舊京，甘就偏安之理，而民有不能無疑者焉。

姬宗嬴氏，先炎漢而設都；拓跋宇文，啟李唐而作宅。維彼河山之百二，可營門戶之萬千。昔日賢王，曾有宅鎬遷豐之計；今茲多難，寧無閉關絕客之思。此不能無疑者一。昔唐宗南鄭蒙塵，復思蜀郡；宋帝商丘駐蹕，更徙揚州。其時李西平、宗留守皆上書爭之，恐去都愈遠而返駕愈難也。並幽接壤，鄴闕非遙；井鬼分星，漁陽益逖。雖鸞書之再降，恐龍馭之遲回。此不能無疑者二。漢塢饑臣，牛骨五具；梁宮御膳，雞子百枚。雒邑東還，群僚採穭；鳳翔西幸，一日食饘。太原行在必不至此也。謂晉穀不豐，勢難供帳；而秦民相食，詎易輸將？況金商之運道不通，涇渭之漕渠久廢，安見汾上為紇干山，而關中有樂遊苑乎？此不能無疑者三。

嗚呼！魏辭安邑，大河仍灌夷門；楚徙宛邱，小豎遂燒鄢郢。金源遷汴，故都為青吉鯨吞；天水宅杭，中土任烏珠蠶食。觀前代覆車之鑒，知時賢謀國之愆。唯願陳橋扼吭，稍悅戎心；下蔡還車，早成和議。衛拉特請上皇復位，日月重光；西王國助神禹宣猷，戎兵克詰。官失求四夷之學，百度維新；星陳賡八伯之歌，一人有慶。心乎愛矣，跂予望之。

與顧生汝寅書

夏月偕惠君聯元來遊，酤村酒，翦園蔬，披涼露，對月舉斛，雖無嘉肴，可云良會。何意懽往悲來，惠君忽已下世。此公所創義學、卹嫠會，可詒悠久，雖死猶不死也。足下持正疾邪，好義不減惠君，敢以一事誦諉。

昊天不弔，禍我舅氏。遺腹一男，三歲而殤。乃有憸壬搆造飛條，不容燕子樓中久處。關盼此事，昔嘗以全力爭之，豈曰渭陽情深，追維彌留囑咐

之語，不得不然。足下居室與鄰，且為吾舅鍾愛之外孫，願出其大力鴻慈，護持寡鵠之巢，不飄搖於疾風暴雨，我舅氏亦當銜感於九京也。揀賢立嗣，以杜覬覦，此為要圖，願與唐氏諸君謀之。

庚子冬十月報蕭葵村先生書

嗚乎！民言無嘉久矣。來書乃言十八省幸少荒歉，指日和議成，又將為太平百姓。先生姑為此嘉言以相娛悅耳。福州大水，皖、鄂苦旱。大江以南，澎雨遲暮，山田無年。晉、秦皆大饑，而秦尤甚。山路險阻，饋餉甚難，軍民嗷嗷，凍餒交迫。叛亂之憂，近在肘腋。皇上已詔義紳嚴作霖、施則敬、嚴信厚、周寶生等籌貲往振。望援之切，迫於焚溺。先生胞與為懷，而竟未之聞乎？

吾邑穀價雖賤，然亦中下歲耳。南鄉高燥之地，播穀三次，而無一獲。尤可異者，水田未受旱潦，風雹之傷，亦無螟螣蟊賊之害。穀之在田者，穟穟翼翼，及納之於場，所獲不逮往歲之半，而藁秸亦少焉。雖老農莫能言其故也。

夫飛潛動植之物，無一非天地之氣之所生，無一非皇王之福之所庇也。盛則俱盛，衰則俱衰。衰世而欲物產之豐，與嚴冬求卉木之盛何異？正風之終曰「彼茁者葭，一發五豝」，正小雅之終曰「菁菁者莪，在彼中莪」，正大雅之終曰「梧桐生矣，菶菶萋萋」，言其盛也。變風之終曰「冽彼下泉，浸彼苞稂」，變小雅之終曰「何草不黃，何草不玄」，變大雅之終曰「如彼萋苴，草不潰茂」，言其衰也。一草一木之莞劉，而世運之隆替、朝政之治忽、民生之息耗憂愉，皆因之而見。聖人特綴之風雅之終者，有深意焉。猶憶同治初，吾邑稻田多魚蟹，刈稻者置之篝車，與秉穗共載而返。團焦有燈火，則郭索往就之。三十年來，無此事矣。《毛詩傳》云：「太平則萬物眾多」，《〈鳧鷖〉傳》。又云：「太平而後微物眾多」。《〈魚麗〉傳》。鄭氏《詩箋》云：「君臣安樂，則陰陽和而有豐年。」《〈有駜〉箋》。即此數言反而思之，令人有無窮之感慨。《周頌》曰「綏萬邦，屢豐年」，設萬邦不綏，軍旅數動，蒸黎流散，田野蕪萊，欲歲之屢豐，必不可得。此詩人儆戒之語，故繼之曰「天命匪懈」，僅見為頌美之詞者，不善讀也。

今者八國聯兵，京師不守，乘輿播遷，蒙塵汾渭。邦之不綏，天子之不安甚矣，歲之歉而穀之耗也，不亦宜乎！和議近已暫輟，即令明春有成，而

權失利竭，何以為國？《小宛》之詩曰：「螟蛉有子，果蠃負之。」《箋》云：「喻有萬民不能治，而能治者將得之。」玉澍竊慮中國為螟蛉，而西人之為果蠃也。太平二字，非所敢期，但求終其身為聖清之百姓，斯已足矣。

與丁紹仙書

讀《禮記》至「有土此有財」，讀《商君書》至「有土不憂貧」，竊謂此經子至精之語，自天子至於庶人，皆宜三復而熟思之也。匹夫有四十畝，率其妻子盡瘁於耘耔糞壅之事，雖有水旱，不得而殺之。其死於饑饉者，皆死於人力未盡耳。昔湯時有七年之旱，伊尹為區田之法，教民糞種負水澆稼，承天災則棄多就少，竭人功則以少勝多，其時九有無餓人也。然則天災之不殺人明矣。玉澍不憂貧而憂四海之貧，不求富而求郡邑之富。與人言農功，終日娓娓不倦，恨不獲任四畯之職。足下好古劬學，搏心壹志，季世何可多覯！然田事槩任僮僕，不治家人生產，有原隰數千畝，而逋負累累。曹倉鄴架中有徐文定《農政全書》，何不讀之師之，以反貧而為富也？

與楊生同寅書

芷江足下：

不覯數載，悒如朝饑。書來言子張過中而狂，子夏不及而狷，故其論交不同，非若蔡邕師褊商寬之說。此論良善。玉澍嘗謂子張氣象似子貢，子夏氣象似曾子，故其論交之，一主廣大，一主謹言，亦至相類也。「尊賢而容眾，嘉善而矜不能」，子張為子夏門人言之，子貢亦與堂衣若言之。子貢因容眾而說不若己者，孔子慮其日損，謂其「與不善人居，如入鮑魚之肆，不聞其臭」，不若子夏「與善人居，如入芝蘭之室，不聞其香，與人化也」。然則子夏不可之拒，何可非耶？曾子引周公之言曰：「不如我者，吾不與處，損我者也。與吾等者，吾不與處，無益我者也。吾所與處，唯賢於我者。」曾子所服膺者在此，視子夏尤謹嚴焉。然子夏雖謹嚴，而謂司馬牛曰：「四海之內皆兄弟」；曾子雖謹嚴，而謂門弟子曰：「千里之外皆兄弟。」兩賢又未嘗不廣大也。擇交由謹嚴而馴致於廣大，乃能無弊。遽求廣大，其弊不至比匪不止。孔子嘗謂子張「能莊而不能同」，然則子張始亦謹嚴者也。周公一沐三握髮，一飯三吐哺，一日而見七十士，其招來可謂至廣，而不與不如我者處，又使人聞而嚴憚之，豈用人與交友道不同耶？抑亦吐握為相之事，而與處必賢於我者乃少時入太學之事耶？子夏之門人小子，初學灑掃應封，有本無末，心志未定，

子夏不得不以謹嚴為教。朱子以為「迫狹」，與子張之「過高」，兩議之，殆未之審也。

足下蟄居海濱，好閱邸報，志意不為不廣，而索居無友，恒有踽踽夐夐之憂，不可不遠遊以擴其識。姑以邇者言之，劉生於唐可與會文，顧生汝寅可以輔仁，皆卜氏所謂可者。蘭室豈在遠乎？玉澍少讀曾子書，至「少不諷誦，壯不議論，老不教誨，為無業之人」，惴惴引為大慮。故壯歲以議論為事業。論事之文主廣大，論人之文主謹嚴。主廣大故舉筆不忘君國，取法不遺泰西；主謹嚴故於達官貴人少所許可，《續集》中無一傳志之作。寧師亭林，不師昌黎。劉生曾王母霍太孺人苦節懿行，卓然賢母，然已旌於朝矣，奚假覆瓿之文以謀不朽乎？阜邑丁紹仙慶鼇嗜學成癖，澍嘗以為可友。丁君為其嫡母陶恭人索銘幽之文，澍雖草槁與之，亦不入集也。願以此言告劉生。

與劉韻樵書

來書謂天道無知，劉敬敷之子不能補博士弟子，而夫己氏之子籍於庠。足下可謂能好人、能惡人矣。然此惡足以窺測天道哉！吾見夫今之初入學者，新冠盛服，望門拜謁，以求饋貽，一僕執紅氈導其前，一僕把試卷隨其後，村童里婦聚而環觀，嘖嘖稱羨，曰此新秀才也。而所謂秀才者，亦即以村童里婦之環觀稱羨為榮，高其趾，昂其首，楊其眉，謂人生快意之事，無逾於此。由是層累而上之，為舉貢，為進士，為詞林，望門拜謁時，觀者羨者彌眾。俗士見之，與倪若水之慕班生登仙無異，喟然歎曰：未知我幾生修得到也。而謂浩浩昊天、蕩蕩上帝與村童里婦俗士同其見哉？其所謂榮貴者，必不在此矣。足下亦知魯之泮林不種桃李而種桑者，何耶？其葉可以飼蠶，其葚可以佐穀，其材可為農器，其根杜可為藥物，桃李遠不逮焉，故魯人重之。曰芹、曰藻、曰茆，皆水菜之可食者。周憲王列之《救荒本草》，故魯人採之。泮林不植無用之物，上帝不貴無用之人。士生天地間，亦以利澤及人為可貴耳。劉君善樹藝以教惰愚，散財粟以賙貧困，樂善不倦，有鍾離葉陽之風。每入城市，窮民環而乞錢，抱膝牽袂，至不能前。此天下之至榮也，何必以一子青其衿佩而後為貴哉？侯朝宗言「學校之害同於吏胥」，又言「自乞人以上，無不侈然為子衿者」，又言「士之賤，不一牛若，舉世習於不知恥」，又言「育才之地，今沿以為惠濟三局」。曾謂天帝之見不如侯朝宗乎？然則天所以愛劉君之子者厚矣。

嗚乎！此書所謂嬉笑怒罵皆文章也。自漢武帝廣勵學官，為利誘之術，而士輕。自唐、宋場屋搜檢，以盜待士，而士賤。槍冒、頂替、關節、懷挾、傳遞，無一非穿窬行徑。至望門投刺，傳帖索賀，靦然不知人世有羞恥事，又其後矣。非慎簡考官，大減取額，誘之以氣節，導之以忠愛，士林之蕪蔑無由芟薙也。舉世不明是非，以蓑莠芨葥之生，萋萋莫莫，為泮宮嘉植，為黌舍美觀，豈不哀哉？受業包允恭謹注。

與徐賓華及王煦堂書

有李審言在興化，玉澍不敢作駢儷之文。有兩君一在山陽、一在鹽城，玉澍不敢作詩。非惟不敢作，亦且才力不能作，非若八股文之不屑作也。然自天子以達於庶人，不能獨立自強，均為大患。二君以詩來，而玉澍不勉強屬和，是二君為美利堅、為日本、為歐洲各大國，而我甘為波斯、為土耳其、為摩洛哥也。此三國與我中國同稱病夫之國，西人輕薄如此，澍竊羞之。搭浪施華列以南斐洲至小之國，而能與英吉利血戰數月，豈中國膴人民四萬萬之眾，不能自強乎？不佞之勉力作詩，亦傚搭浪施華列之出師云耳。自戊戌入月以來，憤不能諼，兼感新事，作詩十有三章，錄呈吟壇，用博一哂。

詩附錄

三邊柱失伏波銅，戴才空桐虎視雄。事急廣求燕市駿，才難莫辨葉公龍。語侵太后秦丞相，謀錮南宮漢司空。鴆鳥雙雙天外去，逋逃藪在大瀛東。

門懸諫鼓帝堯宮，日月光華達四聰。共說叔文知治道，豈知少正是奸雄。浮雲蒼狗紛無定，已日黃牛革未終。振鐸揮鞀成往事，普天仍作囁嚅翁。

宋祖裁員斥素飧，唐宗毀寺逐沙門。長楊校獵車徒壯，宣室求賢詔語溫。正喜芻言集烏府，旋聞藥裹進丹閽。玉關人老何須怨，自古三危竄渾敦。

欲將瞑眩起沉痾，南北甘陵黨論多。伴食舊臣駑戀棧，鳴珂新進岠馳河。文章擬孔雱宜戮，弟子名顏栩太頗。獨柳幾人駢首戮，兔爰反使雉罹羅。

天閑怒策馬虺隤，四海驚聞出地雷。騎射武靈胡服改，鹿裘鄭注帝京來。椒風玉女遲祥夢，榴露金吾速禍胎。移得皇枝栽鶴御，蟣臣依舊祝臺萊。

紫禁連年進藥籠，朝回人說聖顏豐。上林僵柳公孫字，素服重華太上宮。漢帝詔書憂繼嗣，唐宗家事學癡聾。誦詩豈足稱材美，半是王根定策功。

十載高禖奉太牢，畫堂甲觀祝生鰲。休疑章獻詢昌邑，已詔師丹傅定陶。臥虎回天謀議密，買牛穤疾士民勞。掖庭尚種宜男草，日角龍顏未二毛。

　　尚冠轓獵去如飛，孝武曾孫入禁闈。銅輦黃麾無故事，瓊枝玉葉燦新輝。
龍樓門登問豎情應篤，鮑俎捐芳事已微。願遣清河早歸國，履霜怕有雪花霏。

　　黃琮蒼璧禮乾坤，屢詔銀潢代至尊。便殿垂裳經歲月，瀛臺駐蹕幾晨昏。
禁中媼相薰天勢，海外商民泣涕痕。野老郊童翹首望，何時豹尾出宮門。

　　柔佛彭亨瘴癘鄉，尚多黎獻藿傾陽。馬流異域思炎漢，鸚武多情問上皇。
漢殿縑囊人不死，晉宮牙尺話難詳。山中酒保歸何日，北望長安淚幾行。

　　澤散驢分勢正雄，白波左校又洶洶。貂璫權勢傾明主，龜鼎安危仗聖躬。
苦語不聞韓僕射，深山已竄杜郎中。漢家善頌推劉毅，可比平原小吏忠。

　　赤縣何年唱董逃，霜飛白簡出詞曹。回天獨坐宮中賊，偃月深堂笑裏刀。
匹馬西行遲偉節，幾人北寺祭皋陶。漢庭終不囚鸞鳳，竚看雞杆七尺高。

　　悵望神州九點煙，石門泉水久滔天。胡椒八百倉儲富，鍾乳三千粉黛妍。
括地蘇臺持節日，歸裝粵海賣兒錢。亭開野史愁何限，城北牆東共泫然。

卷　九

致王月莊禮部履康書

驫接李君審言書，知足下初七日至上海，十六日至興化，計程當已入瓢城矣。杜老《羌村》詩所謂「世亂遭飄蕩，生還偶然遂。鄰人滿牆頭，感歎亦歔唏」者，以今方昔，詎有殊焉。惜玉澍羈滯荒瀨，不能攜一挺脯、一榼酒遠來痛飲，為夜闌秉燭之談也。今歲夏秋之變，出人意表，為前古所未有。足下於五月杪自潞縣，移寓永定河南，雖未躬居危城之中，目擊拳匪之焚掠、人民之慘瘁、兩宮之播遷、百官之犇跣，然孟冬初自固安南旋，所經畿輔郡縣，見夫邑里之蕭條、骴骼之狼藉、敵兵之眾盛、壁壘之森嚴、戰艦之雲集、旌斾之飛揚，皆生平之所未睹，當必有慷慨悲歌如燕趙之士者。以此發為文詩，則氣勇而詞壯，調高而聲淒，決非拘儒杜戶握槧，足跡不出里閈者所敢望也。兵燹屠殺之事，為生人之大阨，而亦有大利益存也。膽氣以此，智識以此，增心智以此，苦骨幹以此，煉人才即以此出。此境不可嘗試，亦不可不嘗試。昔望遠為君憂，今聞歸而羨愧不逮矣。

致同年雷君曜瑨書

接誦惠書，感謝非一。陶、王二友，已自京生還。仁人之惠，敢不拜嘉。玉澍少亦迷誤於俗學，三十而後，適稍稍為古文詞，而學淺才薄，遊蹤未廣，不足窺唐宋八家之藩籬，無論堂室。過蒙諿獎，適滋顏汗。前寄文集五十部，已荷檢存。後又寄五十部，亦收到未？澍嘗觀於闤闠，而知學問之道也。名城大市有鬻金珠者，繒綵裹之，篋匱貯之，密室收之，不輕以示人

也。有問價者，導之入內使觀焉。價布帛者則不然，庋之於架，門戶洞啟，凡過市者皆得見之。市薑芥者則又不然，實之於筐，擔之於肩，且行且呼，唯恐人之不聞覩也。故物愈貴則愈秘，此君子之闇然也；物愈賤則愈衒，此小人之的然也。玉澍之文，非金珠也，非布帛也，直薑芥耳，嗜辛者或有取焉。然非且行且呼，則聞知者寡，而賈用不售。請以賣文助賑之說，登之《申報》之首，以廣聽聞。否則，束之高閣，無過而問焉者。口惠無實，為可愧矣。

與王雷夏季孝廉宗炎書

　　執事過採聽聞之語，諞獎失實，不才奚足以當之？團練鄉兵之舉，亦迫於不容已耳，豈曰思步湘楚諸公之後塵哉！咸、同間，以鄉兵殺賊者，如湖州之趙忠節，紹興之包立身，澧州之五福團，岳州之平陽團，安徽之瀘州團，四川之中江團，江蘇之溧陽團、金壇團、常熟團，皆為粵賊所憚。棍圖札拉參呼圖克鄙名功穆巴都功穆巴如普，光諸二十三年了寂。建承化寺於阿爾泰山之陽，集吐爾扈特、厄魯特、哈薩克數萬之民，耕牧戰守，亦能南御回逆，北抗強俄。少時聞而羨之，仰若天人。自知文弱之軀、淺薄之材，必不足以仰企於萬一也。自八月初，邑人驟聞洋兵入京，鑾輿西狩，人情風鶴，一夕數驚。場竈向為鹽徒出沒之地，而鄰邑阜寧會匪、鹽梟尤夥，深懼其乘勢揭竿，擾及桑梓，雖欲安坐絃誦不能。不得已，商之劉楚薌明府及友人馬懷之上舍、呂尚卿茂才，議練鄉兵，以遏亂萌。畝出十錢，以購戎器。百畝出一夫，以為團丁。牒之大府，亦謂可行。無如民情怯懦，諱言兵事，群慮名隸冊籍，異日有徵調之患，以身著號衣為恥，以官府文告為欺。詬詬言之，藐藐聽之。不得已，帕首韡刀，手發火器，身為眾先，乃稍見信。然手無尺寸之柄，無以用吾威；囊無一銖之金，無以用吾恩。無威無恩，何以訓練？徒張虛聲，形同烏合。設有弄兵潢池，如張九四、方國珍者，寧能驅不教之民，以與之一鬨哉！夫兵者，國家有之榮枯、民人之生死所繫也。故西人視之至輖，教之至周，養之至優。我中國右文輕武，已成積重難返之勢。將則督撫輕之，弁則州縣輕之，兵則士民輕之，非遊墮無歸、獷悍無賴，鮮入營伍，而應召募。其應武試、舉武科者，率多作奸犯刑之徒。有能問捨求田，不販鹹鹺，不囊橐盜賊者，已為循謹可貴。豈有一二才武之士，出於其中，思為國家殺賊立功者乎？武功之不競，國威之不張，其所由來者遠矣。胡文忠曰：「國家今日，當以練兵求才為急務。

如饑渴之於飲食，一日不食則饑，一日不講武則死。」此言至為痛切，特難為近今肉食者道之。彼藿食者，亦疇足以語此哉！玉澍素無遠志，從不敢碩言欺人。惟期假朝廷一命之榮，督率鄉邑子弟，春夏教以耕種耘耔之事，秋冬教以坐作擊刺之法，務農講武，兼營併進，實心實力，求富求強，以開風氣，而保里閭。報禮之願，於斯為畢。若夫俗士庸臣之所歆慕，愚則芥屑視之久矣。《禮》曰：「貨惡其棄於地也，不必藏於己。力惡其不出於身也，不必為己。」天下寧有私己，而可謂之仁者？區區之心，難為俗道。感執事誘掖之愛，敢罄陳之。

報高鑑之明經鏡蓉書〔註1〕

不覿一祀，世變日棘。猥蒙不遺，遠貺尺書。獎飾太過，何以克承。為鄉先生薛幼南醵資建坊表，此他人事，不敢掠此虛美。玉澍嘗謂中國文明之治，周而極盛。盛之極即弊之始，猶《泰》上六之「城復於隍」，《泰》之極即《否》之初也。嬴秦無論矣。炎漢以來，誰不以文為治？然唐虞三代文而明，累代叔季之世文而晦，晦則如盲者之被緋衣，雖甚采采楚楚，而一物無覩；又如獄有垣而繪之，自外觀覽，非不文采絢爛，其中乃黝黝垢穢，不可向邇。今之所謂文皆是類也。其在《易》之《賁》卦，天文人文，豈不鬱鬱稱盛？然其上九曰「白賁無咎」，聖人之不貴文如此。《敘卦傳》言「賁者，飾也。致飾然後亨則盡矣，故受之以剝」，聖人之惡賁飾又如此。今中國之剝極而亨盡，皆中國之飾為之。中國之飾，皆中國之文致之。而僻在瀛海之外者，反以尚忠尚

〔註1〕本卷《與成渙庭書》稱：「鹽邑之孝廉、明經暨廩膳增廣附學諸生，不下七八百人，而論者必推高君鏡蓉之學行。」李詳《藥裹慵談》卷六《高鑑之》（《李審言文集》，江蘇古籍出版社1989年版，第734頁）：「余僑鹽城，所友事者，陳君惕庵之外，有高君鑑之名鏡蓉，鹽城歲貢生。王逸梧先生視學淮安，鑑之試古學，據吳仁傑說，考張釋之為廷尉年，列第一。茂名楊蓉浦提學尤賞鑒之，邀入南菁書院，時以山陰甜酒及金華蘭薰餉之。鑑之自傷其老，無以酬楊。攸縣龍侍郎湛霖按臨江蘇，值考拔貢年，鑑之列前茅，侍郎宴諸生，觀其齒貌，預為選拔地。閱鑑之冊籍，年幾五十，已開名單，復將鑑之名圈去。鑑之鬱鬱，授生徒，余大兒及其門。鑑之以寒疾五日卒，年五十一，時光緒甲辰也。鑑之體如笨伯，能背誦《韓集》、《杜詩》，熟精《兩漢》，說之靡靡可聽。善為史論，有數篇刻入楊溥兩提學試牘中，余從其弟求之未得。鑑之館於鎮中，假僧寺為精廬，集杜句署門云：『欲得淮南術，真隨惠遠遊。』書規平原。鑑之沒後，余過寺，見此聯，戒老僧勿毀，僧守之數年。今春見之，已揭去，無復蹤跡。髡徒敗人興，並此區區，不為吾友傳之，吾有負鑑之矣。」

質之俗，行周官周禮之政，擷三代之長，而無漢、唐以來之弊，而明昧強弱於是判焉。昧者不察，猶以華夏文物自詡，此猶瞽者自謂有離朱之明，聾者自謂有子野之聰也。

　　客有詢華夏之名義於余者。余曰：「曰中、曰大、曰文采、曰虛假，兼四說而義乃備。」客曰：「何以言之？」余曰：《尚書》之『蠻夷華夏』，《論語》之『不如諸夏』，《左氏傳》之『諸夏親暱』，鄭氏、包氏、杜氏皆以夏為中國。夏得為中者，《月令》季夏之月，於五行為中央土。華亦得為中者，《曲禮》曰『為國君者華之』，鄭《注》以華為中裂。《〈禮‧玉藻〉注》、《〈詩‧葛覃〉疏》皆以華為黃。黃，中央色也。是華夏有中義。《左氏傳》云：『能夏則大。』《爾雅》、《方言》皆云：『夏，大也。』華訓光，光亦大也。華古讀若敷，敷亦大也。是華與夏有大義。偽《舜典》之『重華』，偽《孔傳》以華為文德。《顧命》之『華玉』，說者謂為五色玉。《禹貢》之『夏翟』，《周官》之『夏采』、『夏縵』、『染夏』，說者皆以夏為五色。是華與夏有文采之義。《後漢書‧馬融傳》之『華譽』，李賢以為虛譽。虛者，實之反。華者，亦實之反也。《禮記‧鄉飲酒義》『夏之為言假也』，《書大傳》、《白虎通》皆云『夏者，假也』，是華與夏有虛假之義。」客曰：「今華夏之人自謂中也，有外之者矣；自謂大也，有小之者矣；自謂文采也，有斥為野蠻之草昧者矣。總之，皆虛假之為累也。」余聞之喟然歎曰：「善哉，客之言也！不急去中國之自大，不減損中國之文采，不盡革中國之虛假，中國必不能安宅於中，將有剛自外來而為主於內者，是不大可慮乎？」

　　然《敘卦傳》之言曰：「物不可以終否，故受之以同人。」今之自外來者，皆同人也。詔書言「取外國之長，乃可去中國之短」，蓋有「同人於野」之義，或者如《否》之上九「先否後喜」，《同人》之九五「先號咷而後笑」乎？願與不足下拭目俟之。

報胡綏之學博玉瑨〔註2〕書

　　曩者嘗憤木鐸無聲響，而泮宮之林有鴞，因謂府廳州縣之儒官宜悉裁革。今聞執事介其操，煦其貌，博其敩，劬其教，乃知湖州教授之遺範近在百里外，昔者之論褊而躁矣。來書言經、史、時務三者先後之次，吾何間然。

〔註 2〕按：胡玉瑨傳可參王欣夫《吳縣胡先生傳略》，載《許廎學林》（中華書局 1958
　　　　年版）卷首。

然鄙意竊謂經、史之學浩瀚，如瀛海之無垠，而其切於今日之急務者，如海中之島嶼、舟行之標準，必不可不番視也。明於時務，則經之一言、史之一事皆足以弭亂而綏國，如崇文山、趙展如兩尚書，非不讀經、史者。趙公自命尤高，生平以關學自任，欲繼少墟、二曲之軌，此又崇公所不逮也。使二公能力主《魯論》「子不語怪力亂神」之訓，復以《宋史》郭京之事證之，則知義和拳之必不可用；使能三復孟子「以一服八，必有後災」之語，復以《宋史》韓侂胄伐金之事證之，則知諸友邦之必不可啟釁；使能深思《春秋》嘉曹羈之義，復以《宋史》邱岳、杜杲之言證之，則知袁太常、許侍郎之必不可殺；使能深思《春秋》譏楚執行人良霄、晉執行人叔孫婼之義，復以《五代史》晉執喬榮之禍證之，則知德國使臣、日本書記官之必不可戕，而各國使館之必不可攻。如此則經、史之有益於國也宏矣。惜二公之不足以語此也。

大凡不達時務，而拘執經義、高談史事，譬若醫師之誤用葠、術，藥雖珍嬂，而必致殺人。如海城李忠節公，每與人言，必痛心疾首於用夷變夏，生平服膺岳忠武，而深憤秦檜、王倫之和金。此其好惡何嘗不正？忠愛何嘗不篤？而不明今日中外情勢，因以載漪、載勳諸人之主戰為是，而以南方諸督撫之主和為非，雖喋血苦戰，以身殉國，適以速乘輿之播遷，召京師之蕩覆，而無少補捄。論其死者，不能無遺憾也。使李公於入京之始，深明於強弱眾寡之勢、順逆安危之理，與慶王密謀，以部曲誘誅首禍諸人，持其首級示諸國，以退其兵而與之行成，則皇上不至駕幸晉、秦，都城不至為八國所據，和議不至若今日之難。雖有專擅之罪，然斷以經義，則公子遂之盟洛戎；例以史事，則玉津園之斬首禍。皇上當受制狂王之際，必陰嘉其尊主靖國、除暴庇民之功而不之責。即不幸事敗身殲，或事成而膺益都千戶之禍，其忠義勳績猶在許、袁、徐、聯諸公之右，豈不磊磊落落，為獨出冠時之一人哉？計不出此，身首俱碎，而猶不免與已死之剛毅同罫吏議，此大可痛也。

孔子言「溫故知新」，司馬德操言「識世務者在乎俊傑」，王仲任言「知古不知今，謂之陸沈」。今之陸沈者，謂《詩》之「率由舊章」、《書》之「圖任舊人」為確不可易之說，而不知日本、英吉利曩亦有守舊求新二班，其力主變法以致富強者，皆求新者也。或鑒於典午五胡之禍，謂互市之東人西人必不可容留，而不知美利堅許各國之民入籍，日本亦許各國商民入居內地，而不知中國之於外人，永無驅除之事。或鑒於萬曆礦稅之禍，謂在山之金銀

鉛煤必不可採，而不知漠河觀音山之金廠成效已著，而不知歐、美各國皆以
開礦為致富之源。或鑒於崇禎練餉遼餉之禍，謂民賦必不可稍加，而不知二
十稅一亦孟子所不取，而不知泰西各國賦稅之重皆倍蓰於中國，而不知國朝
名臣如靳文襄、孫文定，皆嘗謂國家取賦太輕。或鑒於李林甫用蕃將之禍，
謂洋將必不可使練兵，而不知俄皇大彼得專取材異地以強其國，而不知北印
度之塞哥亦用歐羅巴人為將以勁其兵，而不知中國捨琅威理而專任丁汝昌北
洋軍之堅船利礮，乃於威海之役籍而獻之日本。

　　此皆一孔之瞀儒，柱膠鼓瑟，而不足以論今日之世變。豈惟時務之霧霾，
而亦經、史之蟊賊也。不善讀經、史者，必不能會通時務；不深識時務者，亦
必不能解說經、史。三者宜並學而兼誨，不必判輕重以為先後之序，提其要
而挈其綱，不以泛騖誇多耗其心力，不以帖括詞章分減其功。中材三五年亦
必有明效可觀，豈必須之十載之後？狂瞀之說，未知有當，唯高明裁之。

與桐城洪靜川先生書

　　客冬承命，作《曾廟從祀議薈》序言，如佛頭著糞。二月杪讀惠書〔註3〕，
過蒙獎譽，適益顏汗。蒯麗卿觀察虛懷下士，欲延不佞入幕府，匪無知己之
感，但自漸學識淺薄，不足扶大雅之輪，且此間維繫者眾，未能捨去，乞執者
事善言辭之。玉澍聞英國之變法自強，起於名士可倍特；法國之變法自強，
原於名士福祿特爾暨羅索二人；日本之變法自強，起於處士之議黜幕府而尊
王室，山縣昌貞、藤井石門倡之於前，高山正之、蒲生秀實等繼之於後。諸君
皆殷憂國事，忠忱苦志，著書立說，音嘵口瘏，以期振起一國之人心，而動守
舊君臣之聽，原不敢必其有功效。乃閎議旁譒，俗耳一新，信崇日廣，氣勢日
沛，遂若狂飆奔流，不可遏抑。卒能使三國拪拭舊弊，奮興新利，殄滅私智，
昌明公理，而國勢逐菀盛滋長，如盛夏雨後之卉木者。斯則諸處士筆舌之功，
不可掩也。區區之心，慕此已久。每有論著，必期中國之為英、法、日本，幾
於每飯不可忘。讀去年十二月初十日變法之詔，懽欣湧躍，如第五倫之歡聖
人。乃兩月已逾，封事闃如，又慮聖意中變，將有盰遲之悔。滬報言劉制府延
聘張君謇、湯君壽潛、沈君曾植條議新章，將會同鄂督南皮張公入告。此說
真贗，乞賜尺書以誶。

〔註3〕《曾廟從祀議薈書後》見本卷，文末題署「光緒二十七年（1901年）春王正
　　　月鹽城陳玉澍」，則此信亦當作於本年。

與成渙庭書

　　來書謂錢生殿華不必應縣試，此論甚卓。庸庸萬輩中，疇足以語此。經濟、科名久分兩程，讀書、應試亦是兩事。有為讀書來者，吾誨之；專為應試來者，吾卻之。時文宜永廢，科場宜暫停，中額宜大減。玉澍自甲午、乙未以來，久持此論。彼濟濟之士視為泰山華嶽之重者，自我觀之，曾鴻毛蟬翼之不逮也。或謂予曰：「考試為掄才大典，自束髮受書以來，已習聞此語。吾子乃為此輕蔑之說，不亦悖乎？」予聞之笑曰：「朝廷之設科，徒假名器以悅庸俗之徒，非為求才。考官之試士，止藉校閱為塞責之事，惡覩才與不才。士人之應試，止博衣頂為鄉里之榮，本未嘗以人才自命。其所謂才者，不過八股、八韻、楷書之類，灌夫罵程不識所謂『一錢不值』者也。時文不永廢，無以驅之經濟之途。科舉不暫停，無以正其趨向之誤。中額不大減，無以抑失僥倖之輩。」明知此說出而詈者必眾，然而詈予說者，其學識為何如？聞予說而諮嗟太息者，其學識又為何如此？即以鄉里之榮言之，山陽不少翰林進士，而群相推重者，乃在高子上先生。諱延第。學政黃公體芳上其學行於朝，詔賜翰林院待詔銜。光緒十二年冬十一月卒。先生之襟佩，固未青也。鹽邑之孝廉、明經暨廩膳增廣附學諸生，不下七八百人，而論者必推高君鏡蓉之學行。高君亦一歲貢生耳。然則鄉人之所謂榮者，或亦在彼不在此耶？達於此義，而錢生宜孳孳讀有用之書，不必汲汲應有司之試，無庸再計矣。

與江都王義門孝廉書

　　憶戊戌春二月，津沽邂逅，車中造膝，縱談世變。出榆關，遊遼瀋，東至興京，觀先皇帝發祥處。豪情壯氣，傾慕何已！曾幾何時，幾華三易，而短札未通。聞足下作詩見懷，且謂不佞之文慷慨激烈如陳龍川，博大精深如顧亭林，自問何敢承？差可自信者，惟朝氣多，暮氣少耳。然知我者謂之朝氣，不知我者謂之客氣。《園桃》之詩曰「謂我士也驕」、「謂我士也罔極」，士之言自古見輕，何待今日哉！嘗謂朝氣萌於夜半，盛於眜明，而極於禺中；暮氣萌於禺中，盛於定昏，而極於夜半。朝氣之極為暮氣之始，故有卓午而假寐者；暮氣之極為朝氣之始，故有夜深而覺寤者。吾深怪夫東人西人奮發黽勉，至卓午而暮氣未萌；又深痛華人頹惰昏柔，至夜半而朝氣不生。其所以然者，西人不午睡，華人則深夜酣眠而不醒也。甲午中東之役，暴雷一震。去年京師之變，霹靂再擊。朝野之大夢，似可以覺矣。然吾聞行在扈從之員，納苞苴

如故，用私人如故，謀補官如故，結閹寺如故，觀俳優如故。外省風氣亦復如此。此孟子所謂「夜氣不足以存」，又何望其以朝氣驅暮氣哉？暮氣不除，而欲舉行新法，循東西諸邦之軌而步其後塵，不可得也。吾聞日本有高山正之，慷慨有奇節，性善哭，語王室式微則哭，聞邊防多警則哭，談忠臣孝子義僕節婦之事則哭。每入京師，則望闕稽首曰：「草莽臣正之昧死再拜。」生平立說著書，危言激論，專以尊王之義鼓舞豪傑，一倡百和，前蹶後振，人心愈奮，士氣益張，遂能僕鎌倉之幕府，反王柄有朝廷，啟明治中興之盛。區區之心，竊有慕於此。故不憚大聲疾謼，以警長夜之眠。不謂百憂百凶交集，而寐無聰[1]，吡者比比皆是。足下忠憤在抱，得無有讀《兔爰》之詩而痛哭太息者乎！聖明親政，或猶可為希。努力加餐，為國自愛。

【疏證】

〔1〕《詩經·王風·兔爰》：「有兔爰爰，雉離於羅。我生之初，尚無為；我生之後，逢此百罹。尚寐無吪！有兔爰爰，雉離於罦。我生之初，尚無造；我生之後，逢此百憂。尚寐無覺！有兔爰爰，雉離於罿。我生之初，尚無庸；我生之後，逢此百凶。尚寐無聰！」

與顧悔庵書

前日來塾，縱談世變，深嘉錢生之不應縣試，而憤應試者有二千三百人之多。其識甚遠，而語甚切摯。然督儒方詡吾邑人文之盛，為國朝二百五十年來所未有，不知乃深心人悲憤之一端。中國之大患，不在士寡，而在士多。士愈多，亦愈寡，而國愈貧弱，風俗愈澆。《大學》言「生財有大道，生之者眾，食之者寡」，今之士，生耶？食耶？食焉而不素，必若孟子所言，用之於君則安富尊榮，從之於子弟則孝弟忠信[1]。又或若范文正為秀才時，以天下為己任，乃能免於無事而食之咎。如其欲誘致聲利也，而假文字為之階，心不知中外失得之故，口不能道歷代興亡之所以然，術之所肄者陋，胸之所存者瑣，上於軍國無毫末之補，下於鄉州無尺寸之益，徒攫食於人，以厚自奉養，則多一士，誠不若多一農也。俗情賤農工商而獨貴士，謂上之可以作宦，次之可以為師，下之可學鄧析長短之術，乃爭趨此塗，以自表異。衿佩未青，志意已滿。手握試卷，面有喜色。使之改而學稼學賈，則鄙夷不屑。而身惰力劣，欲勉為之，亦不克。不得已，挾兔園冊子訓郊野蒙士，所入不足事齒，乃覷拾不潔之錢，以自污染。其或由博士弟子，層累而上，其所以剝取於人者，

愈不可問焉。是穀粟中之強蜉，而林莽之中豺虎也，而猶以多為貴。《詩·大雅》之所謂「多士」，固如此乎？國家欲挽此弊，必若泰西之重農重商重工，於善種植、精創造、廣貿遷者，爵以招之，使知不士之貴。而又博教士之科實試士之學、隘取士之額，以示為士之難；則偽士日少，而真士自出。但使一州一縣得三五真士，國家已無乏才之患。彼莘莘擾擾者，果奚為哉？鄉、會試均宜停止五年，何論郡縣督學之試！試愈密，而士之頑錮愚陋亦愈甚。昔賢以時文比之洪水猛獸方，方之焚書坑儒，至今日而說乃大驗。然吾子而外，吾邑可與言此者寡矣。

【疏證】

〔1〕《孟子·盡心上》：「君子居是國也，其君用之，則安富尊榮；其子弟從之，則孝悌忠信。」

報姚生冠湖書

　　來書詢夷人入居中國原始。中國當上古之世，本未嘗有中外夷夏之別也。《〈周禮·職方〉》疏云：「神農以上有大九州，桂州、迎州、神州之等。黃帝以來，德不及遠，惟於神州之內分為九州。」然則後世所謂外夷者，皆炎帝以前之中國也。至唐虞時，幽州為北裔，崇山為南裔，三危為西裔，羽山為東裔。孔氏《書傳》之說，實本於《左氏春秋傳》之「投諸四裔」。而《虞書》之「蠻夷滑夏」，孔《疏》以為「興兵犯邊」。既有邊裔，則中外之界以立，而華夷之界綦嚴。然其時九州之內，已間有戎夷襍處。《禹貢》冀州、揚州之島夷在海外，雍州之崑崙、析支、渠搜、西戎在荒服之外，而青之萊夷、徐之淮夷自在東裔之內。故《費誓》之「淮夷徐戎」，孔《傳》云：「此戎夷，帝王所羈縻統敘，故錯居九州之內。」《竹書紀年》：「帝堯七十六年，司空伐曹、魏之戎，克之。」曰曹曰魏，亦戎之居內地者。然則戎夷入居中國，雖不能塙指始終於何代，而堯、舜之世已然毫無疑義。王肅不考《禹貢》，謂戎夷皆紂時入居中國，其說甚謬，宜孔穎達駁之。《後漢書·西羌傳》：「後桀之亂，畎夷入居邠、岐之間」，蓋本之《竹書紀年》。又《東夷傳》云：「武乙衰敝，東夷分居海岱，漸居中土」，此皆後事，非權輿也。《史記·匈奴傳》言周幽王之亂犬戎，取周焦，獲居涇渭間，侵暴中國。襄王時，戎翟居於陸渾，東至於衛，侵盜中國。晉文攘戎翟，居於西河、圜洛之間，號赤翟、白翟。《後漢書·西羌傳》云：「平王之末，戎逼諸夏，自隴山以東，及乎伊、洛，往往有戎。渭

首有狄、貌、邽、冀之戎，涇北有義渠之戎，洛川有大荔之戎，渭南有驪戎，伊洛間有揚拒、泉皋之戎，潁首以西有蠻氏之戎。當春秋時，間在中國，與諸夏盟。」考周代戎夷內徙，不始於幽、平。《春秋》：「公會戎於潛」、「盟戎於唐」、「戎伐凡伯於楚邱」、「公追戎於濟西」，杜預謂在「陳留濟陽」，今在曹州府曹縣。（詳見《春秋地理考實》。斯戎也，成王十三年，王師已會齊侯、魯侯伐之。詳見《竹書統箋》。《左氏春秋傳》之「驪戎」，杜《注》謂在「京兆新豐」，今在西安府臨潼關。《左傳》又言「唐叔封於夏墟，啟以夏政，疆以戎索」，則成王時，唐已與戎錯處。《穆天子傳》：「天子至於雷首，犬戎胡觴天子於雷首之阿」，則穆王時，雷首有犬戎。雷首山在今山西蒲州府，此即《左傳·閔二年》虢公所敗之犬戎，杜預謂「西戎別在中國者」也。則周代中土有戎，不始於幽、平之世甚明。總之，戎夷襍居內地，鮮有不為患者。周厲王時，淮夷侵洛邑。幽王時，犬戎攻宗周。襄王時，狄滅畿內之溫。杜預謂：「中國之狄，滅而居其地。」揚拒、泉皋、伊、洛之戎同伐京師，焚王城。杜預謂：「諸襍戎，在伊水洛水之間者。」狄又伐王城，大敗王師。此狄即滅溫、伐衛、伐邢、伐晉之狄。在今山西潞安府境。晉所滅潞氏、甲氏、留籲、鐸辰及廧咎如皆是。王出奔氾。漢、魏兩朝，於匈奴、氐、羌、鮮卑降者，多處之內地，與民戶雜居，遂成典午五胡之亂，馴至吞噬神鄉，邱墟帝宅。然則唐虞覆載之量，豈後世所能效哉？然我奮彼怠，則驅除尚易；華弱夷競，則徙逐難施。成湯攘邠、岐之夷，見《後漢書·西羌傳》。武王放涇洛之夷，見《漢書·匈奴傳》。秦始皇逐出九州之夷，見《書·費誓》孔《傳》。此蓋國家極盛之時，故能為此。晉武帝時，侍御史郭欽請及平吳之威、謀臣宿將之略，徙內郡雜胡於邊地，峻四夷出入之防，此當國家極盛之日，故宜言此。至惠帝元康九年，太子洗馬江統作《徙戎論》，語雖切至而時已晚。苟非其時，則郭侍御、江洗馬之說必不可行。況今之互市中國者，其治教可為我師法，本不可以夷狄目之。頑錮之王公大臣，不識時勢，妄議驅除，一蹶不振，致家與國同受其禍，縲首市曹，而莫或憐之。今欲鎮懾內地之客民，使無養虎反噬之患，惟有振其德威以自強，使踐我之土者，守我之法而已矣。足下以為何如？

與李生繩武書

前日來塾，言觀於西人之氣球，而知奇肱之飛車非訛；觀於南森之探極，而知誇父之逐日非怪；觀於日本兵卒之冷水澆背、赤足履凍，而知句踐之抱

冰握火不為奇；觀於西人欲創造一器，積數十年之心力，竭數十萬之貲財，
不成則詒之子孫，而知愚公移山之說不為愚；觀於俄皇之與羅馬尼亞富人結
為昆弟，賀其嫁女，而知秦始皇之禮巴寡婦不為卑；觀於美人之以華盛頓名
其城，英人之以維多利亞名其花，而知太戊、仲丁之名篇，克昌、駿發之弗諱
不為質。此皆新事新理，非瞀儒小生所能言也。予嘗謂論天下之理，有類積
薪，往往後來者居上。《易》言「王公設險，以守其國」，《周禮》有司險掌固
之官。至孟子則曰「地利不如人和」，吳起曰「在德不在險」，說與《易》、《禮》
異焉。今泰西之英吉利與法蘭西，僅隔一海港，密邇強鄰，似當以險阻城池
為固。乃英人毀其都城，以將士訓徽代之，而鄰國莫之敢侮。乃知眾志之可
以成城，而設險守國之說之不足恃也。《書》曰：「蠻夷滑夏，寇賊奸宄」；管
敬仲曰：「戎狄豺狼不可厭也，諸夏親暱不可棄也」；皆惡夷而尊華也。至孔
子則曰：「天子失官，學在四夷」；又曰：「夷狄有君，不如諸夏之亡。」至聖
實有重夷輕夏之意，而解者多異辭，而後知夷有夏無之說之不可易也。孔子
言「死生有命，富貴在天」，孟子言「夭壽不二，修身以俟之，所以立命」。至
申包胥則曰「人定勝天」，順天安民者或從而疑之。乃觀於泰西立防疫之官以
禦癘，精醫師之術以剖身，講體操之學以去疾，麻藥服而產難免，牛痘行而
殤子希，延年益壽，專資人力，期頤而上，數見不奇，始深信人定勝天之說，
而壽夭生歿之不繫於命也。《虞書》言「眾非元後，何戴？後非眾，罔與守邦」，
《商書》言「民非後罔事，後非民罔使」，言君民並重也。至孟子則曰：「民為
貴，社稷次之，君為輕」，語似偏重而失其中。乃自美利堅之華盛頓創立民主
之國，南北美洲諸國相率效之，歐洲之法蘭西亦效之。官由民舉，政由民議，
不貴君而貴民，民之愛其君也愈篤。此法雖中國之所必不可行，然亦可知孟
子之說之無可疑，而《禹謨》、《說命》之非真古文也。孟子學宗孔子，而力攻
楊、墨，斥為無父無君之禽獸。然漢儒賈誼則孔墨並稱，唐韓昌黎氏亦從祀
孔子朝廷者，以為與聖賢同指。孔墨必相為用，似其說不能無弊。然觀於泰
西大公無我之治，原於墨子之尚同、兼愛；以人勝天之為，原於墨子之非命；
捐軀敢戰之風，原於墨子之摩頂放踵。三者皆非吾華之所能及。始歎昌黎之
說之不可非，而孟子之說之有可商也。夫理與曆，皆由天而生者也。曆不能
不改，理亦不能無變。談天者以後出為精，治曆者以後測為密。說理者以後
來為新奇，亦以後來為真確。天圓地方之動靜，日出日入之早暮，北極南極
之高低，日食星聚之災祥，與孛慧之為妖，經星之分野，雷霆之殛惡，古人所

津津稱道之者。今以西人天曆家言推之,而知其紕繆多不足憑。此其理與積薪何異?今之以夏自矜而薄人為夷,以士自炫而藐農商工,以星命堪為術數之說自愚自限,而不知實心實力以求自強者,皆拘儒陳腐之見,而不足以贊維新之治者也。以足下好言新理,故進此說以為一得之助焉。

與張生延壽郁生馨山吳生紹祐書

不覿一載,學識大進。前月薜苫,縱談世變。委咎八股,議論俱快。非識時務,奚足語此。吾願語二三子以察考官之術也。士子應試,多揣合考官之好尚。書賈鬻書,多揣合士人之好尚。市多輕世之書,知考官必裕經濟之學。世多訓詁之書,知考官必長考據之學。市多制藝試帖,知考官必庸陋不學。值考試時,一入闈闔,觀遊圜闠,而考官之達與不達,可得十之七八,不待聆其言、觀其所作也。憶昔大江南北,城鎮鄉村之塾,案有《十三經注疏》與馬、班、范、陳之史暨《東華錄》、《經世文編》者,百無一二。書賈之架,亦不多覯焉。自瑞安黃漱蘭先生暨長沙王祭酒師先後督學江蘇,以經史掌故提倡多士,曏之百無一二者,至是乃十有二三。閱者眾,售者眾,印者亦眾,風氣為之一變。後之來者學術不逮,風尚亦殊。書賈之綑載而舟運者,則高頭講章、味根錄、大題文府、小題三萬選之類也。楚南士風,曏為膠固,輪舟不許入境,電竿不容建立,洋人遊覽不許入城。士大夫以談洋務為恥,見服洋布、用自來火者,則相率詆之。迨同年江建霞太史督學湖南,以西學取士,滬上洋務諸書,遂不翼而飛於三湘七澤之間。江君去位,代者為編修徐仁鑄,此風未改。迨仁鑄削籍,隨督學而鬻書者,仍以制藝試帖謀奇贏焉。吳楚之書賈如此,天下之書賈概可知矣。今者慮遠憂時之士,多以人才屈抑、華威不揚歸咎於國家不早替時文。然國家功令,歲科先試經古,鄉、會兼試經策,原未嘗專重時文。其專重時文而以經策之試為具文者,學政、主考之咎,非盡國家立法之不善也。其所知能者在此,其所好尚者在此,其所謂工拙而憑之取捨者,亦不得不專出於此。沙門不買櫛,兀者不市履,非所用也。石工不可以相玉,狗監不可以相馬,非所知也。無黃、王二公之學,欲責以黃、王二公之取士,胡可得哉!故今者欲振興人才,廢棄時文試帖也宜急,而慎簡考官,不以頑固迂陋者濫竽其間也尤急。明達如諸生,當不河漢斯言。

與張生延壽書

接楚卿、松樵書,皆言新政最要最先亦最易之事,無如重農事以厚民生,

設報館以益士智，可謂要言不煩。然愚意竊謂閱報非僅益智，亦以興仁，何也？不閱報，不知國事。不肯閱報者，不關心國事。不知國事，是謂不智。不關心國事，是謂不仁。知國事者則能辨中外理亂之所以然，而曉然於因革失得之故，不狗夫頑固迂謬之談。關心國事則有忠愛憂憤之思，與挽回斡變之計，不以一己之窮通得喪為忻戚焉。此其人不謂之仁智不可也。如其不然，中國民雖眾，皆不智不仁之民；士雖多，皆不智不仁之士。而泰西則報館林立，舉國之人不關心國事者，亦無不知他國之事者。是以眾智敵我眾不智，以至仁敵我至不仁，求國之無危，不可得也。昔顧亭林先生年十二讀《通鑑》，十六閱邸報，故能為一代名儒。黃陶庵先生館錢牧齋家，日閱邸鈔，故其所為文，多指陳崇禎時事。陳文恭公為諸生時，聞人有邸報，必借觀之，故能為當代名臣。此皆前賢閱報之明效。愚意欲請劉明府於城中立售報處，提賓興息錢買滬上各報分售八鎮之士，有議論國事親切著明者，則由售報處寄之滬上報館，以廣其傳焉。此姚、左二生所謂最要最先亦最易者也。明府自捐廉俸，廣購中西書籍，以供多士借閱，非不可與言者。願足下譔槀藁，創簡要章程，繕呈明府。審言、蔭孫皆可就商，慎毋綽綽爰爰，蹈中國士大夫之積習也。

與左槼左菜書

　　我世祖章皇帝詔禁婦女纏足而不行，我聖祖仁皇簾詔改時文為論策而不果，我宣宗成皇帝詔禁吸食洋煙而不終。斯三者，中國之大害也。而三聖人者，又銳意興利除害者也。然欲除其害，而害愈滋，豈當日宰輔王大臣不克贊成聖治耶？抑亦蒼蒼者之未悔禍耶？今皇上深嫉時文之空疏敷衍，戊戌五月五日已下廢棄之詔。今歲七月十六日，復頒明諭，鄉會試、歲科試之向用八股時文者，概以論策講義代之。此吾與二生十數載禱祀而求，延頸而望者，而今竟得之，其愷康為何如！意者去纏足、洋煙之二大害，亦可翹足待也。嘗謂聖人者，後天而奉也易，先天而動也難。湯、武不能除肉刑，至漢孝文帝而後除之。古今來大快人意之事，不至其時則不成。麥西國王於周匡王二年鑿河，導地中海之水以達於紅海，工作十閱月，死者十二萬人，遂輟而不為。越二千餘年，至咸豐丙辰歲，法人里息勃斯集貲十萬萬兩，日役三萬人，至同治七年，始成蘇爾士河一道，長二百七十八里。西商之航海者，乃能由埃及徑達印度洋，獲免於環繞非洲，經大浪山風濤之險，至今中西人稱道弗衰，

以為此萬世之利也。而埃及王欲於二千年以前為之，徒勞人力，戕民命而不就，豈其精專堅忍，不及里息勃斯？無亦氣運未至，不可以人力為耶？策論不興於康熙六年，而必興於光緒二十八年，良以彼時時文之景運未盡，文人之厄運未終，雖以聖人在天子之位，亦無如何也。然而時文錮蔽之害，尚未逮纏足、洋煙之厄之甚。纏足不禁，則中國四萬萬人，弱者二萬萬，此地球萬國未有之慘禍，而中國獨受之。洋煙不禁，則中國四萬萬人，病者四千萬，此中國開闢以來未有之慘禍，而我清獨受之。疆吏變法之疏數十上，獨未及此二者，豈天心竟無悔禍之日，而元元之厄運無已時耶？此又吾與二生之娛懷不暢者也，尚其拭目俟之。

與蒯麗卿觀察書

玉澍讀《唐風・蟋蟀》、《曹風・浮游〔註4〕》之詩而有感也。《蟋蟀》美儉，《浮遊》刺奢。儉奢相反，蟋蟀與浮蝣相反。儉者有以自全，奢者無以自保。蟋蟀善鬥，人或從而畜之，唐宮人且著之金籠矣。浮游雖鮮潔，文采可觀，然豬好啖之人亦燒炙噉之，則無以自全矣。此其相反者一。儉者懷遠憂而多動，奢者貪近娛而多窳。蟋蟀激響長宵，哀吟達曙，驚寒女之蚤起，有趣織之嘉名，其音聲勤也；六月居壁，七月在野，八月在宇，九月在戶，十月入我床下，其遷徙勤也。浮游不鳴不徙，惟掘閱於糞壤之中，與蜣螂無異，昏惰甚矣。此其相反者二。儉者，君子之道，闇然而日章；奢者，小人之道，的然而日亡。蟋蟀色正黑，是闇也。然而光澤如漆，則闇而章矣。浮游有羽翼以自修飾，特須臾之文采耳，蓋的而亡矣。此其相反者三。天下未有儉約而不存之久者，未有奢縱而不亡之速者。蟋蟀歲暮在堂，是久存也；浮游朝生而夕死，是速亡也。此其相反者四。

世未有不樂久存而樂速亡者，然而不免厭蟋蟀而喜浮游，是所以求存者，實所以自速其亡也。豈不哀哉！今天下之大患在奢。奢者，貪之母。惡貪而不戒奢，與揚湯止沸而不抽其薪者無異。昨讀渙庭來書，知執事督銷正陽，力湔積弊，以儉素倡導賓朋，食無兼味，器無華囂，盛夏曳藍布長衫，無紈綺之服，與《蟋蟀》之詩旨合焉。而夙夜勤勤，恒慮不稱其職，此詩所謂「職思其居」者也。西瞻歐洲，東望築紫，痛外侮之日逼，悵皇輿之未返，此詩所謂「職思其憂」者也。使中國士大夫盡瞿瞿蹛蹛如執事，國勢何憂不競？無如

〔註 4〕「浮游」，當作「蜉蝣」。

蟛蟀少而浮游多，方且采采楚楚其衣，以自炫耀，安得不仰慕儉德，日馳意馬思車於大君子之側也。國政雖變而人心不更，國貧已甚而吏貪益奇，每有聞見，憂憤靡已，明知無益而不能渝，惟執事不棄而賜之誨焉，幸甚！

鹽城蕭氏宗譜序

　　蕭生炳然遹其尊公芷庭先生之末命，賡纂宗譜，拮据密勿，兩閱因隙，乃續續而馳翰，乞言於臺。臺閱之，俶然歎曰：蕭氏於有元之季，由平江徙鹽瀆，譜碟俶落於前明中葉。崇幀間，淮河潰溢，大浸稽天，舊槁淪沒於蛟鱓之穴。逮國朝乾隆之旃蒙協洽，有蕭氏雲路者，始草創成帙。至道光之強圉大淵獻，裒輯補綴，規撫粗備。而皆未剞之棗梨。今茲生之所修，將從事於方策矣。此豈惟崇宗人之愉，當亦芷庭先生莞笑於三泉者也。

　　然予竊有慇焉。蕭氏譜，莫古於《齊帝譜屬》十卷、《齊梁帝譜》四卷、《梁帝譜》十三卷，《隋書·經籍志》已云亡矣。《唐書·藝文志》有《齊梁宗簿》三卷、《梁親表譜》五卷、蕭穎士《梁蕭史譜》二十卷，至《宋史·藝文志》不著錄矣。《宋史·藝文志》有李燾《齊梁本支》一卷，馬端臨《文獻通考》已不存目矣。一氏之萃渙，一譜之存佚，莫非氣運之盛衰、國家之理亂、兵刼之疏數為之主宰，而非操觚握槧者所克操其券也。矧今者，狄介矣，夷滑矣，戎侵純矣，遄①識者懷蓄百慮，有《苕華》、《兔爰》之慨。生所纂述，其能若蓮葉之神龜乎？生其鐵函，錮之石室藏之，而無徒禱先靈之呵護也。書罷，為之憮然良久。

【校記】

　　①「遄」，疑為「遄」。

郭氏宗譜序

　　光緒二十有六年，俄、英、法、德、美、日諸國攻陷天津之月，邑人郭君傳儼持其所脩宗譜而乞言於予。予閱之，喟然歎曰：一姓之隆替，一邑之盛衰，所由見一邑之盛衰。天下之治亂安危，所由見也。郭氏之始祖，厥名勝四，明初由平江徙鹽城之大岡。子然一躬，煢煢踽踽，無期功之親以為伴侶，何其替也。今閱五百餘年，而蔓延逾千室，丁男以數千計。此五百餘年間，忠臣、義士、孝子、順孫、烈媛、節婦、文人、墨客之屬，後先相望，名載郡縣志者，不可勝數。嗚呼，何其隆歟！吾邑之戶口，自國朝定鼎以來，盛衰增減

不一。順治初，丁男七萬三千一百有八。至康熙五十年，丁男六萬四千有六。值國家重熙累洽，而吾邑戶口反減於舊者，地處河淮下游，屢受昏墊懷襄之災，民多漂溺流徙，與他郡縣之康樂和平有不同也。迨雍正九年，分鹽城地，置阜寧縣，鹽邑實存四萬六千七十六丁。至道光九年，丁男多至三十七萬六千二百八十有三，此為吾邑戶口之至盛，為前後所不逮。吾詳觀郭氏譜，而知其戶口增益之多，亦在乾隆、嘉慶兩朝。此固純皇、睿皇深仁渥澤，休養生息所致。而其時，吾邑年穀之屢豐，寇亂之不作，亦可想見。此一姓之譜牒，可以參考國史暨邑志者也。然而，繼《豐》以《旅》，過盛則夷，盈虛倚伏，天道固然。西漢極盛之世，戶一千三百二十萬三千六百有奇。經王莽之亂，耗其七八。至光武中元二年，戶止四百二十七萬一千六百有奇。李唐極盛之世，戶八百九十一萬四千七百有九。經安史之亂，耗其七八。至肅宗乾元三年，戶止一百九十三萬三千一百三十有四。兵戎之禍之慘有如此者。吾觀於郭氏子姓之盛及鹽邑戶口之繁，不禁平陂往復之懼。況今者，洋兵拳匪內外交訌，王室翹翹如岩牆之遇瀑雨，迥異於康、雍、乾、嘉之世也乎？及兵燹鋒鏑之未至，不憚心力勞瘁，為之譜牒以詳志之，使千百年後猶可數典不忘，此郭君敬宗睦族之仁，兼合居安思危之義，有異於今之潰潰回遹靖夷我邦者也。吾因參訂潤色而為之序。

阜邑桃花灣王氏宗譜敘

光緒二十有六年，天子自太原駕幸長安之月，阜寧王懷年持其所修宗譜，索敘於予。其言曰：懷年之先，朐山人也。康熙間，有諱小岡者，就甥館於范氏，始家於阜邑之桃花灣，實為遷阜始祖。閱百數十年，蕃衍三十餘室，丁男百有餘口。舊有譜矣，遭同治元年皖寇之亂毀焉。余心焉傷之，與二三宗人攎之煨燼，詢之耄耋，索之契券，參互考訂，編次成帙。雖不逮古人意例之善，然亦無世俗攀附陋習，是則差可自亮者焉。予閱之，喟然歎曰：世之譚譜牒者，率以族大丁繁為貴。予謂自天潢以達於庶姓子孫，亦取其賢儁焉耳。繁而弗賢，奚貴哉？聖清朱果發祥，龍興東表，自肇祖興祖以來，椒蕃瓜綿，今則繫黃紅、帶朱書玉牒者，近二千人，蓋數倍於開國之初矣。然而，國初賢王皆抱英偉雄武之略，卓著戰伐，開廣疆土。逮乾、嘉教匪之亂，咸、同粵寇之亂，宗室無以武功顯者。今上御極以來，宗室之憂國奉公、直言敢諫者，唯侍郎寶廷一人。今歲夏秋之亂，宗室覺羅無一人，能為皇太后力陳友邦之不

可啟釁者。而親王若載勳，溥靜郡王若載漪，輔國公若載瀾，貝勒若載瀅、載濂，皆崇信拳匪，橫挑強敵，致神京淪陷，鑾輿西狩。兵氓糜爛者，如恒河沙數。國家危若絲髮，駸駸乎不保權利，有波蘭、埃及之憂。雖成周子帶之惡，典午八王之禍，亦弗是過矣。然則多而弗賢，奚貴哉？

桃花灣王氏，雖非阜之甲族，如王君懷年者，可謂賢智，予所以樂為之敘，而不忍以世之多難、心之繁憂辭也。然吾聞阜多伏莽，厲亂有階。庠序深識之彥，多儲戎器，以備不虞。懷年其激厲宗人，講武禦寇，下保家族，上報皇王，斯則海內賢傑之士，皆可以蠠沒從事者也。懷年勉乎哉！

曾廟從祀議薈書後

桐城洪君靜川，以微員需次秣陵，曾奉威毅伯兩江總督曾忠襄公檄，至山東採輯宗聖祀典世系。由歷下馳至嘉祥縣，謁南武山宗聖專廟，而釐正其從祀十八人位次。山東巡撫張勤果公採其議入告，歸，成《曾廟從祀議薈》一書。庚子冬十有二月，君遠道枉顧，出以見示，屬為之敘，以綴於後。

予謂嘉祥縣雖有曾子廟墓，實非曾子故里。自曾晳至於曾西，祖孫四世，不應入嘉祥縣志暨濟寧州志。曾子固今之沂州府費縣人也。《史記·仲尼弟子列傳》云：「曾參，南武城人。」又《言偃傳》：「已受業，為武城宰。」《正義》引《輿地志》[1]云：「南武城。」魯武城邑，子游為宰者，在泰山郡。又《左氏·襄十九年·經》「城武城」，杜《注》：「泰山南武城縣。」《後漢書·郡國志》：「泰山郡南城，故屬東海，有東陽城。」劉昭《注》引《左傳》哀公八年「克東陽」，襄十九年「城武城」以為證。蓋南城，《前（漢）志》作「南成」，屬東海；《後漢》曰「南城」，屬泰山。晉曰南武城，仍屬泰山郡。《晉書·地理志》作「南武城」。《羊祜傳》作「南城」。《左傳·哀公十四年》，《注》云：「泰山郡南城。」是晉時南武城與南城互稱。至宋、齊、隋《志》，仍稱南城，無武字。而費縣之前漢屬東海，後漢屬泰山，與南城正同。當太史公時，無南武城之名，其稱南武城者，以定襄清河有武城，故加「南」字以別之。其於澹臺滅明之武城，不言南者，省文承上也。《水經注》引京相璠云：「泰山郡南武城縣有澹檯子羽冢，縣人也」，則滅明之武城即曾子之南武城也。《輿地志》以泰山之南武城為子游為宰之邑，是子游之武城亦即曾子之南武城也。魯本無二武城，清河之東武城，今為臨清州之武城縣，戰國時為趙平原君封邑，與魯無涉。謂魯有北武城者，此司馬貞《索隱》之訛也。謂曾子為魯之南武城人，滅明為魯之東武城人者，

此盧辯注《大戴禮記》之訛也。謂曾子居武城為費縣之武城，而以南武城屬之嘉祥者，此趙佑《溫故錄》之訛也。謂南武城在費縣西南，為曾子所居之武城，而以襄十九年之武城、子游為宰之武城為在嘉祥縣境者，此顧氏《春秋大事表》之訛也。謂魯有兩武城，襄十九年之武城非昭二十三年《傳》之武城者，此梁履繩《左通補釋》之訛也。《御批通鑒輯覽注》卷七亦謂吳伐魯武城為南武城，在今沂州府費縣西南。漢之東武城非魯邑，此足以諟正群言之誤。於欽《齊乘》：「子游絃歌舊邑，在費西、滕東二縣之間。」《後漢書·王符傳》：「鄗畢之陵，南城之葬，周公非不忠，曾子非不孝。」章懷《注》：「南城山，曾子父所葬，在今沂州費縣西南。」杜佑《通典》：「費縣有古武城。」《一統志》、《方輿紀要》、《春秋傳說彙纂》並謂「南武城故城在費縣西南九十里」。《山東通志》：「武城在沂州府費縣西南八十里。」《四書釋地》、《春秋地理考實》皆謂「武城即南武城，在今費縣西南八十里石門山下」。夫八十里與九十里雖小異，而謂在費縣西南則同。費縣正西為滕縣，與費西滕東之說亦密合。王符生當漢世，去古未邈，謂曾子葬父南城，而李賢謂在費縣西南，則費縣西南之為曾子故里，無可疑也。春秋之季，越王勾踐徙治琅琊，起館臺，事見《（漢）志》。琅琊即今沂州，與魯南境之武城接壤。故孟子云「曾子居武城，有越寇魯費邑故城」。《齊乘》、《一統志》、《尚書地理今釋》皆謂「在今費縣西北二十里」。武城去費不遠，故《戰國策》甘茂言「曾子處費」，《新序》言「曾子辭於費君」。又《左傳·昭二十三年》：「邾人城翼，還自武城。武城人塞其前」，是武城近翼。《春秋地理考實》：「翼在山東沂州府費縣西南。」又哀八年，「吳伐魯，克武城，遂克東陽」，是武城近東陽。《方輿紀要》：「東陽城在費縣西南七十里。」《山東通志》：「東陽城在費縣西南六十里。」武城在南，東陽在北，吳師自南來，故先克武城，後克東陽，此皆可為武城在今費縣之旁證也。若嘉祥為金皇統中所置縣，未置嘉祥縣時，自秦、漢至宋，其地皆名鉅野；未置鉅野縣時，自《禹貢》至《春秋》，其地皆名大野；從無武城之名。況其地在魯之西，不與吳鄰，何由為哀八年吳伐之武城？不與越接，何由為越寇之武城乎？且嘉祥縣地，春秋時本大澤也。《禹貢》「大野既豬」，鄭《注》：「大野在山陽鉅野縣，名鉅野澤。」《左氏·哀十四年傳》「西狩於大野」，杜《注》：「今高平鉅野縣東北大澤。」《爾雅·釋地》「魯有大野」，郭《注》：「今鉅野縣東北大澤。」《史記·彭越傳》：「漁於鉅野澤中。」《郡國志》：「山陽鉅野縣有大野澤。」《水經·濟水注》曰：「濮水自濮陽南入鉅野，濟水自乘氏縣

兩分，東北入於鉅野，洪水上乘鉅野。」《元和郡縣志》、《太平寰宇記》皆云
「大野澤在縣東五里，南北三百里，東西百餘里」。嘉祥為鉅野分縣，正當鉅
野之艮方，杜預、郭璞所謂「東北大澤」者也，李吉甫、樂史所謂「南北三百
里，東西百餘里」者也。其地至唐代猶為澤藪。上溯春秋之世，止為水草沮洳
之地，絕無城邑居民。而欲以此為魯之武城，謂曾子生於其地，亦何不考之
甚乎？不獨嘉祥縣，古為大澤，即鉅野縣地，古亦大澤也。《禹貢錐指》曰：
「今山東兗州府鉅野縣西有鉅野故城」，何承天曰「鉅野湖澤廣大，南通洙泗，
北連清濟。舊縣故城，正在澤中」是也。此地歷遭河患。漢元光三年，河決濮
陽瓠子，注鉅野，通淮泗。自是之後，五代晉開運初，宋咸平三年、天禧三
年、熙寧十年，金明昌五年，河皆決入鉅野。自漢以來，沖決填淤凡四五度，
高下易形，久已非禹跡之舊。逮元至正四年，河又決入此地，鉅野、嘉祥、汶
上、任城等縣皆罹水患。及河南徙，澤遂涸，入平陸，而畔岸不可復識。嗚
乎！夏后氏之舊跡既沒，而郕國公之故跡以興。以三百里浩淼之區，為七十
人從遊之地，此皆河伯不仁，助其謬誕也。嘉祥縣南之南武山，不知命名始
於何時，後人妄附會為南武城，而曾子墓於是生焉，曾子廟於是建焉，曾子
裔於是求焉。又以為子羽故里也，而澹臺山於此名焉。又以為子游為宰地也，
而絃歌臺於是造焉。其與臨清州武城縣之有絃歌臺，同為後世輿地書之謬妄
傅會，不足辯也。《太平寰宇記》於武城、南城、南城山，皆載之沂州費縣，
而於鉅野縣不載一字。至《方輿紀要》始云「廢武城在嘉祥縣南五十里」，引
《嘉祥志》云「魯有二武城，此其一也」，又云「近志作南武城，誤」。又於費
縣之南武城云：「《論語》『子之武城』，『曾子居武城，有越寇』，皆即此地。」
顧氏兩說，自相矛盾其，誤在嘉祥，不在費縣也。《山東考古錄》云：「說者謂
魯有兩武城。滅明所居，為費縣之武城。曾子所居之南武城，在今之嘉祥縣。」
此說甚謬。周柄中《四書辨正》曰：「嘉祥縣有南武山，上有阿城，亦名南武
城。後人因南武山之城，遂附會為曾子所居。此大謬也。曾子所居即費縣之
武城，非有二地。」愚謂不獨以嘉祥為曾子所居固謬，即《方輿紀要》所載南
武城山南之曾子墓亦不足信。曾晳墓既在南城，曾子孝子也，必不與父別葬；
曾元亦孝子也，必不忍葬父於水澤之中。曾子墓亦當在費縣西南，惜《沂州
府志》、《費縣志》皆未之見也。至《濟寧州志》與《嘉祥縣志》所載，則皆不
足據矣。君所譔箸，網羅古籍，薈萃群言，博瞻精覈，折服時彥，奚容妄贊一
詞？惟有見於曾子故里之在費縣，不在嘉祥也，發為之考，以竊附於愚者之

一得，或亦崇聖在天之靈所樂聞乎？光緒二十七年春王正月鹽城陳玉澍。

院道港惜字會碑記

　　皇古造文字者三人，自上而下者倉頡，自左而右者佉盧，自右而左者沮誦。今日中國之字出於倉聖，歐、美二洲各國之文源於佉盧。中西政教雖殊，而眕愛字紙一端，則道同軌合無少異，良以字之為用，能使昧者哲，能使拙者巧，能使窒者達，能使賤者尊。細之為胥吏簿書之用，巨之為廟朝詔勅之文，下之為士人科名之階，上之為國家富強之本，無字而詞章、訓詁、考據、校勘之學悉廢，無字而農、商、礦、算、聲、光、化、電、重、熱之學皆無由入也，顧不重哉？

　　先考耐齋府君於同治癸亥甲子歲，授徒於院道港之大雲山寺，與陸嶼南茂才各捐其舌耕所獲，創為惜字會，後進之景附者凡數十人，號稱至盛。未幾，遭歲潦饑，先考與陸茂才又相繼下世，社友散如雲煙，而會以廢。越數年，而茂才之弟樾圃先生慨解囊金，為里儒倡率，而會復興，然規模視前稍隘矣。未幾，而樾圃先生不祿，而會又將替。先生之子縣學生家駒、太學生滋谷，思續先無竟之志，慨然躬肩其事，而替者更興，然猶恐貲費弗裕，無以詒永豢也。於是諏訪諸同志，集錢得二百五十緡，買孫姓田二十二畝有半，歲納其租，以搜買字紙，擇廉浩而忠信者司出納之籍，且牒之縣長，附於吏牘備考。而以書屬玉澍為之文，以栞諸石焉。

　　嗚呼！是會之俶興，正粵寇竄蔽，國勢昌熾之日。歷四十阺塗，而友邦之侮，藩屬之棄，海疆之割，金繒之獻，幾於書不勝書。論世變者，不禁菀枯今昔之感。而是會屢僕屢起，久而弗隕，固由郡邑無兵寇之擾，民人無流徙之阨，而陸氏父子昆弟之功力，又焉可沒也？今者和議雖就，而國門不設；鑾典將返，而敵兵留京；斷纜之舟，未知所泊。吾恐百數十年後，摩訶、震旦之種將奴於太濛，尼山、洙泗之學將紬於襖教，諧聲、會意之文將捃於佉盧。居今日而惜字如惜金谷，其功可與保種保教相提並論，吾是以泚筆樂為之記，而存諸捐貲者之姓名於碑陰。

卷九附錄〔註1〕

立議院無損於君權論

　　天地不通則閉塞成冬，川澤不通則潰溢為炎，道路不通則商旅斷絕，門戶不通則出入皆阻，血氣不通則痞隔成疾。今者中西強弱之根源安在乎？亦源於開通閉塞之相反而已矣。自近而遠、自遠而近之通之速也，輪船、鐵路、電報為之也；自上而下、自下而上之通之速也，上下議院為之也。歐、美二洲，凡君主之國、民主之國、君民共主之國，罔不立議院者。近東鄰日本，亦立議院久矣。創立之始，不免囂張之氣，誠有如崔國因日記之說。然上澤無不下逮，下情無不上達，上下交而其志通。舉凡一切興利除害之事，行之自無扞格，究為弊小利大。士氣雖近囂張，不較勝於中國士大夫罷頓縮朒之無氣乎？且日本當德川之季，舉國浮浪，士倡議尊王黜幕，紛呶不靖，安得謂士氣之囂張盡由議院乎？我中國但能如日本之自強，與歐、美並駕齊驅，雖士氣囂張無害也。不謂日本與歐、美諸邦已通之甚矣，仍極力開之，而惟恐其塞；我中國已塞之甚矣，仍竭力閉之，而惟恐其通。不如是，則大僚不能欺我皇上，小臣不能蒙蔽大僚，此大小臣工之利，而非民之利，更非皇上之利也。今欲薄海四萬萬人民與皇上，相親相愛如子之於親，相維相繫如指之於臂，非急立上下議院不可。然而阻立議院者，必曰民智未開。夫上議院之議員，官也，非民也；下議院之議，紳士也，非民也。孔子言庶人不議，非謂士

不議也。今若以各州縣新立學堂為議院，即以在院諸生為議紳；或以舊設之學宮為議院，以進士、舉、貢、異等之茂才為議紳。而立其限制，以本邑之士議本邑利害而興革之。而曰智識未開，定有是耶？論者又謂議院立則民權漸興，君權將替。吾謂立議院者，達民隱也，重民命也，非張民權也；揚君德也，保君位也，非分君權也。以此為分君權，然則盤庚遷殷，命眾悉至於庭，盤庚之權分於眾耶？古公遷岐，告之耆老，古公之權分於耆老耶？文王與國人交，文王之權分於國人耶？又箕子告武王之言，曰：「汝則有大疑，謀及乃心，謀及卿士，謀及庶人，謀及卜筮。」謂吾與謀議者，即足以撓吾之權，則不獨卿士庶人分武王之權，即蓍龜不亦分武王之權耶？為此說者，亦何不善讀書之甚也！嗚呼！持此說非本心也。欲保君權，實保官權；欲保官權，實保吏權。官不事事，吏得竊其權而代之。官即事事，吏亦舞其文而欺之。以千百臣工欺一皇上，而皇子子立；以千百吏胥欺一官府，而官府之勢亦孤。去年四月，皇上曾下嚴旨黜吏役矣。而內而部院，外而督撫、司道，下及州縣，不聞其退一吏、逐一役也。皇上權力，能黜公卿督撫，而不能汰州縣之一吏。吏權之可畏也若此。若使州縣咸立議院，吏役之虎而冠為民屬者，民得言於議紳而去之，彼自不敢縱惡，即牧命亦有所憚而不為。然則議院者，拯斯民於水深火熱之中，此以補君權之不逮也。《書》曰「民為邦本，本固邦寧」，不曰此舉舉可以固邦本，反曰此舉可以替君權，何耶？夫議院非必歐、美之制也。我中國前代雖無其名，而有其制。《周禮》：小司寇致萬民於外朝而詢之。朝士掌建外朝之法，九卿位於九棘，群吏立其後；三公位於三槐，州長眾庶立其後。左嘉石，平罷民；右肺石，達窮民。鄭康成《注》謂「漢司徒府有天子以下大會殿，亦古之外朝」。干寶《注》謂「司徒府有百官朝會殿，是外朝之存者」。劉昭注《續漢書・百官志》引蔡質《漢官儀》曰〔註2〕：「每有大議，天子車駕臨幸其殿。每歲州郡聽採長吏臧否，民所疾苦，還條奏之，謂之舉

〔註2〕《後漢書・百官志一》注：「蔡質《漢儀》曰：『司徒府與蒼龍闕對，厭於尊者，不敢號府。』應劭曰：『此不然。丞相舊位在長安時，府有四出門，隨時聽事，明帝本欲依之，迫於太尉、司空，但為東西門耳。國每有大議，天子車駕親幸其殿。殿西王侯以下更衣并存。每歲州郡聽採長吏臧否，民所疾苦，還條奏之，是為之舉謠言者也。頃者舉謠言者，掾屬令史都會殿上，主者大言某州郡行狀云何，善者同聲稱之，不善者各爾銜枚。』」
《後漢書》卷六十七《黨錮列傳・范滂》注：「《漢官儀》曰：『三公聽採長史臧否，人所疾苦，還條奏之，是為舉謠言也。頃者舉謠言，掾屬令史都會殿上，主者大言，州郡行狀云何，善者同聲稱之，不善者默爾銜枚。』」

謠言舉謠言者，掾屬令史都會殿上，善者同聲稱之，不善者默爾銜枚。」然則周禮詢萬民之外朝，漢之司徒府百官朝會殿，近今日歐、美之上議院也。不聞周天子之權之奪於萬民，漢皇帝之權之奪於百官也。《周禮》：「鄉大夫以鄉射之禮五物詢眾庶。」鄉射行於序，詢眾庶亦於序。魯作泮宮，大小從公。鄭人遊鄉校，議執政。漢郡國皆設議曹，即以諸生為之。朱博不喜諸生，所至輒罷議曹。何武則反是，行部所至，必先即學宮，集諸生問得失。然則周之鄉序、漢之學宮，即今日泰西之下議院也。不聞漢皇帝及刺史、太守之權之奪於諸生也。且議者議其所當行，而非有行之權也。唐時吐蕃之制，議事常自下而起，因人所利而行之。議雖起自下，行之權自操於上。歐美之制議院，議有不當，人主得散之使罷議。孟子言用賢去不可與殺可殺之人，皆採國人之言。然而用之去之殺之者，非人君乎？議必公之一國，所以通上下之情；權則統於一尊，所以嚴上下之分。上地下天泰，與上天下澤履，詎有妨哉！今之論者知有履之義，不知有泰，明知為否而姑安之否則不通，不通則不明，不明則不強。強且明者，遂持兼弱攻昧之說，議波蘭我、印度我矣。然則否塞之天下，何可久安也。欲謀久安長治之策，立議院以去壅塞欺蒙之積習，其最要矣。湯氏壽潛憂議院難籌歲俸。考泰西各國，議紳多無俸，有俸亦甚薄。崔惠人之書可據。張南皮制府謂議員不能為國籌餉。考西人議院非專為籌餉而設，何沃生之言非盡無理。此皆雖足深辯。唯言議院撓君權者，以私意謬為正論，易悚聽聞，此必不可以不辯。

贈阜寧劉敬敷序

　　阜寧縣治東六十里有村曰篆河，河形曲折如篆文故名。善士劉敬敷士寬聚族居之。憶昔歲在上章困敦，洋兵踞京，鑾輿西行，民心蠢蠢，一夕數驚，予欲避地而悵悵無之。夙聞篆河有桃源、盤谷景象，因往觀焉。見夫溪港盤紆，土田腴沃，麥苗芃芃，桑麻菀稠，禽鳥關關，鳴聲上下，顧之樂而忘反。夕餐後，沿村步月，不聞尨吠，居人宴息，鼾聲達戶外，而雙扉不扃，清輝入廬，積粟之囷，崇庫可觀。予心怪其「慢藏誨盜」，非「重門擊柝，以待暴客」之義也。有挑燈讀農書者，予就而詢之，其人曰：「自敬老徙此，墾闢污萊，穿鑿溝洫，相別土宜，躬親樹藝，種稻、種豆、種疏、種杞柳、種桑、種棉，各盡其妙。而桑棉之利尤豐，一頃田，歲可獲千緡，數畝之家，衣食可贍。有不給，則敬老出粟賙之。有請以田償者，必固辭。辭之不獲，必予善價，旋燔

其券而歸其田。故里無甚貧，亦無巨富。富者屏靡麗之藏，無可涎羨。貧者守勤儉之訓，得免饑凍。內盜無自興焉。而且大河外環，小溪內縈，曲而多歧，易入難出，民樸而勁。農暇則團練講武，演習槍礮，外盜莫敢至焉。此夜不閉戶所由來也。」嗚乎！牧令鄙薄，貪懦成性，趨利若屠沽，畏事若瘠痛，惡播於道塗，恩施於萑蒲，不自知其辜，而曰民不可治，盜不可除。以視劉君之德義感人，得失相去為何如哉？吾聞西漢之季，湖陽樊君雲開廣田陂渠灌注，種植梓漆，積貲巨萬，焚契止訟，恩加族鄉。范氏謂君子之富可施於政。以君方之，寧有殊焉。予別篆河已二載，愛慕其地其人，寤寐不蹇。今者薄遊滬上，時彳亍黃浦江濱，見樹木縱橫成行列，與劉君所種桑柘極似。因為敍，以寄贈劉君，以見士君子化行於鄉之匪難也，兼以誚居官之不能富教其民者。

贈華亭雷君曜[1]同年序

　　昔歲在彊圉大淵獻[2]，余應長沙王祭酒師之召，負笈於暨陽之南菁精舍。同學者數十人，率多沉溺於詞章訓詁、瑣屑無用之學，罕究心於經濟氣節兩途，即倫理亦未之及焉。唯武進謝君鍾英負豪氣，縱譚海內形勢險要及國家利病、四夷情偽，歷歷如指掌。華亭雷君瑨喜譚昔賢忠孝大節，每與余言其鄉先生陳忠裕[3]、張忠穆[4]、沈忠烈[5]諸公事，娓娓不倦，深慨夫明季節義之盛，迥非今日所逮。謂在上者非廣言路以作士氣，在下者非篤倫理以維持薄俗，世變之日甚，將有不可知者，與予平日持論略同，與訂忘年交。迨余以養親歸里，君作詩餞行，送至江滸。自是與君不相見者十有五年。雖同舉戊子鄉試，從未於京師一邂逅也。戊戌春三月，予與謝君同登宣寳酒樓，痛飲大嚼，譚甲午、乙未往事，為之泣數行下。余訊君蹤跡，謝君言君執筆於滬上之《申報》館，其立論以扶植綱常、講求經濟、排擊邪說為宗恉，其學識較之十載以前，益大進矣。辛丑冬十月，余輯己亥以來所為文九卷，寄君誦付排印。君報書兼貺序言，始知謝君已不祿，為之悼慟者久之。今春薄遊滬上，晤君於報館，精神曉泠，鈍聞條達，如南榮趎之見老聃[6]，乃益信謝君之言非虛也。自朝廷變法風氣大啟，學堂蒙塾採用西學，新進小生未採聲光化電之奧，先心醉平權自由之說，舉古聖賢所謂天澤人紀者，輒塵羹土飯視之。不知江陰繆君佑孫遊歷彼得羅堡之學堂，見俄教習以三綱五常論試士；法將海牙兒答英皇之言曰：「吾所君事者，在天則有上帝，在地則有法王，不能臣事他國」；希臘人富拉董之言曰：「父母生我育我，其恩無比，不可不盡力報

之」；瑞士人盧索氏之言曰：「男子出令，女子當服從。服從者，女子第一之要務。不服從良人，則雖有若無。」西人何嘗不重綱常？捨綱常而談學術，非獨中學之斧斨，而亦西學之蟊賊也。無論他日世變奚若，而教忠誨孝扶植倫常之宗旨，必不可稍變。變其本而習其末，其流毒不至若康有為、唐才常不止，較之詞章訓詁瑣屑無用之學，抑有甚焉。如君者可謂探西學之本原，不隨流俗波靡者矣。翼日予將自滬解維往豫章，未知後會何歲，因於午夜翦燭為序以歸之。

【疏證】

〔1〕譚新紅《清詞話考述》：「雷瑨（1871～1941），字君曜，號晉玉。江蘇松江（今屬上海）人。光緒十四年（1888）舉人。初任掃葉山房編輯，後任《申報》編輯多年。工詩詞，善文章，熟諳掌故，勤於著述。著有《近人詞錄》二卷、《閨秀詩話》十六卷、《閨秀詞話》四卷、《青樓詩話》二卷等。《上海通志‧松江縣志》卷三十一《人物志》有傳。」

〔2〕《爾雅‧釋天第八》：「在丁曰強圉」、「在亥曰大淵獻」。彊圉大淵獻，即丁亥年，指清光緒十三年（1887）。

〔3〕（清）徐鼒《小腆紀傳》卷四十四《陳子龍傳》（清光緒金陵刻本）：「陳子龍，字臥子，華亭人。……我朝賜子龍專諡曰忠裕。」

〔4〕《小腆紀傳》卷四十《張肯堂傳》：「張肯堂，字載寧，號鯤淵，松江華亭人。……我朝賜專諡曰忠穆。」

〔5〕《小腆紀傳》卷四十四《沈廷揚傳》：「沈廷揚，字季明，崇明人。……我朝賜通諡忠節。」《明史》卷二百七十七《沈廷揚傳》：「沈廷揚，字季明，崇明人。」（清）任兆麟《有竹居集》卷十《沈忠烈公祠堂碑》：「大丈夫之能自樹立於天地間者，夫豈偶然哉？不幸而當國事指敗壞，至不可支，則惟審乎其勢指或可為與力之所能為，思有以效之。初不計其身家之利害也。至於國勢與己力之必無可為，則忼慨正命，捐軀以殉。非天稟忠貞而見義之勇者，烏能若是乎？嗚呼！明之亡也，若沈忠烈公者庶幾當之矣。公諱廷揚，字五梅，崇明人。」

〔6〕《莊子‧庚桑楚第二十三》：「老聃之役有庚桑楚者，偏得老聃之道，以北居畏壘之山。……南榮趎蹴然正坐曰：『若趎之年者已長矣，將惡乎託業以及此言邪？』庚桑子曰：『全汝形，抱汝生，無使汝思慮營營。若此三年，則可以及此言矣！』南榮趎曰：『目之與形，吾不知其異也，而盲者不能自見，耳之與形，吾不知其異也，而聾者不能自聞；心之與形，吾不知其異也，而狂者不能

自得。形之與形亦闢矣，而物或間之邪？欲相求而不能相得。今謂趎曰：『全汝形，抱汝生，無使汝思慮營營。』趎勉聞道達耳矣！』庚桑子曰：『辭盡矣，奔蜂不能化藿蠋，越雞不能伏鵠卵，魯雞固能矣！雞之與雞，其德非不同也。有能與不能者，其才固有巨小也。今吾才小，小足以化子。子胡不南見老子！』南榮趎贏糧，七日七夜至老子之所。老子曰：『子自楚之所來乎？』南榮趎曰：『唯。』老子曰：『子何與人偕來之眾也？』南榮趎懼然顧其後。老子曰：『子不知吾所謂乎？』南榮趎俯而慚，仰而歎曰：『今者吾忘吾答，因失吾問。』老子曰：『何謂也？』南榮趎曰：『不知乎？人謂我朱愚。知乎，反愁我軀。不仁則害人，仁則反愁我身；不義則傷彼，義則反愁我己。我安逃此而可？此三言者，趎之所患也。願因楚而問之。』老子曰：『向吾見若眉睫之間，吾因以得汝矣。今汝又言而信之。若規規然若喪父母，揭竿而求諸海也。汝亡人哉，惘惘乎！汝欲反汝情性而無由入，可憐哉！』南榮趎請入就舍，召其所好，去其所惡。十日自愁，復見老子。老子曰：『汝自灑濯，熟哉鬱鬱乎！然而其中津津乎猶有惡。夫外韄者不可繁而捉，將內揵；內韄者不可繆而捉，將外揵。外內韄者，道德不能持，而況放道而行者乎！』南榮趎曰：『里人有病，里人問之，病者能言其病，然其病，病者猶未病也。若趎之聞大道，譬猶飲藥以加病也。趎願聞衛生之經而已矣。』老子曰：『衛生之經，能抱一乎！能勿失乎！能無卜筮而知吉凶乎！能止乎！能已乎！能捨諸人而求諸己乎！能翛然乎！能侗然乎！能兒子乎！兒子終日嗥而嗌不嗄，和之至也；終日握而手不掜，共其德也；終日視而目不瞚，偏不在外也。行不知所之，居不知所為，與物委蛇，而同其波。是衛生之經已。』南榮趎曰：『然則是至人之德已乎？』曰：『非也。是乃所謂冰解凍釋者，能乎？夫至人者，相與交食乎地而交樂乎天，不以人物利害相攖，不相與為怪，不相與為謀，不相與為事，翛然而往，侗然而來。是謂衛生之經已。』曰：『然則是至乎？』曰：『未也。吾固告汝曰：『能兒子乎！』兒子動不知所為，行不知所之，身若槁木之枝而心若死灰。若是者，禍亦不至，福亦不來。禍福無有，惡有人災也！』』

後樂堂詩存一卷

丁丑 〔1〕 冬雜感【注一】

玉河〔2〕鹽澤〔3〕血流殷〔4〕，已定南山又北山。絕域〔5〕漢官都護府，二師〔6〕宛馬玉門關。逃亡頡利應難逭〔7〕，垂老班超尚未還〔8〕。萬里朔庭藩翰盡，俄羅斯脅降哈薩克、布魯特、浩罕、布哈爾諸部。九重何以解愁顏。

【注疏】

〔1〕丁丑，清光緒三年（1877）。

〔2〕（宋）樂史《太平寰宇記》卷一百八十一《四夷十・西戎二・於闐國・土俗物產》（清文淵閣四庫全書本）：「有水出玉，名曰玉河。」

〔3〕《史記》卷一百二十三《大宛列傳》：「於窴之西，則水皆西流，注西海；其東水東流，注鹽澤。鹽澤潛行地下，其南則河源出焉。多玉石，河注中國。而樓蘭、姑師邑有城郭，臨鹽澤。鹽澤去長安可五千里。匈奴右方居鹽澤以東，至隴西長城，南接羌，鬲漢道焉。」《索隱》：「鹽水也。《太康地記》云『河北得水為河，塞外得水為海』也。」《正義》：「《漢書》云：『鹽澤去玉門、陽關三百餘里，廣袤三四百里。其水皆潛行地下，南出於積石山為中國河。』《括地志》云：『蒲昌海一名泑澤，一名鹽澤，亦名輔日海，亦名穿蘭，亦名臨海，在沙州西南。玉門關在沙州壽昌縣西六里。』」

〔4〕《左傳・成公二年》：「張侯曰：『自始合，而矢貫余手及肘，余折以御。左輪朱殷，豈敢言病？吾子忍之！』」杜預《注》：「朱，血色，血色久則殷。殷音近

【注一】刊《大道》1935 年第 3 卷第 3 期。

煙，今人謂赤黑為殷色。言血多污車輪，御猶不敢息。」

〔5〕絕域：極遠之地。《管子・七法》：「不遠道里，故能威絕域之民；不險山河，故能服恃固之國。」《史記》卷一百二十三《大宛列傳》：「索隱述贊曰：曠哉絕域，往往亭障。」

〔6〕《史記》卷一百二十三《大宛列傳》：「天子已嘗使浞野侯攻樓蘭，以七百騎先至，虜其王，以定漢等言為然，而欲侯寵姬李氏，拜李廣利為貳師將軍，發屬國六千騎，及郡國惡少年數萬人，以往伐宛。期至貳師城取善馬，故號『貳師將軍』。」

〔7〕《舊唐書》卷一百九十四上《突厥列傳上》：「頡利可汗者，啟民可汗第三子也。……四年正月，李靖進屯惡陽嶺，夜襲定襄，頡利驚擾，因徙牙於磧口，胡酋康蘇密等遂以隋蕭后及楊政道來降。二月，頡利計窘，竄於鐵山，兵尚數萬，使執失思力入朝謝罪，請舉國內附。太宗遣鴻臚卿唐儉、將軍安修仁持節安撫之，頡利稍自安。靖乘間襲擊，大破之，遂滅其國。頡利乘千里馬，獨騎奔於從侄沙鉢羅部落。三月，行軍副總管張寶相率眾奄至沙鉢羅營，生擒頡利送於京師。」

〔8〕《後漢書》卷四十七《班超傳》：「超自以久在絕域，年老思土。十二年，上疏曰：（下略）而超妹同郡曹壽妻昭亦上書請超曰：（下略）書奏，帝感其言，乃徵超還。」

番番元老產湖湘，掃蕩花門定朔荒。虎子於今離舊穴，回匪白彥虎逃如俄羅斯。烏孫自古有狂王。俄羅斯即古烏孫，見楊賓《柳邊紀略》、吳兆騫《秋笳集》。風生戈壁沙如雨，雲淨天山月似霜。何日鐵衣歸遠戍，漢宮懽舉萬年觴。

老鎗牧馬度興安，黑龍江人稱俄人為老鎗，見《盛京通志》、《龍沙紀略》、《柳邊紀略》諸書。界石南遷地不還。自古乾元宏覆幬，於今震旦久痌瘝。赤鬚青眼心難測，顏師古注《漢書・西域傳》曰：「烏孫於西域諸戎形最異，今之胡人青眼赤鬚狀類獼猴者，本其種也。」《椰邊紀略》曰：「俄羅國人狀貌，與顏師古注烏孫者合。」白鹿蒼狼裔大孱。蒙古始祖巴塔赤罕出自蒼狼白鹿，見《元秘史》。回鶻雖平憂未艾，中朝何計護金山。古金山郡，今阿爾泰山，在蒙古西北。多金礦，俄人侵盜已久。

勅勒陰山壯士歌，穹廬毳幕雪花多。雄邊不少巴圖魯，巴圖魯始見《宋史・杜杲傳》。威虜猶資曳落河。蔥嶺風高雲黯淡，玉關人老淚滂沱。轉輪萬里明駝困，雲漢詩成可奈何。

焦明五月已南翔，仲夏閩中大雨水。旱魃千群又北行。鳩鶬形容登鬼籙，烏

鳶道路啄人腸。兩河秋野無禾黍,十載春花盡米囊。聞說大梁李開府,銀臺依舊報金穰。河南巡撫李慶翱與布政司劉齊銜匿災不報。

老臣自有橐中裝,鷹飽高騫返歷陽。苗麥萬家嗟碩鼠,河汾千里食蒸蝗。富民無復車丞相,積粟誰為耿壽昌。太息價人官竟罷,可憐饑雀守空倉。山西布政使林壽圖以歲饑解餉不足,為陝甘總督左公宗棠劾罷,非其罪也。

澤雁哀鳴田鼠貪,民窮惟有恃東南。天教海內官多好,我在江頭餓亦甘。蝗避中牟千載異,駒捐上洛幾人慚。心香一瓣從何爇,遙對西泠退省庵。彭雪琴宮保所居。

鮑老郎當病乞骸,福星一路太原來。黔敖好義親為食,富弼居官善救災。計散潢池安草莽,廣收白骨葬蒿萊。孑遺流涕應尸祝,畢竟吳儂遜楚材。

巴渠慘劫鬼神恫,天地陰霾日不紅。花縣貪泉黔首血,柳營屠伯綠林風。三男二女歸俘虜,萬戶千門付祝融。大府疏言民作賊,豸冠幾度奏嵩宮。

庚辰冬有感【注二】

使星萬里海雲邊,無恙歸來亦可憐。豈是王倫甘割地,怕隨蘇武共吞氈。千群鐵騎潛窺塞,七葉金貂愧象賢。蒲類虎牙兵未出,眩雷何日廣屯田。

皇華辱命苦拘幽,崇地山宮自俄羅斯下詔獄。元老家風展壯猷。毅勇侯曾紀澤由倫敦往俄。鸞鳳銜書飛絕域,魚龍出水拜通侯。星軺萬里丁零國,雲海千帆甲士舟。玉帛金戈謀未定,璿宮西望不勝愁。

渝關天險勝津沽,半夜中樞出火符。幕府牙兵親保塞,曾沅浦爵帥督師守山海關。司農羽檄促飛芻。三邊勁敵烏孫國,六郡良家雁子都。老將又從邱壑起,重收部曲下夔巫。鮑春霆帥招集舊部入衛。

混同江上敵兵稠,俄提督沙司鵠等屯兵琿春、新嘉坡等處。伊列河邊殺氣遒。東略西征多虎將,南溟北海少鴻溝。老臣自有安邊策,絕域重驚定遠侯。聞說瀋遼車騎薄,國家根本在營州。

草莽無從報國恩,悲歌獨自倚蓬門。理財從古推劉晏,料敵何人似柳渾。思出玉關投虎僕,夢移銅柱到烏孫。年年鼠雀勞羅掘,山澤金銀氣久屯。

酒酣斫地復書空,島國泱泱盡大風。蘇綽不生誰變法,齊侯失計亦平戎。金戈未搗伊麗北,鐵艦紛來靺鞨東。欲換版圖惟玉帛,中朝體統最宜崇。

【注二】刊《大道》1935 年第 3 卷第 4 期。

癸未夏有感【注三】

妖星墮地幾春秋，化作陪阿夜出遊。彌勒從身稱宋裔，劉宏左道惑涼州。
逢春小草能滋蔓，跋浪長鯨未上鉤。聞說奸人潛海上，腐儒先為故鄉愁。

牽菱楗石輟耕犁，歷下城東厭次西。一代河防左藏，數州民命寄長堤。
蚊龍未蟄濤頭舞，鴻雁無歸木末棲。瓠子正愁薪不屬，老天莫更雨淒淒。

癸未冬有感【注四】

富良江上海風腥，萬里求援兩使星。法蘭西將滅越南，越王遣使求救。楊小豈
容人鼾睡，唇亡終怕齒凋零。迎恩亭畔雲初黯，迎恩亭在琉球那壩港，為天使登岸
地。琉球已為日本所滅。仰德臺邊草不青。仰德臺在越南境，與中國之昭德臺相對。交趾
日南藩若撤，漢龍天馬豈能局。

長纓忍繫越王頭，又繼中山作楚囚。西伯當年曾救阮，越南國王戶阮姓。南
人此日半依劉。劉義擊敗法兵，殺其將李威利，越人賴之。莫將干羽求苗格，獨有宮
庭抱杞憂。窺我屏藩豺虎眾，瀕韓難禦薩摩洲。

樓船客歲渡瀛東，曾向句驪靖內訌。謂張振軒宮保。漫說貳師真善將，但求
張輔作元戎。南人從此悲中露，西極何時拜下風。又向番禺開幕府，張宮保回
兩廣總督本任。可能坐鎮立奇功。

十載津沽鎮上遊，官兼將相爵通侯。驥當老去心原壯，鳥到高飛翅欲休。
柔遠當憐人瑣尾，救災莫畏我焦頭。諸君忍見秦庭哭，應記珊瑚入貢舟。

乙酉春雜感【注五】

水陸千軍拒虎狼，戰和兩策沸蜩螗。雨雲翻覆夷情狡，功罪紛紜史議忙。
犺鳥蠻花供意苦，蛟門鹿耳凱歌揚。南關頓失楊無敵，潘長美逍遙坐裹糧。

諒山征戍幾春秋，開府琅瑯作楚囚。馬謖大言亡戰艦，羊侯雅度御輕裘。
千金募士征交趾，十道徵兵向福州。猶幸赤嵌城守固，順昌旗幟敵人愁。

天南一柱舊知名，慷慨登壇性命輕。清節古傳包孝肅，老謀今見趙營平。
虎門萬仞中流柱，蛋戶千艘下瀨兵。遣將西援馳銳卒，裹創喋血斬長鯨。

雞陵關外雨瀟瀟，獮犬狂犇去未遙。瘴海珠江馳露布，金戈鐵馬逐天驕。

【注三】刊《大道》1935 年第 3 卷第 5 期。
【注四】刊《大道》1935 年第 3 卷第 5 期。
【注五】前四首刊《大道》1935 年第 3 卷第 6 期，後六首刊《大道》1935 年第 4 卷第
　　　 1 期。

旌旂日影軍容壯，草木風聲賊膽搖。一紙中樞催罷戰，也應羞見霍嫖姚。

老臣戰績冠三朝，銀甲雕鞍腥肉消。亂斫賊頭刀霍霍，徑衝敵陣馬蕭蕭。
神機火器聲相續，封豕長蛇骨已焦。未抵龍編師盡罷，將軍一夕鬢毛凋。

山南山北畀扶桑，又詔諸軍棄越裳。從此朱鳶非漢土，更無白雉貢周王。
蠻煙萬戶炊漿食，瘴雨三年破斧斨。十二金牌功盡廢，忍教王翦老頻陽。

清酒黃龍約易成，朱仙急返鄂王兵。五羊桂管嚴初解，四牡皇華使又行。
水陸三湘停召募，山河兩界未分明。老臣抗疏千行淚，一夜悲歌白髮生。

樓船如馬沂蓮灘，互市龍州詔設關。莫恃土司遮六詔，似聞天語飭三韓。
金沙鐵壁門將啟，赤土朱波事益難。併食諸公期報國，中朝何計固屏翰。

百戰餘生歎虎癡，拔刀斫石淚如絲。可憐白馬尋盟日，正是黃龍痛飲時。
奔北夷酋紛棄地，征南部曲急班師。從今竹嶼鯨鯢突，更恐蒲甘國不支。

金紫銀青八座貂，幾人風雨患瓢搖。尚留保塞三千弩，未布屯田十二條。
老鳳饑烏多繾綣，寒蟬仗馬欠舒翹。罪言我欲陳當路，改柱更炫寶瑟調。

惑事【注六】

太濛群醜瞰支那，支那見《宋史·天竺傳》，即震旦音轉。燕雀怡堂寢未訛。狉
座巨公邊佛子，貂璫中貴宋閻羅。瓠宮棄野薪柴竭，蓉閣梅堂土木多。焚草
夕郎聞已罷，伯鸞休作五噫歌。

丸探赤白太披猖，伏莽升陵盡虎狼。未見王尊治京兆，但間汲黯臥淮陽。
野多雁鶩饑誰飼，肉啄鷹鸇飽未颺。竿牘苞苴昏暮進，節樓拜疏薦龔黃。

甲午冬擬李義山重有感【注七】

築紫封豨沸海波，無邊烽燧照新羅。樓船下瀨朝馳檄，檀板中軍夜度歌。
足捷早驅鵝鸛散，腹皤隱恃豕犀多。句驪棄後陪京震，敵壘高臨太子河。

花門苗峒賦同袍，五道將軍幾度遼。急避天驕誇上策，虛傳露布詫中朝。
綸扉衣缽秦長腳，幕府裙衩楚細腰。卿子冠軍差可喜，不隨河上共逍遙。

饑鷹餓虎太無聊，呂姥蕭娘召聖朝。月落析津空壁壘，霜飛柴市伏歐刀。
銅臺姬妾香俱燼，郿塢金銀氣已銷。回首樂浪城畔路，裹屍馬革左勇烈公寶貴。
愧同僚。

【注六】刊《大道》1935 年第 4 卷第 2 期。
【注七】刊《大道》1935 年第 4 卷第 4 期。

東樓白事譽兒癖，小相黃衫有父風。城闕啼烏師敗北，稻芒輸蟹水趨東。
嶺洲關白疆新啟，馬邑王黃虜與通。苦戰誰援衝突將，樓船血濺海濤紅。鄧壯
節公世昌。

東南藩翰失三韓，尚議金繒賜可汗。北海鯤鵬甘斂翼，西臺獬豸苦披肝。
身辭鳳闕誰陳疏，戟荷龍沙未賜環。不是聖明無皂白，指楹容易去楩柟。

居然元老總師幹，大纛高牙上將壇。帝德如天容忍易，臣心似水古今難。
英年毛髮同褒鄂，末路功名愧范韓。青徼丹冥淪故界，盡銷金甲鑄銅山。

因杅強弩幾輿屍，大樹將軍召已遲。左駟誰申司馬法，多魚屢漏豎貂師。
藍田敗楚秦逾橫，漆室憂葵魯不知。七萃羽林兵勁否，莫教債帥護彤墀。

營州鼙鼓震山陵，嗚咽河流大小凌。四海梯航疏笳鐵，九天風雨暗觚棱。
驚聞朝日驅鳴鳳，苦恨禪僧使放鷹。德裕籌邊樓久圮，唯將搜括供金繒。

君恩深重未歸田，開府章江已七年。龍節蜺旌明日月，鳶肩牛腹萃風愆。
廣求鍾乳三千兩，遠聘梨園十萬錢。聖主憂勤臣獨樂，可憐遼瀋遍烽煙。

國恩養士重山河，贏得衣冠間諜多。吳昊呼朋潛入夏，惟庸遣使遠通倭。
春官辛苦栽桃李，秋實荒涼老薜蘿。十載楚材零落盡，九重難忘淚滂沱。

【附錄】

李商隱《重有感》（《玉溪生詩詳注》卷一）

玉帳牙旗得上遊，安危湏共主君憂。竇融表已來關右，陶侃軍宜次石頭。
豈有蛟龍愁失水，更無鷹隼與高秋。晝號夜哭兼幽顯，早晚星關雪涕收。

【集說】

徐嘉《擬李義山重有感》〔註1〕

絕塞烏蠻有漢宮，黃輿訪道指崆峒。還京疏憶宗留守，奉使書違富鄭公。
笳鐵疏防和戰誤，金繒求款古今同。勤王苦作焚舟計，應錄秦師第一功。

十年吳楚委風塵，鐵鑼橫江可笑人。西阪羊腸通御氣，南天馬革裹孤臣。
上遊湘漢樓船集，舊部荊揚鼓吹新。六代青山無恙在，望君來趁秣陵春。

養士恩深二百年，長楊宿衛統戎旃。風淒鼓角聲歸海，月滿山河影在天。
便遣名王歌湛露，豈宜佳賊畫凌煙。屠齊懦楚方多事，邸夜聞雞早著鞭。

〔註1〕（清）徐嘉《味靜齋詩存》卷一「乙卯」，《清代詩文集彙編》第 728 冊，上
　　　海古籍出版社 2010 年版，第 466 頁。

上蔡書生鬭將才，偏師能破壽陽回。會兵洄曲無消息，通使江南有禍胎。樓櫓輕搖韋黯怯，風雲疾捲紹宗來。鼎魚穴蟻猶翻覆，未必冥心若死灰。

銀箏小隊解豪華，已破臨濠十萬家。忠義賜名承鳳敕，英雄得志醉鶯花。千場博戲誇身手，百貨魚鹽散爪牙。回首昔時無賴賊，江風吹去作蟲沙。

紅魯聲離宮氣寂寥，龍驤飛渡鎖全消。嚴疆專閫爭文藻，開府清談奉斗杓。精衛空銜滄海石，杜鵑仍過洛陽橋。諸公苦說澶淵恥，早固藩籬報聖朝。

徐嘉《續重有感四首》〔註2〕

東藩功罪太紛紜，詔逮何人忍上聞。大府盟書勞伯父，明堂勇爵恕元勳。盧同獻宅回嚴遣，卜式輸邊亦具文。壁上諸侯觀戰笑，勸王猶盼晉陽軍。

誰家廝僕盡高牙，凶嘯群邪誤歲華。九節度師如雨散，五單於幕比雲遮。寇深誰射溫侯戟，圍急空吹越石笳。雁磧龍沙天萬里，那無一墓種梅花。

崆峒使節待迎鑾，徹樂朝元慘不歡。樽俎有謀關大計，文章何用獵高官。武功爵已興臺耀，市舶司多間諜寬。聞道君臣齊下淚，千奴一膽尚盤桓。

平仲青蠃去不還，援師扼腕出渝關。乘槎客往煙迷海，墜笏人歸雪滿山。王母瑤池傳廣樂，漢皇金輅識愁顏。營頭星墮驚南斗，蜀道蠶叢指顧間。

乙未夏擬李義山重有感【注八】

合肥韋虎不須歌，龍節星軺又議和。壯歲威名身手健，衰年部曲爪牙多。李綱空阻捐三鎮，師道徒聞制兩河。高閣格天資敵國，千秋青史竟如何。

貔貅滿載洞庭舟，東出渝關壁壘稠。預買毛錐書露布，時揮羽扇詡風流。深源名譽傾王謝，次律賓朋伏李劉。一敗頓教糧械盡，也應無面返湘州。

海外軍書語屢譌，東征將士誤蹉跎。生材欲祝靈威仰，殺敵誰為曳落河。塞買盧龍朝野憤，牲刑白馬會盟多。風雲月露成何用，翻恨隋唐進士科。

紅毛城近赤嵌城，開國經營幾戰爭。往事怕談施靖海，荒祠羞見鄭延平。山圍鹿耳門初啟，地割鯤身柱不擎。億兆洶洶神鬼泣，莫從天上告司盟。

北府牢之百戰兵，南交草木舊知名。盤中牲血書難改，海外虬髯氣不平。斫石有刀飛羽檄，補天無策拂心旌。宋民恥作金臣僕，寄語王雲好緩行。

〔註2〕（清）徐嘉《味靜齋詩存》卷八「乙未」，《清代詩文集彙編》第728冊，上海古籍出版社2010年版，第466頁。
【注八】前七首刊《大道》1935年第4卷第5期，次六首首刊《大道》1935年第4卷第6期，後五首刊《大道》1935年第5卷第1期。

　　挑燈夜起拂青萍，腸斷南溟與北溟。無復戈船隨橫海，空餘涕淚灑新亭。
雞籠浪嶠圖難獻，鴨淥松花戶不扃。漆室更憐憂國本，後宮久未耀前星。

　　頓使金甌失帶方，難移銅柱限扶桑。大犧十倍吞籩豆，老鳳三朝戀廟堂。
跋扈將軍身是膽，橫行公子腹無腸。如君合把盧龍賣，對馬長崎是壻鄉。

　　遼海雄疆拱帝居，神州左掖控巫閭。銅梁鐵遂摧堅壘，玉府金錢贖隩區。
瞀井幾人求麥麴，望洋無路縛禺貙。憑誰更借西江水，來救中朝涸轍魚。

　　愁聞畿輔半污萊，饑雀空倉劇可哀。三旨相公仍柄國，十錢主簿苦營財。
紫標黃榜多豪富，府海官山少異才。欲伏青蒲慚白屋，罪言無路達銀臺。

　　海眼填錢九府空，金繒餌敵古今同。虛傳天地為爐炭，安得神仙化竹桐。
助谷列侯思杜緩，請纓無路歎終童。棘門灞上多兒戲，但比河間姹女工。

　　六龍豈向晉陽騰，車馬長安價驟增。當宁憂牢思李牧，舉朝溫飽愧王曾。
青楊巷第金銀氣，黃閣恩榮粥飯僧①。賴有遼陽徐刺史，不教封豕突昭陵。

【校記】

　　①「僧」，原作「儈」。

　　桃蟲大鳥翻飛易，蒼狗浮雲變態多。戚舞刑天猶善戰，藥名國老止能和。
沉河誰效申徒狄，負載頻勞子服何。從此鯷人闤闠滿，舉朝宜奮魯陽戈。

　　風雨西湖墮淚碑，香煙北固報功祠。若非傅說騎箕早，可望王良策馬遲。
內宄外奸邦杌陧①，材官車騎轍紛馳。長江萬里艨艟在，無復當年節制師。

【校記】

　　①「陧」，原作「隉」。

　　飛芻輓粟困司農，暘谷嵎夷割附庸。雲翳滿天迷北望，丸泥何日慶東封。
屢從西極求燕駿，未見南陽起蜀龍。最羨貞觀房杜相，堅昆都督遠朝宗。

　　黃祚綿於廿五宗，如何輦轂聚王公。炎劉尚峙三分鼎，曹魏空談百足蟲。
廣選金楨封海內，勝移鍾簴向關中。微臣更上多男祝，萱草萱花遍六宮。

　　誰將大利保茶桑，礦穴金銀富久藏。刻翠雕蟲才本小，翹關負米力空強。
理財勞我思官禮，變法何人步管商。一孔腐儒多泥古，動嗤騎射武靈王。

　　虎鬥龍爭局未終，安危難問碧翁翁。連朝天地風霾暗，卅載公私杼柚空。
贊普棄宗饒勇略，匈奴冒頓有英風。休矜華夏輕夷裔，但效韓家莫諱忠。

　　大圜中裏地如球，海外今知有九州。西北雄風蒲察國，東南勁敵薩摩洲。
新開驛路金為圬，高掛雲帆鐵作舟。越甲鳴君情共憤，百蠻終獻吉光裘。

感事悲歌

申甫不挺崧嶽頑，四七弗降星精慳，楚材殲喪函夏瘝。府癉崇卑皆闒闒，九域未隘三空患，五練久替千軍孱。蠢爾東鯷睹我奧，日出日入書詞傲，欃槍旬始燭青徽。朝蹂元菟夕樂浪，雨都八道輸金湯，昔日瘦狗今噢陽。廟謨字小簡書屬，樓船橫海膺重寄，祝茲宗正勿兒戲。誰知虎頭多狼貪，不恤士餒歌舞酣，旗靡轍亂馳歸驂。馬訾失險遼塞蹙，之罘憤軍齊人哭，拱手盡獻黃龍舳。我朝開置先營州，營青對峙滄溟喉，坐令關白殘金甌。嗟哉此事誰鑄錯，禍基一德格天閣，我抱杞憂空歌咢。安得遍立東陵聖母廟，風波虎狼殺奸盜，大法小廉戀忠孝。不然種石成玉師陽翁，剷泥成金偋八公，不使黃屋憂困窮。安得荊王太阿與我持，一揮三軍皆白髭，千里流血敵不支。不然精習查達術，一雨能雨數十日，使敵困餒不得出。安得蚩尤作大霧，敵壘晝暝不見路，恣我斬馘如雞鶩。不然九天元女授陰符，雲華夫人賜寶書，驅策神鬼誅貔狐。豈知聖德配天厭誅殺，使車東馳聲軋軋，金繒失計誰不察。肉投饑虎虎愈驕，一虎得肉群虎嘯，力能刺虎虎亦逃。虎猛咥人倀導虎，華州二生宜攀鼓，邦汋邦諜今猶古。籲嗟乎世道日降江河東，東夷未靖憂西戎，戎夷將相多勇忠。我祝天生良輔陟臺閣，國賊首斬秦長腳，臣心一變百蠻卻。人言天醉天實醒，鶉首安能賜秦嬴，會看寰海鏡清方隅平。

明故宮行

紫金山下驅車至，城頭草綠眠羸牸。寥落軍民數十家，居人告我前朝事。前朝天子起濠滁，首取金陵建帝都。烏巷雀橋多甲第，龍蟠虎踞拱辰居。辰居近在山之麓，桂殿蘭宮三十六。燕燕飛來又北邊，冷落陪京二百年。破軍星降天帝醉，煤山日墮雲陰昧。萬曆金枝白下來，一莖瑤草黔中出。瑤草逢春引蔓長，逆案重翻鈎黨忙。名士株連三字獄，相公葛嶺半閒堂。半閒堂裏多僚友，職方都督賤如狗。侯封關內爛羊頭，錢掃國中填馬口。馬口錢皆賣國錢，無愁天子自安然。月浮鴛瑲鵝兒酒，風度鸞簫燕子箋。燕子春燈看不足，督師日在軍中哭。尚搜蔀屋選蛾眉，不念椿庭和鹿肉。江淮四鎮沸蜩螗，跋扈將軍下九江。無復心肝陳後主，依然雲雨楚襄王。雨雲朝暮陽臺下，忽聞江上馳戎馬。鳳輦三更急出城，虎山一木難支廈。銷亡猿鶴與蟲沙，龍種青衣北道賒。紅粉宮娥多祝髮，黑頭江令不還家。景陽宮裏鍾聲杳，朝元閣

下秋風早。瓊樹歌殘膡落花，金蓮步處生荒草。草中風雨泣銅駝，石上燐光戰血多。殿柱礎磨樵子斧，御溝柳掛收童蓑。我聞此語欲垂涕，南朝自古多兒戲。暫管鶯花繼六朝，輕拋社稷如雙屣。幾樹寒鴉噪夕陽，我來不見舊宮牆。蒿萊深處多黃瓦，上有宏光字一行。

夜泊瓜洲【注九】

秋霜初落秋夜長，銀河倒瀉天茫茫。菰蒲不動雁相語，江水無波江月涼。燈影搖紅如豆大，幽人帶月船頭坐。默默不敢咳與唾，怕驚水底魚龍臥。南望京口浮玉山，隱隱峙立金波間。明朝躧屐步山頂，帶得雨袖雲煙還。

席上口占【注十】

邘江十月霪霖綿，水浸宿麥成白田。窮黎閉戶不得出，四野茅茨無炊煙。主人宴客恣笑樂，華筵大嚼萃珍錯。飲如長鯨醉眼紅，足踏爐火裘反著。籲嗟乎君不見海沭流民滿江滸，壯者無食兒無乳。泥中僵臥哭聲吞，但賜壺飱止皆感恩，籲嗟乎但賜壺飱皆感恩。

詠史

明祖卜伽藍，起兵兆大吉。龍飛入滁陽，四海果混一。懷宗喜卜相，偏得溫與周。韓城暨淄川，覆餗羅庸流。黜哉善趨炎，莫如鬼與神。逢迎龍興主，愚紿亡國人。興亡數有定，鬼神焉足嗔。闖賊三卜吉，天將禍燕秦。

龜既示僭吉，雲復為賊瑞。大蔡縱無知，穹蒼是何意。無乃隆豐頑，幻變如兒戲。亦或喜賊眾，論勢不論義。此理難推求，種種皆怪異。

古有祈死人，士蔑與叔孫。古有畏死人，秦皇求羨門。可憐鮑魚臭，卒葬驪山根。求生不得生，求死豈得死。爕婼會逢適，數盡遂不起。左氏多誣誇，好奇適害理。豈有憂國臣，求入黃泉裏。

獻賊聞霹靂，發礮仰擊天。雷不碎賊身，虩虩翻寂然。武乙射上天，暴雷一震死。蒼蒼本無私，赦彼獨誅此。天以理為歸，氣與數相倚。四海鼎沸時，論氣不論理。氣盛兇燄張，昊乾亦畏蒽。

【注九】刊《大道》1935 年第 4 卷第 2 期。
【注十】刊《大道》1935 年第 4 卷第 2 期。

某守戎家藏前江督何桂清小像予燬之口占示守戎

青宮太保頭銜高，手握重兵屯江皋。建業兵潰曲阿陷，元戎先向虞山逃。苦戰莫救張忠武，成仁甘讓徐開府。三吳繡壤成戰場，兩浙陸海無淨土。九重赫怒賜寶刀，柴市性命輕鴻毛。若守毘陵殺賊死，千秋血食真人豪。籲嗟乎！君不見刑天無首舞干戚，陪阿大冠帶劍戟。異物尚能喜戰鬥，人乃不如鬼與獸。殘魂無面來江東，遺像一擲歸祝融。

戲題寺壁

人無畏鬼心，人不覩鬼態。人有疑鬼心，鬼遂為人害。人心淑惡間，陰陽判兩界。心定通神明，心怯生鬼怪。地獄根人心，不在乾坤外。正氣驅淫昏，魅魍從何屆。蕭琛一厲聲，愪王便出廨。射鬼竹林堂，子業枉持械。

神明負盛德，洋洋在左右。屋漏形聲無，鬼神將我守。愚者蒇不畏，焚香拜土偶。高堂無旨甘，叢祠有肴酒。設遇壞像人，大言出吾手。爾拜木居士，先向吾稽首。眾人聆此言，恍然應卻走。

世俗燔寓錢，謂寓形於紙也。見唐《臨冥報錄》。謂為鬼財貨。翩翩白胡蜨，微風吹已破。作俑殷長史，《法苑珠林》：「楮錢出於殷長史王璵，用以祠祭。」《唐書·王璵傳》：「為祠祭，使用紙，類巫覡。」是紙錢本巫所用。《困學記聞》謂始於王璵，非是。一唱千百和。東漢始有紙，紙乃蔡侯作。音做。何以無紙時，不聞鬼窮餓。伯龍欲營財，挪揄若鄙棄。鬼既嗤人貪，鬼豈干人利。須知禮祀時，多陳酒與食。祖考靈歸來，或可歆其氣。雞豚逮生存，更勝列祭器。

釋氏言地獄，異說多渺茫。好學如顏子，僅作修文郎。不學如寇準，翻為閻羅王。官爵判崇庳，無乃不相當。太真壽王妃，後乃侍明皇。聚麀亂人國，芳魂遊仙鄉。珠箔復銀屏，金闕東西廂。賞罰不公平，何以別淑慝。聰直始為神，豈憐楊妃色。此時閻羅王，知是韓禽虎。詰以玉環事，禽虎諒無語。

彥德繫囹圄，經誦觀世音。一夜滿千遍，詔下刑忽停。史稱佛有靈，我疑佛無情。不拯梁武帝，不援楚王英。獨活誦經人，豈可謂公平。蚩蚩誤信此，恃佛抗朝廷。佛國藪逋逃，崔符將橫行。

江上送別

將雨初過江花香，江月欲墜江風涼。此時送客江上去，江水悠悠江路長。我亦江頭作客人，客中送客最傷神。登樓不見帆行處，但見白雲掛江樹。

題朱柳溪照

疆域作噩月在陬，東來海瀕尋虎頭。謂顧小雲。座中有客道姓字，系出考亭家潤州。學書不就棄學賈，市隱湖壖三十秋。蕭愚和癖夙所恥，不慳財粟貧能周。歲捐赤仄購丹藥，欲使海澨痛瘳廖。乍聆此言疑不釋，博訪里閈知非譸。學序如今少瑰瑋，德義若君真殊尤。袖出畫圖索題詠，諦觀不減陳章侯。珠玉在前覺我穢，面晬背盎神夷猶。綠楊紅杏森掩映，紙上如聽松風颼。煮茗握管有真樂，不容靈府韜閒愁。憐我懷抱與君異，仰觀俯察羅百憂。內憂宮廷少柱石，外慮介狄殘金甌。紫標黃榜室充牣，忍與窮黎爭乾餱。哀鴻嗷嗷不可集，饑狼獜獜誰能劉。披圖高歌問吾子，何計能塞貪泉流。海波清晏樂豈久，願爾秉燭酣夜遊。

東海道中

薄暮潮初落，乘風掛短篷。沖波濡水鳥，飲海落晴虹。野灶陶煙黑，秋原獵火紅。牢盆商擅利，亭戶遍哀鴻。

夜泊太平洲

夜泊水雲鄉，秋江一枕涼。浪翻魚背月，風刷雁翎霜。船載鄉愁重，燈搖客夢長。明朝早掛席，打槳①出寒塘。

【校記】

①「槳」，疑作「樂」。

秋晚野望

彳亍郊坰外，秋陽晚更溫。海潮隨月上，山市隔江昏。雁落無人渚，鴉歸有樹村。歲穰人意樂，沃野稻生孫。

江上客思

久客韓江上，春光冉冉過。風塵知己少，家室累人多。怕讀《登樓賦》，誰憐斫地歌。范堤煙雨裏，芳草近如何。

晚泊

晚泊綠楊汀，船窗廠不扃。野花浮水白，遠樹拂天青。日落鱸鄉暗，風高蟹市腥。蘆中魚笛起，孤客不堪聽。

重九期友人不至

小雨落三徑，黃花開半籬。昨因新釀熟，遠與故人期。庭院夕將暗，風帆來已遲。酒徒招不得，獨酌自成詩。

野步

彳亍小橋頭，西風拂面柔。黃花三徑雨，紅葉半村秋。坐石看雲起，沿溪聽水流。持螯吾所樂，隔浦喚漁舟。

雨後【注十一】

薄暮雨初霽，遙天駕彩虹。柳塘瓜蔓水，野路麥花風。杳靄浮青嶂，微雲點碧空。牧童簑尚濕，歸趁夕陽紅。

辛巳九月哭羊氏姊

僻壤扁盧少，庸醫膽氣麤。深宵餘一息，小艇尚中途。隴畝孤墳在，音容一紙無。女嬰砧歇絕，婿直最愁吾。

突遇無聲虎，唐侯寧極《藥譜》：「大黃號無聲虎。」難尋續命湯。沒原因藥石，病尚未膏盲。少女生三月，嬌兒泣數行。九泉予季在，相見定悲傷。

天上釵飛鳳，人間歲在蛇。泉臺如念母，魂魄早還家。黯黣嬋娥月，凋零姊妹花。同胞余伯氏，相對淚如麻。

自賦于歸後，仳離十五春。思親憂悄悄，誨我訾申申。消渴非危病，焚鬚愧古人。年年歸省母，臨別尚傷神。

雨霽【注十二】

林雨潑殘暑，野花開晚晴。雁拖秋色到，龍帶濕雲行。戶納嵐光淨，溪流樹影清。吾盧真可愛，夕照半扉明。

野步【注十三】

坐石聽潺潺，野池人漚菅。潮生芳草渡，花落夕陽山。漁艇煙雙槳，蘆汀水一灣。閒雲舒復卷，更比我癡頑。

【注十一】刊《大道》1936 年第 6 卷第 2 期。
【注十二】刊《大道》1936 年第 6 卷第 2 期。
【注十三】刊《大道》1936 年第 6 卷第 2 期。

夜歸【注十四】

銀漢掛高樹，涼風吹葛衣。犬間人語吠，螢逐鬼燈飛。月暗眾山沒，林空獨鶴歸。家僮待我返，尚未掩柴扉。

癸未春得山陽徐賓華先生書有感作此寄呈

十載紅巾禍，公私杼柚空。天人皆厭亂，鬼蜮又興戎。米賊屯張魯，香軍聚福通。元功推白戶，武昌把總朱元度告變，夜搜城中，獲賊百餘人。南國荷帡幪。

孫泰多奇術，王森得異香。妖書託仙佛，鬼道惑荊揚。伏莽愁桑梓，餘生畏虎狼。母妻何處寄，節孝在山陽。

過射陽村【注十五】

帆影過樓上，人家近水隈。花香魚在藻，潮落石浮苔。小鳥穿煙去，遙村擁樹來。柳陰堪艤艇，況復芰荷開。

晨遊水月寺【注十六】

鍾聲何處寺，煙樹隔溪昏。眾鳥一鳴散，山僧初啟門。香煙浮佛面，清露滴松根。石上苔錢厚，芒鞋印我痕。

江上晚眺有感【注十七】

江渚風高雨乍收，遠天鴻雁唳清秋。群峰似鶩趨京口，一水如龍繞石頭。黃土幾堆爭戰血，紅巾十載帝王州。欃槍掃後戎夷近，舊部何人是虎侯。

潤州道中【注十八】

驛路西風木葉乾，松篁深處鳥關關。馬頭秋色南徐樹，衣上嵐光北固山。遠市孤懸殘照外，高樓遙在畫圖間。錦囊不用奚奴背，吟得新詩槁未刪。

【注十四】刊《大道》1936 年第 6 卷第 2 期。
【注十五】刊《大道》1936 年第 6 卷第 3 期。
【注十六】刊《大道》1936 年第 6 卷第 3 期。
【注十七】刊《大道》1936 年第 6 卷第 3 期。
【注十八】刊《大道》1936 年第 6 卷第 3 期。

憶家【注十九】

暮天新雁已翱翔，無復蟬聲噪夕陽。帝女花黃猶帶露，王孫草綠未經霜。為尋舊雨留南國，最怕秋風上北堂。離母竟如陳仲子，倚閭定有淚沾裳。

登金陵城樓【注二十】

風吹寒色上征裘，挈件來登建業樓。繞郭山川龍虎狀，誘人爭戰帝王州。煙雲東北馳番舶，楚皖西南據上流。萬里江防無鐵艦，豺狼滿地不勝愁。

東南要地鎮通侯，時左恪靖總督兩江。湖海元龍快壯遊。千里風塵三尺劍，萬山雲樹一身秋。禰衡入洛空懷刺①，季子辭秦贖敝裘。太息樓船兵已燼，願隨突騎向交州。

【校記】

①「刺」，原作「剌」。

宿江村僧寺【注二十一】

海國烽煙虜正狂，江村自有黑甜鄉。清猿呼侶啼林樹，黠鼠窺人上客床。月暗唯餘窗影白，燈明猶見佛書黃。無端忽做沙場夢，手挽封弧射虎狼。

秋晚野望【注二十二】

餘霞紅映暮雲邊，村北村南少夕煙。遠樹捧高滄海月，亂鴉點碎夕陽天。野人乞食扃蓬戶，漁父施眾入稻田。滿地哀鴻聽不得，江淮何處是豐年。

冬日遊圌山【注二十三】

豪遊冠履任欹斜，踏遍空山路幾叉。足下煙雲雙屐蠟，林端風雪一枝鴉。慣騎驢背敲詩句，欲換羊裘與酒家。病骨雖臞偏耐冷，乾坤知己有梅花。

閨怨【注二十四】

縱忘賤妾不思鄉，若念慈親也斷腸。別恨能知惟娣姒，愁容未敢示姑嫜。

【注十九】刊《大道》1936 年第 6 卷第 4 期。
【注二十】刊《大道》1936 年第 6 卷第 4 期。
【注二十一】刊《大道》1936 年第 6 卷第 4 期。
【注二十二】刊《大道》1936 年第 6 卷第 5 期。
【注二十三】刊《大道》1936 年第 6 卷第 5 期。
【注二十四】刊《大道》1936 年第 6 卷第 5 期。

黃金難買同心藕，紅豆思煎續命湯。欲寫情懷勞玉管，臙脂和淚畫鴛鴦。

　　玉趾纖纖怕遠行，原頭採綠復逡巡。春裙懶繡雙雙鳥，秋水難逢六六鱗。憔悴花顏如帶病，團圞月影欲驕人。愁多頓覺腰肢減，昔日羅衣不稱身。

　　欲拜牽牛喚奈何，人間亦自有銀河。最憐姿貌花枝瘦，每恨郎書草字多。寒怯金風侵半臂，愁臨玉鏡蹙雙蛾。輕移蓮步蘭房外，悄倚闌干對月娥。

　　天上無如月最癡，一鉤枉自照相思。甘如蔗尾憐當日，苦比蓮心是此時。南海吉丁空作佩，北窗喜子幾垂絲。流將玉箸澆紅豆，不待東風蔓已滋。

金川門懷古【注二十五】

　　九江豎子晝開門，迎得周公作至尊。風伯有心將燕助，白溝河、夾河、槁城之戰，燕師皆以風取勝。見《明史·成祖本紀》。又《五行志》：「惠帝時，有道士歌於市，曰：『莫逐燕，逐燕日高飛。』」月兒無命被龍吞。出頭是主群忠戮，祝髮為僧一舸奔。鳳返丹山無處覓，猿啼花落怨黃昏。

臺城懷古【注二十六】

　　中原如夢太荒唐，打碎金甌畀虎狼。相有重瞳開社稷，兒惟一目掃欃槍。腹栒不厭吞雞子，身捨空聞媚鴿王。無復蕭梁宮殿在，夕陽哀悼兩茫茫。

益州懷古【注二十七】

　　木牛流馬出秦關，一墮星光竟不還。猿鳥夜鳴籌筆驛，龍蛇陣壓定軍山。江濤動底穿三峽，棧道連雲走百蠻。我欲登臨無限恨，英雄有子太冥頑。

大梁懷古【注二十八】

　　邯鄲圍急救兵無，半夜深宮竊虎符。出袖鐵椎驚霹靂，臨岐寶劍擲頭顱。雄師八萬摧強敵，食客三千愧老夫。如此酬恩真烈士，夷門馮眺獨長籲。

廣陵懷古【注二十九】

　　四十離宮處處家，廣陵煙月更繁華。錦帆去國來江上，紅粉牽舟遍水涯。

【注二十五】刊《大道》1936 年第 6 卷第 6 期。
【注二十六】刊《大道》1936 年第 6 卷第 6 期。
【注二十七】刊《大道》1936 年第 6 卷第 6 期。
【注二十八】刊《大道》1936 年第 7 卷第 1 期。
【注二十九】刊《大道》1936 年第 7 卷第 2 期。

撫頸可憐金鏡暗，傷心最是玉鉤斜。年年風雨蕃釐觀，蝴蝶春深怨花落。

孝陵懷古【注三十】

一擲緇衣作至尊，群雄掃蕩定乾坤。預留紅篋藏僧牒，忍送黃袍出鬼門。白下無端飛燕子，黔中何處覓龍孫。故宮莫漫悲禾黍，俎豆猶沾聖代恩。

荊門懷古

荊門山在秭歸東，生長峨眉入漢宮。淚滴琵琶辭日下，風搖環珮出雲中。任教白骨埋沙漠，那有黃金贈畫工。人去空餘千古恨，香溪村外落花紅。

成都懷古【注三十一】

錦城春暖百花稠，玉壘雲深萬木幽。地控諸羌通白馬，江穿三峽下黃牛。臥龍得水逢英主，落鳳名坡弔靖侯。若使兩賢同輔國，漢家未必失荊州。

伍相祠懷古【注三十二】

一怒君王賜屬鏤，廿年鳥喙滅句吳。秋風敵國愁麋鹿，春雨荒祠怨鷓鴣。此日孤墳誰樹檟，當年窮士偶依蘆。可憐懸眼東門上，應見陶朱入五湖。

登泰山【注三十三】

一鞭欸段向長安，滿腹豪情上岱山。眼底煙雲遼海遠，腰間劍佩雪霜寒。裹屍有革酬恩易，擲地無聲賣賦難。聞說東征師未捷，願隨貔虎定三韓。

梁武帝【注三十四】

切舌曾聞鬼報讎，捨身翻使佛貽羞。二心臨貨多翻覆，一目湘東太逗遛。玉海千尋人是蠱，金甌萬里座升猴。紙鳶不寄營中信，宇宙將軍入石頭。

陳後主【注三十五】

瓊花璧月醉中謳，結綺臨春水上樓。四十貂蟬譚國事，八千貔貅渡江流。

【注三十】刊《大道》1936 年第 7 卷第 2 期。
【注三十一】刊《大道》1936 年第 7 卷第 2 期。
【注三十二】刊《大道》1936 年第 7 卷第 4 期。
【注三十三】刊《大道》1936 年第 7 卷第 4 期。
【注三十四】刊《大道》1937 年第 7 卷第 5 期。
【注三十五】刊《大道》1937 年第 7 卷第 5 期。

縱教瓜渚屯金翅，難禁楊花入石頭。且喜長安驢脯好，北行依舊是無愁。

宋高宗【注三十六】

中原一擲急南奔，兄已重昏弟更昏。遠放君親攘宋統，甘稱臣姪報金恩。七陵狼藉荒郊骨，五國鵑聲雪窖魂。不返兩宮有深意，安容三日照乾坤。

隋宮【注三十七】

萬里金甌〔1〕付稚孫〔2〕，迷樓〔3〕歌舞日昏昏。一朝鹿失家難返〔4〕，終古螢飛苑不存〔5〕。雨滴落花胡蝶淚，煙埋芳草美人魂。玉鉤斜與雷塘近〔6〕，賸有流鶯弔墓門。

【疏證】

〔1〕《南史》卷六十二《朱異傳》：「嘗夙興至武德閤口，獨言：『我國家猶若金甌，無一傷缺。』」

〔2〕《北史》卷七十一《隋宗室諸王列傳·煬帝三子》：「有遺腹子愍，與蕭后同入突厥，處羅可汗號為隋王。中國人沒入北蕃者，悉配之以為部落，以定襄城處之。及突厥滅，乃獲之。貞觀中，位至尚衣奉御，永徽初，卒。」《隋書》卷五十九《煬三子列傳》：「有遺腹子政道，與蕭后同入突厥，處羅可汗號為隋王，中國人沒入北蕃者，悉配之以為部落，以定襄城處之。及突厥滅，歸於大唐，授員外散騎侍郎。」《舊唐書》卷一百九十四上《突厥列傳上》：「先是，隋煬帝蕭后及齊王暕之子政道，陷於竇建德。三年二月，處羅迎之，至於牙所，立政道為隋王。隋末中國人在虜庭者，悉隸於政道，行隋正朔，置百官，居於定襄城，有徒一萬。」《新唐書》卷二百一十五上《突厥列傳上》：「處羅迎隋蕭皇后及齊王暕之子正道於竇建德所，因立正道為隋王，奉隋後，隋人沒者隸之，行其正朔，置百官，居定襄，眾萬人。」

〔3〕（宋）曾慥《類說》卷五十六《古今詩話》：「迷樓。隋煬帝時，浙人項升進新宮圖，帝愛之，令揚州依圖營建。既成，幸之，曰：『使真仙遊此，亦當自迷。』乃名迷樓。」（明）陸楫《古今說海·煬帝迷樓記說纂五》：「煬帝晚年，尤沉迷女色。他日，顧詔近侍曰：『人主享天下之富，亦欲極當年之樂，自快其意。今天下安富，外內無事，此吾得以遂其樂也。今宮殿雖壯麗顯敞，苦無曲房小

【注三十六】 刊《大道》1937 年第 7 卷第 5 期。
【注三十七】 刊《大道》1937 年第 7 卷第 6 期。

－666－

室、幽軒短檻。若得此，則吾期老於其中也。』近侍高昌奏曰：『臣有友項升，浙人也。自言能構宮室。』翌日，詔而問之，升曰：『臣乞先進圖本。』後數日，進圖，帝覽大悅。即日詔有司供具材木，凡役夫數萬，經歲而成。樓閣高下，軒窗掩映，幽房曲室，玉欄朱楯，互相連屬。回環四合，曲屋自通，千門萬牖，上下金碧。金虯伏於棟下，玉獸蹲於戶傍。璧砌生光，瑣窗射日，工巧之極，自古無有也。費用金玉，帑庫為之一虛。人誤入者，雖終日不能出。帝幸之，大喜。顧左右曰：『使真仙遊其中，亦當自迷也。可目之曰迷樓。』」

〔4〕《史記》卷九十二《淮陰侯列傳》：「秦失其鹿，天下共逐之。」

〔5〕《北史》卷十二《隋本紀下》：「壬午，上於景華宮徵求螢火，得數斛，夜出遊山而放之，光遍巖谷。」《隋書》卷四《煬帝紀下》：「壬午，上於景華宮徵求螢火，得數斛，夜出遊山，放之，光遍巖谷。」（清）馮浩《玉溪生詩詳注》卷三《隋宮》：「於今腐草無螢火。」

〔6〕（明）陸應陽《廣輿記》卷三《揚州府·陵墓》：「煬帝冢：府城北雷塘，煬帝攜宮人遊此，往往耕出寶釵。玉鉤斜：江都治西，煬帝葬宮人處。」

宿江邊僧寺雨不成寐【注三十八】

枕上雷聲帶雨奔，燈明蘭若正黃昏。江神警客濤撞寺，山鬼窺人足到門。水滴茅龍〔1〕風乍定，香焚寶鴨〔2〕火猶溫。蒿宮〔3〕此際安眠否，特恐宵衣有淚痕。

【疏證】

〔1〕（漢）劉向《列仙傳》卷下《呼子先》：「呼子先者，漢中關下卜師也。老壽百餘歲。臨去，呼酒家老嫗曰：『急裝，當與嫗共應中陵王。』夜有仙人持二茅狗來，至呼子先，子先持一與酒家嫗，得而騎之，乃龍也。上華陰山，常於山上大呼，言子先酒家母在此云。」

〔2〕寶鴨：香爐。（清）李調元《全五代詩》卷十八孫魴《夜坐》：「剷多灰雜蒼虯跡，坐久煙消寶鴨香。」（宋）韓淲《澗泉集》卷二十《浣溪沙》：「寶鴨香銷酒未醒，錦衾春暖夢初驚。」

〔3〕《大戴禮記·明堂》：「周時德澤洽和，蒿茂大，以為宮柱，名蒿宮也，此天子之路寢也。」

【注三十八】刊《大道》1937 年第 7 卷第 6 期。

登興化拱極臺〔1〕遠眺【注三十九】

　　獨上層臺俯綠波，元龍豪氣〔2〕此悲歌。湖光帶雨侵窗入，帆影如雲撫檻過。祆①教〔3〕有堂豺虎橫，秋原無稼雁鴻多。辰居〔4〕飄渺三千里，舜黑堯臁〔5〕近若何。

【校記】

　　①「祆」，疑作「祆」。參見注。

【疏證】

〔1〕（清）梁園棣修；（清）鄭之僑、（清）趙彥俞纂《咸豐重修興化縣志》卷一《輿地志・古蹟・拱極臺》：「北城上，即玄武臺故址。元知縣詹士龍讀書處。明知縣傅琨復建，改今名。」

〔2〕《三國志》卷七《魏書七・呂布傳》：「陳登者，字元龍，在廣陵有威名。又掎角呂布有功，加伏波將軍，年三十九卒。後許汜與劉備並在荊州牧劉表坐，表與備共論天下人，汜曰：『陳元龍湖海之士，豪氣不除。』備謂表曰：『許君論是非？』表曰：『欲言非，此君為善士，不宜虛言；欲言是，元龍名重天下。』備問汜：『君言豪，寧有事邪？』汜曰：『昔遭亂過下邳，見元龍。元龍無客主之意，久不相與語，自上大床臥，使客臥下床。』備曰：『君有國士之名，今天下大亂，帝主失所，望君憂國忘家，有救世之意，而君求田問舍，言無可採，是元龍所諱也，何緣當與君語？如小人，欲臥百尺樓上，臥君於地，何但上下床之間邪？』表大笑。」

〔3〕（宋）姚寬《西溪叢語》卷上：「山谷《題牧護歌後》云：『向常問南方衲子，《牧護》是何種語，皆不能說。後見劉夢得作夔州刺史，樂府有《牧護歌》，似是賽神語，亦不可解。及來黔中，聞賽神者夜歌聽說儂家牧護，末云奠酒燒錢歸去，雖長短不同，要皆自敘五七十語，乃知蘇溪夔州故作此歌學巴人曲，猶石頭學魏伯陽作《參同契》也。』予長兄伯聲嘗考火祆字，其畫從天，胡神也，音醯堅切，教法佛經所謂摩醯首羅也。本起大波斯國，號蘇魯支。有弟子名玄真，習師之法，居波斯國大總長如火山，後行化於中國。宋次道《東京記》：『寧遠坊有祆神廟。』注云：『《四夷朝貢圖》云：康國有神名祆，畢國有火祆祠。疑因是建廟。或傳晉戎亂華時立此。』又據杜預《左傳注》，云：『睢受汴。東經陳留、梁、譙、彭城入泗。此水次有祆神，皆社祠之。蓋

殺人而用祭也。』此即火祆之神，其來蓋久。至唐貞觀五年，有傳法穆護何祿，將祆教詣闕聞奏，勅令長安崇化坊立祆寺，號大秦寺，又名波斯寺。至天寶四年七月，勅『波斯經教，出自大秦。傳習而來，久行中國。爰初建寺，因以為名。將以示人，必循其本。其兩京波斯寺，宜改為大秦寺，天下諸州郡有者準此』。武宗毀浮圖，籍僧為民。會昌五年，勅大秦穆護火祆等六十餘人，並放還俗。然而根株未盡，宋公言祆立廟，出於胡俗，而未必究其即波斯教法也。又嘗見《官品令》，有祆正。祆法初來，以鴻臚寺為禮遠令邸，後世因用以僧尼隸焉。設官來歷如此。祆之有正，想在唐室。段成式《酉陽雜俎》：『孝億國界三千餘里，舉俗事祆，不識佛法，有祆祠三千餘所。』又：『銅馬俱在德建國烏滸河中，灘流中有火祆祠，相傳祆神本自波斯國乘神通來，因立祆祠。祠內無像，於大屋下置小盧舍，向西，人向東禮神。有一銅馬，國人言自天而下，屈前足在空中，後足入土，自古數有穿視，竟不及其蹄。西夷以五月為歲，每歲自烏滸河中有馬出，其色如金，與此銅馬嘶鳴相應，俄復入水。近有大食不信，入祆祠，將壞之。忽有火燒其兵，遂不敢毀。』則祆教流行外域，延入中國，蔓衍如此。康國蓋在西。《朝貢圖》之言，與此合也。《教坊記》曲名有《牧護子》，已播在唐樂府。《崇文書》有《牧護詞》，乃李燕撰六言文字，記五行災福之說。則後人因有作語為《牧護》者，不止巴人曲也。祆之教法蓋遠，而穆護所傳，則自唐也。蘇溪作歌之意，正謂旁門小道似是而非者，因以為戲，非效《參同契》之比。山谷蓋未深考耳。且祆有祠廟，因作此歌以賽神，固未知劉作歌詩止效巴人之語，亦自知其源委也。」

〔4〕辰居，即「宸居」，帝王居處。（南朝宋）謝莊《歌太祖文皇帝》：「維天為大，維聖祖是則，辰居萬宇，綴旒下國。」（南朝梁）江淹《蕭驃騎謝甲仗入殿表》：「官騎辰居，羽林天部。」

〔5〕《尸子》卷下：「堯瘦舜墨，禹脛不生毛。」《淮南子‧修務訓》：「蓋聞傳書曰：『神農憔悴，堯瘦臞，舜黴黑，禹胼胝。』」

塞下曲【注四十】

今日黑龍江，明日黃龍府。將軍不出帳，獲勝巴圖魯。

池上【注四十一】

池上雨初過，煙籠草色鮮。波平風不起，魚躍水紋圓。

江上送人北歸【注四十二】

我病君曾侍，君行我益孤。可憐君去路，即是我歸途。

尋漁者不遇【注四十三】

棹隨流水來，雲隨流水去。不見打魚人，行人雲深處。

夜泊江濱【注四十四】

江風吹我襟，江月照我心。江流去不返，風月無古今。

田家即景【注四十五】

種麥復種蔬，老農作老圃。砍得秫稭紅，插地將籬補。

夜泊護金蕩【注四十六】〔1〕

微風水面來，明月穿波破。老漁醉未醒，獨枕蓑衣臥。

【疏證】

〔1〕（清）賀長齡《清經世文編》卷一百十一《工政十七·江蘇水利上》載《江蘇
水道圖說》：「其自淮安府、揚州府境東出支津十餘，瀦為馬家蕩、九里蕩、大
蹤湖、蜈蚣湖、護金蕩、支渠交，錯皆東入於海。」清傅澤洪《行水金鑒》卷
一百五十三《運河水》（清文淵閣四庫全書本）：「高郵州之界首小閘，看花、
涵洞二閘，頭閘等處之水，皆由興化縣護金蕩至鮑家莊分為二股。」

看月【注四十七】

看月坐松根，露滴杯中茗。微聞搏翅聲，巢鶴睡初醒。

【注四十一】刊《大道》1937 年第 7 卷第 6 期。
【注四十二】刊《大道》1937 年第 7 卷第 6 期。
【注四十三】刊《大道》1937 年第 7 卷第 6 期。
【注四十四】刊《大道》1937 年第 7 卷第 6 期。
【注四十五】刊《大道》1937 年第 7 卷第 6 期。
【注四十六】刊《大道》1937 年第 8 卷第 2 期。
【注四十七】刊《大道》1937 年第 8 卷第 2 期。

題聽松閣贈聽松上人【注四十八】

老僧喜栽松，閣號聽松閣。日聽松風鳴，夜聽松子落。

夜歸【注四十九】

野水流殘雪，寒林月影微。梅花村外路，一犬吠人歸。

清明客中思母【注五十】

倚門闔外望何如〔1〕，猶憶高堂拜別初。囑我清明歸莫緩，不歸也寄一封書。

【疏證】

〔1〕《戰國策》卷十三《齊策六》：「王孫賈年十五，事閔王。王出走，失王之處。其母曰：『女朝出而晚來，則吾倚門而望；女暮出而不還，則吾倚閭而望。女今事王，王出走，女不知其處，女尚何歸？』」

不寐

虛牖無光月影埋，涼生竹簟早秋纔。玉階梧葉蕭蕭響，知是風來是雨來。

宮怨

金屋春深鎖不開，年年宮徑長莓苔。翻憐鸚鵡多情甚，長說君王翠輦來。

七夕

駕得長橋鵲影寒，限人離別是狂瀾。媧皇若未將天補〔1〕，漏盡銀河水不難。

【疏證】

〔1〕《淮南子·覽冥訓》：「往古之時，四極廢，九州裂，天不兼覆，地不周載，火爁炎而不滅，水浩洋而不息，猛獸食顓民，鷙鳥攫老弱，於是女媧煉五色石以補蒼天，斷鼇足以立四極，殺黑龍以濟冀州，積蘆灰以止淫水。」《列子·湯問第五》：「物有不足，故昔者女媧氏練五色石以補其闕，斷鼇之足以立四極。」

【注四十八】刊《大道》1937年第8卷第2期。
【注四十九】刊《大道》1937年第8卷第2期。
【注五十】刊《大道》1937年第8卷第2期。

縱使天錢〔1〕未易酬，何妨兩度會牽牛。他年我入欽天監，閏月都教在孟秋。

【疏證】

〔1〕《晉書》卷十一《天文志上》：「其西北有十星，曰天錢。」《隋書》卷二十《天文志中》：「北落西北有十星，曰天錢。」《太平御覽》卷六《天部六·星中》：「《天象列星圖》曰：『天錢十星在北落西北，主錢帛所聚。占：若明則府藏盈，若不明則為虛耗。』」

訪徐春臺〔1〕上舍不值

一條石徑水旁斜，行入南州處士家。滿地蒼苔門不啟，牆頭扁豆亂開花。

【疏證】

〔1〕王志成《徐乃康集·前言》對徐乃康生平有梳理，稱：「徐乃康（1828～1892），字莆卿，號春臺，譜名錫禧，清朝浙江省樂清縣樂成東門浦邊人。同治元年（1862）歲貢生，後加捐候選訓導欽加光祿寺署正銜。徐乃康著有《茹古軒詩抄》六卷。」

擬小遊仙詩時晉豫大饑

遊遍神州跨六鰲〔1〕，紅塵赤子太嗷嗷。仙曹也有楊朱輩，毛女〔2〕何曾拔一毛〔3〕。

【疏證】

〔1〕《列子·湯問第五》：「渤海之東不知幾億萬里，有大壑焉，實惟無底之谷，其下無底，名曰歸墟。八紘九野之水，天漢之流，莫不注之，而無增無減焉。其中有五山焉：一曰岱輿，二曰員嶠，三曰方壺，四曰瀛洲，五曰蓬萊。其山高下周旋三萬里，其頂平處九千里。山之中間相去七萬里，以為鄰居焉。其上臺觀皆金玉，其上禽獸皆純縞。珠玕之樹皆叢生，華實皆有滋味；食之皆不老不死。所居之人皆仙聖之種；一日一夕飛相往來者，不可數焉。而五山之根無所連箸，常隨潮波上下往還，不得暫峙焉。仙聖毒之，訴之於帝。帝恐流於西極，失群仙聖之居，乃命禺強使巨鰲十五舉首而戴之。迭為三番，六萬歲一交焉。五山始峙而不動。而龍伯之國有大人，舉足不盈數步而暨五山之所，一釣而連六鰲，合負而趣，歸其國，灼其骨以數焉。員嶠二山流於北極，沉於大海，仙聖之播遷者巨億計。帝憑怒，侵減龍伯之國使阨，侵小龍伯之民使短。至伏羲

神農時，其國人猶數十丈。」

〔2〕（漢）劉向《列仙傳》卷下《毛女》：「毛女者，字玉姜。在華陰山中，獵師世世見之，形體生毛。自言秦始皇宮人也。秦壞，流亡入山避難，遇道士谷春，教食松葉，遂不饑寒，身輕如飛。百七十餘年。所止巖中有鼓琴聲云。」（宋）李昉《太平廣記》卷五十九《女仙四·毛女》：「毛氏字玉姜，在華陰山中山，客獵師世世見之，形體生毛。自言秦始皇宮人也。秦亡，流亡入山，道士教食松葉，遂不饑寒，身輕如此。至西漢時，已百七十餘年矣。出《列仙傳》。」

〔3〕《列子·楊朱第七》：「楊朱曰：『伯成子高不以一毫利物，捨國而隱耕。大禹不以一身自利，一體偏枯。古之人損一毫利天下不與也，悉天下奉一身不取也。人人不損一毫，人人不利天下，天下治矣。』禽子問楊朱曰：『去子體之一毛以濟一世，汝為之乎？』楊子曰：『世固非一毛之所濟。』禽子曰：『假濟，為之乎？』楊子弗應。禽子出語孟孫陽。孟孫陽曰：『子不達夫子之心，吾請言之。有侵苦肌膚獲萬金者，若為之乎？』曰：『為之。』孟孫陽曰：『有斷若一節得一國。子為之乎？』禽子默然有間。孟孫陽曰：『一毛微於肌膚，肌膚微於一節，省矣。然則積一毛以成肌膚，積肌膚以成一節。一毛固一體萬分中之一物，奈何輕之乎？』禽子曰：『吾不能所以答子。然則以子之言問老聃、關尹，則子言當矣；以吾言問大禹、墨翟，則吾言當矣。』孟孫陽因顧與其徒說他事。」

　　煉藥燒丹術不良，願從仲理學奇方。點將五嶽三山石，盡化黃金救歲荒。〔1〕

【疏證】

〔1〕（晉）葛洪《神仙傳》卷七《帛和》：「帛和，字仲理。師董先生行炁斷穀術。又詣西城山師王君，君謂曰：『大道之訣，非可卒得。吾暫往瀛洲，汝於此石室中，可熟視石壁，久久當見文字。見則讀之，得道矣。』和乃視之一年，了無所見。二年似有文字，三年了然，見太清中經、神丹方、三皇文、五嶽圖。和誦之上口。王君迴，曰：『子得之矣。』乃作神丹，服半劑延年無極，以半劑作黃金五十斤，救惠貧病也。」

詠史

　　豪舉平原計已非，三千食客耀輕肥。毛生雖脫囊中穎，依舊邯鄲未解圍。〔1〕

〔1〕《史記》卷七十六《平原君虞卿列傳》:「平原君趙勝者,趙之諸公子也。諸子中勝最賢,喜賓客,賓客蓋至者數千人。……秦之圍邯鄲,趙使平原君求救,合從於楚,約與食客門下有勇力文武備具者二十人偕。平原君曰:『使文能取勝,則善矣。文不能取勝,則歃血於華屋之下,必得定從而還。士不外索,取於食客門下足矣。』得十九人,餘無可取者,無以滿二十人。門下有毛遂者,前,自贊於平原君曰:『遂聞君將合從於楚,約與食客門下二十人偕,不外索。今少一人,原君即以遂備員而行矣。』平原君曰:『先生處勝之門下幾年於此矣?』毛遂曰:『三年於此矣。』平原君曰:『夫賢士之處世也,譬若錐之處囊中,其末立見。今先生處勝之門下三年於此矣,左右未有所稱誦,勝未有所聞,是先生無所有也。先生不能,先生留。』毛遂曰:『臣乃今日請處囊中耳。使遂蚤得處囊中,乃穎脫而出,非特其末見而已。』平原君竟與毛遂偕。十九人相與目笑之而未廢也。毛遂比至楚,與十九人論議,十九人皆服。平原君與楚合從,言其利害,日出而言之,日中不決。十九人謂毛遂曰:『先生上。』毛遂按劍歷階而上,謂平原君曰:『從之利害,兩言而決耳。今日出而言從,日中不決,何也?』楚王謂平原君曰:『客何為者也?』平原君曰:『是勝之舍人也。』楚王叱曰:『胡不下!吾乃與而君言,汝何為者也!』毛遂按劍而前曰:『王之所以叱遂者,以楚國之眾也。今十步之內,王不得恃楚國之眾也,王之命縣於遂手。吾君在前,叱者何也?且遂聞湯以七十里之地王天下,文王以百里之壤而臣諸侯,豈其士卒眾多哉,誠能據其勢而奮其威。今楚地方五千里,持戟百萬,此霸王之資也。以楚之彊,天下弗能當。白起,小豎子耳,率數萬之眾,興師以與楚戰,一戰而舉鄢郢,再戰而燒夷陵,三戰而辱王之先人。此百世之怨而趙之所羞,而王弗知惡焉。合從者為楚,非為趙也。吾君在前,叱者何也?』楚王曰:『唯唯,誠若先生之言,謹奉社稷而以從。』毛遂曰:『從定乎?』楚王曰:『定矣。』毛遂謂楚王之左右曰:『取雞狗馬之血來。』毛遂奉銅槃而跪進之楚王曰:『王當歃血而定從,次者吾君,次者遂。』遂定從於殿上。毛遂左手持槃血而右手招十九人曰:『公相與歃此血於堂下。公等錄錄,所謂因人成事者也。』平原君已定從而歸,歸至於趙,曰:『勝不敢復相士。勝相士多者千人,寡者百數,自以為不失天下之士,今乃於毛先生而失之也。毛先生一至楚,而使趙重於九鼎大呂。毛先生以三寸之舌,彊於百萬之師。勝不敢復相士。』遂以為上客。平原君既返趙,楚使春申君將兵赴救趙,魏信陵君亦矯奪晉鄙軍往救趙,皆未至。秦急圍邯鄲,邯鄲急,且降,平原君甚患之。

邯鄲傳舍吏子李同說平原君曰：『君不憂趙亡邪？』平原君曰：『趙亡則勝為虜，何為不憂乎？』李同曰：『邯鄲之民，炊骨易子而食，可謂急矣，而君之後宮以百數，婢妾被綺縠，餘粱肉，而民褐衣不完，糟糠不厭。民困兵盡，或剡木為矛矢，而君器物鍾磬自若。使秦破趙，君安得有此？使趙得全，君何患無有？今君誠能令夫人以下編於士卒之間，分功而作，家之所有盡散以饗士，士方其危苦之時，易德耳。』於是平原君從之，得敢死之士三千人。李同遂與三千人赴秦軍，秦軍為之卻三十里。亦會楚、魏救至，秦兵遂罷，邯鄲復存。李同戰死，封其父為李侯。……平原君以趙孝成王十五年卒。子孫代，後竟與趙俱亡。」

怒髮衝冠氣壯哉，風吹易水築聲哀。〔1〕成功亦是燕丹禍，不若金臺館郭隗。〔2〕

【疏證】

〔1〕《史記》卷八十六《刺客列傳》：「荊軻者，衛人也。……太子及賓客知其事者，皆白衣冠以送之。至易水之上，既祖，取道，高漸離擊築，荊軻和而歌，為變徵之聲，士皆垂淚涕泣。又前而為歌曰：『風蕭蕭兮易水寒，壯士一去兮不復還！』復為羽聲慷慨，士皆瞋目，發盡上指冠。於是荊軻就車而去，終已不顧。」

〔2〕《史記》卷三十四《燕召公世家》：「燕昭王於破燕之後即位，卑身厚幣以招賢者。謂郭隗曰：『齊因孤之國亂而襲破燕，孤極知燕小力少，不足以報。然誠得賢士以共國，以雪先王之恥，孤之願也。先生視可者，得身事之。』郭隗曰：『王必欲致士，先從隗始。況賢於隗者，豈遠千里哉！』於是昭王為隗改築宮而師事之。樂毅自魏往，鄒衍自齊往，劇辛自趙往，士爭趨燕。燕王弔死問孤，與百姓同甘苦。」

大賈居然作大儒，三千食客代操觚。〔1〕祖龍〔2〕下召焚書日〔3〕，可毀而翁〔4〕《呂覽》〔5〕無。

【疏證】

〔1〕《史記》卷八十五《呂不韋列傳》：「呂不韋者，陽翟大賈人也。往來販賤賣貴，家累千金。……當是時，魏有信陵君，楚有春申君，趙有平原君，齊有孟嘗君，皆下士喜賓客以相傾。呂不韋以秦之彊，羞不如，亦招致士，厚遇之，至食客三千人。是時諸侯多辯士，如荀卿之徒，著書布天下。呂不韋乃使其客人人著所聞，集論以為八覽、六論、十二紀，二十餘萬言。以為備天地萬物古今之事，

號曰《呂氏春秋》。布咸陽市門，懸千金其上，延諸侯遊士賓客有能增損一字者予千金。」

〔2〕《史記》卷六《秦始皇本紀》：「秋，使者從關東夜過華陰平舒道，有人持璧遮使者曰：『為吾遺滈池君。』因言曰：『今年祖龍死。』使者問其故，因忽不見，置其璧去。使者奉璧具以聞。始皇默然良久，曰：『山鬼固不過知一歲事也。』退言曰：『祖龍者，人之先也。』使御府視璧，乃二十八年行渡江所沉璧也。」《集解》：「蘇林曰：『祖，始也。龍，人君象。謂始皇也。』服虔曰：『龍，人之先象也，言王亦人之先也。』應劭曰：『祖，人之先。龍，君之象。』」

〔3〕《史記》卷六《秦始皇本紀》：「丞相李斯曰：『……今皇帝並有天下，別黑白而定一尊。私學而相與非法教，人聞令下，則各以其學議之，入則心非，出則巷議，誇主以為名，異取以為高，率群下以造謗。如此弗禁，則主勢降乎上，黨與成乎下。禁之便。臣請史官非秦記皆燒之。非博士官所職，天下敢有藏詩、書、百家語者，悉詣守、尉雜燒之。有敢偶語詩書者棄市。以古非今者族。吏見知不舉者與同罪。令下三十日不燒，黥為城旦。所不去者，醫藥卜筮種樹之書。若欲有學法令，以吏為師。』制曰：『可。』」

〔4〕《史記》卷八十五《呂不韋列傳》：「呂不韋取邯鄲諸姬絕好善舞者與居，知有身。子楚從不韋飲，見而說之，因起為壽，請之。呂不韋怒，念業已破家為子楚，欲以釣奇，乃遂獻其姬。姬自匿有身，至大期時，生子政。子楚遂立姬為夫人。」

〔5〕《史記》卷一百三十《太史公自序》：「不韋遷蜀，世傳《呂覽》。」《正義》：「即呂氏春秋也。」

　　赭山〔1〕鞭石〔2〕逞神威，欲向瀛洲〔3〕聘六飛〔4〕。求藥海船終不返〔5〕，轀車載得鮑魚歸〔6〕。

【疏證】

〔1〕《史記》卷六《秦始皇本紀》：「乃西南渡淮水，之衡山、南郡。浮江，至湘山祠。逢大風，幾不得渡。上問博士曰：『湘君神？』博士對曰：『聞之，堯女，舜之妻，而葬此。』於是始皇大怒，使刑徒三千人皆伐湘山樹，赭其山。」

〔2〕《藝文類聚》卷六《地部·石》：「《三齊略記》曰：『始皇作石塘，欲過海看日出處，時有神人，能驅石下海，石去不速，神輒鞭之，皆流血，至今悉赤。陽城山石盡起立，巍巍東傾，狀如相隨行。』」又，卷七十九《靈異部下·神》：「《三齊略記》曰：『始皇作石橋，欲過海觀日出處，於時有神人，能驅石下海，

城陽一山石，盡起立，巍巍東傾，狀似相隨而去。雲石去不速，神人輒鞭之，盡流血，石莫不悉赤，至今猶爾。』」

〔3〕《史記》卷六《秦始皇本紀》：「既已，齊人徐市等上書，言海中有三神山，名曰蓬萊、方丈、瀛洲，仙人居之。請得齋戒，與童男女求之。於是遣徐市發童男女數千人，入海求仙人。」《正義》：「《漢書・郊祀志》云：『此三神山者，其傳在渤海中，去人不遠，蓋曾有至者，諸仙人及不死之藥皆在焉。其物禽獸盡白，而黃金白銀為宮闕。未至，望之如雲；及至，三神山乃居水下；臨之，患且至，風輒引船而去，終莫能至云。世主莫不甘心焉。』」

〔4〕《漢書》卷四十九《爰盎列傳》：「盎言曰：『臣聞千金之子不垂堂，百金之子不騎衡，聖主不乘危，不徼倖。今陛下聘六飛，馳不測山，有如馬驚車敗，陛下縱自輕，奈高廟、太后何？』上乃止。」顏師古《注》：「如淳曰：『六馬之疾若飛也。』」

〔5〕《史記》卷六《秦始皇本紀》：「還過吳，從江乘渡。並海上，北至琅邪。方士徐市等入海求神藥，數歲不得，費多，恐譴，乃詐曰：『蓬萊藥可得，然常為大鮫魚所苦，故不得至，原請善射與俱，見則以連弩射之。』始皇夢與海神戰，如人狀。問占夢，博士曰：『水神不可見，以大魚蛟龍為候。今上禱祠備謹，而有此惡神，當除去，而善神可致。』乃令入海者齎捕巨魚具，而自以連弩候大魚出射之。自琅邪北至榮成山，弗見。至之罘，見巨魚，射殺一魚。遂並海西。」

〔6〕《史記》卷六《秦始皇本紀》：「七月丙寅，始皇崩於沙丘平臺。丞相斯為上崩在外，恐諸公子及天下有變，乃祕之，不發喪。棺載轀涼車中，故幸宦者參乘，所至上食。百官奏事如故，宦者輒從轀涼車中可其奏事。獨子胡亥、趙高及所幸宦者五六人知上死。……會暑，上轀車臭，乃詔從官令車載一石鮑魚，以亂其臭。」

高築琅邪百仞臺〔1〕，遙從海上望蓬萊。可憐獻璧華陰道，不見仙來見鬼來〔2〕。

【疏證】

〔1〕《史記》卷六《秦始皇本紀》：「南登琅邪，大樂之，留三月。乃徙黔首三萬戶琅邪臺下，復十二歲。復三萬戶徙臺下者。作琅邪臺，立石刻，頌秦德，明得意。」

〔2〕見第二首「祖龍」注。《集解》：「服虔曰：『水神也。』張晏曰：『武王居鎬，

鎬池君則武王也。武王伐商，故神云始皇荒淫若紂矣，今亦可伐也。』」

　　鴻鵠高飛唱楚歌，君王舞罷淚滂沱〔1〕。美人能短英雄氣，似對虞兮喚奈何〔2〕。

【疏證】

〔1〕《史記》卷五十五《留侯世家》：「四人為壽已畢，趨去。上目送之，召戚夫人指示四人者曰：『我欲易之，彼四人輔之，羽翼已成，難動矣。呂后真而主矣。』戚夫人泣，上曰：『為我楚舞，吾為若楚歌。』歌曰：『鴻鵠高飛，一舉千里。羽翮已就，橫絕四海。橫絕四海，當可奈何！雖有矰繳，尚安所施！』歌數闋，戚夫人噓唏流涕，上起去，罷酒。」

〔2〕《史記》卷七《項羽本紀》：「項王軍壁垓下，兵少食盡，漢軍及諸侯兵圍之數重。夜聞漢軍四面皆楚歌，項王乃大驚曰：『漢皆已得楚乎？是何楚人之多也！』項王則夜起，飲帳中。有美人名虞，常幸從；駿馬名騅，常騎之。於是項王乃悲歌慷慨，自為詩曰：『力拔山兮氣蓋世，時不利兮騅不逝。騅不逝兮可奈何，虞兮虞兮奈若何！』歌數闋，美人和之。項王泣數行下，左右皆泣，莫能仰視。」

　　賈生空自洛陽來，謫去長沙萬古哀〔1〕。我恨釋之如絳灌，上林埋沒嗇夫才〔2〕。

【疏證】

〔1〕《史記》卷八十四《賈生列傳》：「賈生名誼，雒陽人也。……孝文帝初即位，謙讓未遑也。諸律令所更定，及列侯悉就國，其說皆自賈生發之。於是天子議以為賈生任公卿之位。絳、灌、東陽侯、馮敬之屬盡害之，乃短賈生曰：『雒陽之人，年少初學，專欲擅權，紛亂諸事。』於是天子後亦疏之，不用其議，乃以賈生為長沙王太傅。」

〔2〕《史記》卷一百二《張釋之列傳》：「釋之從行，登虎圈。上問上林尉諸禽獸簿，十餘問，尉左右視，盡不能對。虎圈嗇夫從旁代尉對上所問禽獸簿甚悉，欲以觀其能口對響應無窮者。文帝曰：『吏不當若是邪？尉無賴！』乃詔釋之拜嗇夫為上林令。釋之久之前曰：『陛下以絳侯周勃何如人也？』上曰：『長者也。』又復問：『東陽侯張相如何如人也？』上復曰：『長者。』釋之曰：『夫絳侯、東陽侯稱為長者，此兩人言事曾不能出口，豈斅此嗇夫諜諜利口捷給哉！且秦以任刀筆之吏，吏爭以亟疾苛察相高，然其敝徒文具耳，無惻隱之

實。以故不聞其過,陵遲而至於二世,天下土崩。今陛下以嗇夫口辯而超遷之,臣恐天下隨風靡靡,爭為口辯而無其實。且下之化上疾於景響,舉錯不可不審也。』文帝曰:『善。』乃止不拜嗇夫。」

木人持棒夢中來,方士紛員是禍胎。〔1〕已殺東宮方悔悟,望仙臺〔2〕變望思臺〔3〕。

【疏證】

〔1〕《漢書》卷二十二《漢紀十四》:「是時,方士及諸神巫多聚京師,率皆左道惑眾,變幻無所不為。女巫往來宮中,教美人度厄,每屋輒埋木人祭祀之。因妒忌恚詈,更相告訐,以為祝詛上,無道。上怒,所殺後宮延及大臣,死者數百人。上心既以為疑,嘗晝寢,夢木人數千持杖欲擊上,上驚寤,因是體不平,遂苦忽忽善忘。江充自以與太子及衛氏有隙,見上年老,恐晏駕後為太子所誅,因是為奸,言上疾祟在巫蠱。於是上以充為使者,治巫蠱獄。充將胡巫掘地求偶人,捕蠱及夜祠、視鬼,染污令有處,輒收捕驗治,燒鐵鉗灼,強服之。民轉相誣以巫蠱,吏輒劾以為大逆無道;自京師、三輔連及郡、國,坐而死者前後數萬人。是時,上春秋高,疑左右皆為蠱祝詛;有與無,莫敢訟其冤者。充既知上意,因胡巫檀何言:『宮中有蠱氣,不除之,上終不差。』上乃使充入宮,至省中,壞御座,掘地求蠱;又使按道侯韓說、御史章贛、黃門蘇文等助充。充先治後宮希幸夫人,以次及皇后、太子宮,掘地縱橫,太子、皇后無復施床處。充云:『於太子宮得木人尤多,又有帛書,所言不道;當奏聞。』」

〔2〕《三輔黃圖》卷五《臺榭》:「通天臺,武帝元封二年作甘泉通天臺。《漢舊儀》云:『通天者,言此臺高通於天也。』《漢武故事》:『築通天臺於甘泉,去地百餘丈,望雲雨悉在其下,望見長安城。』『武帝時祭泰乙,上通天臺,舞八歲童女三百人,祠祀招仙人。祭泰乙,云令人升通天臺,以候天神,天神既下祭所,若大流星,乃舉烽火而就竹宮望拜。上有承露盤,仙人掌擎玉杯,以承雲表之露。元鳳間,自毀,椽桷皆化為龍鳳,從風雨飛去。』《西京賦》云:『通天眇而竦峙徑百常而莖擢,上瓣華以交紛,下刻峭其若削。』亦曰候神臺,又曰望仙臺,以候神明,望神仙也。」

〔3〕《漢書》卷六十三《武五子傳·戾太子據》:「久之,巫蠱事多不信。上知太子惶恐無他意,而車千秋復訟太子冤,上遂擢千秋為丞相,而族滅江充家,焚蘇文於橫橋上,及泉鳩里加兵刃於太子者,初為北地太守,後族。上憐太子無辜,乃作思子宮,為歸來望思之臺於湖。天下聞而悲之。」

【附錄】

（唐）胡曾《詠史詩》卷二《望思臺》

太子銜冤去不廻，臨皋從築望思臺。至今漢武銷魂處，猶有悲風木上來。

（唐）羅隱《甲乙集》卷十《望思臺》

芳草臺邊魂不歸，野煙喬木弄殘暉。可憐高祖清平業，留與閒人作是非。

（宋）強至《祠部集》卷十二《望思臺》

一朝木偶發深宮，父子恩　晻曖中。不見戾園埋恨處，至今草木有悲風。

（宋）徐積《節孝先生文集》卷二十二《過望思臺》

昔日奸邪事可哀，如今空築望思臺。冥冥恨魄何之去，唯有南山暮雨來。

（元）蔣易《皇元風雅》卷二十九陳尚德《望思臺》

幾多愛子出蕭關，骨葬胡沙未得還。好把望思臺上淚，隨風北去灑陰山。

（元）岑安卿《栲栳山人集》卷中《余觀近時詩人往往有以前代臺名為賦者輒用效顰以消餘暇・望思臺》

金莖擎露空崔嵬，湖臺築恨心猶哀。剖桐殯土事曖昧，禍機元自長生來。壽踰大耋世已稀，趙國憸人心險巇。盜兵誅佞兩非是，屈氂督戰猶驚疑。衛冤竟隕鳩泉里，壺關三老言非遲。向無少卿護病已，上林僵柳何緣起。空餘老淚滴紋螢，斑斑相間苔花紫。

（清）胡承珙《求是堂詩集》卷四《授經集・擬元人十臺詩》

青宮豈有木人埋，趙虜能令骨肉乖。晚悔輪臺同折骨，貽謀博望更傷懷。可知好道成妖孽，況復窮兵是禍階。惆悵壺關三老語，茂陵長此恨無涯。望思臺得懷字。

（清）史簡《鄱陽五家集》卷十一《元葉懋僅存詩・望思臺》

漢武求仙惑山鬼，仙人不來巫蠱起。繡衣直指向人間，思子宮成淚如水。秋風慷慨歌樓船，輪臺下詔猶淒然。省躬罪已恨不已，窮兵黷武誇當年。奸臣並誅方士息，戾園秋草淒淒碧。功名獨羨富民侯，高廟微言感胸臆。

（清）張際亮《思伯子堂詩集》卷十六《望思臺》

博望苑，歸來臺，築苑一何樂，築臺一何哀。帳中何人非趙李，江君那復知太子。堪嗟骨已鳩水寒，不悟冤從狗觀始。石德固有罪，蘇光非無尤。可

憐闕下憶三老，應聞夢裏呼千秋。君不見平陵佗年八九歲，戾園後時二百戶。高皇社稷亦孤危，丙霍功名淚如雨。

（清）沈學淵《桂留山房詩集》卷二《望思臺》

一掬登臺淚，魂歸不可招。神仙惟畏死，骨肉豈生妖。玉手憐鉤弋，金閨鎖阿嬌。任人쭈戮汝，追悔亦無聊。

（清）王廷燦《似齋詩存》卷二《望思臺》

漢宮樓觀高插天，金莖擎露召神仙。神仙不至禍機發，茂陵老淚如傾泉。憸人已傾趙父子，天王任之又如此。剖桐殪土事有無，含冤竟殞鳩泉空。小兒弄兵罪當笞，壺關三老言不遲。湖城風雨夜寂寂，望思望思魂不知。嗚呼！病已若無丙少卿，上林僵柳何由生。

（清）徐寶善《壺園詩鈔選》卷五《寄巢集·望思臺》

禖祝生，巫蠱死，子弄父兵罪笞耳。長平陽石相坐誅，望夷莫續秦扶蘇。博望苑，泉鳩里，橫橋不焚戠不已。烏虖！白頭之翁高廟神，魂兮歸來覆盎門。

（清）胡敬《崇雅堂刪余詩·望思臺》

一自飄飄思入雲，九宮祠早釁開君。妖巫有術搖宮禁，太學無書立古文。定嗣妃能殺鉤弋，求仙女竟嫁將軍。雄才作用都如此，奏覽千秋悔萬分。

又《望思臺》

歸來有淚灑寒雲，仙術難逢李少君。誅不失共殊晉獻，歿同追悔似唐文。壺關此日閒三老，平勃當年袒一軍。畢竟保全由羽翼，祖孫才略就中分。

（清）皮錫瑞《師伏堂詩草》卷三《望思臺》

竟天妖氛見蚩尤，四十年來戰血流。鬼哭陰山驅虜馬，神來高廟弔泉鳩。宮中堯母沈冤魄，獄底曾孫伍死囚。多殺楚靈終及此，誰憐車下一身投。

（唐）陸贄《傷望思臺賦》（《全唐文》卷四百六十）

桃野之右，蒼茫古原，草木春慘，風煙晝昏。攬予轡以躊躇，見立表而斯存，乃漢武戾嗣剚刃地也，然後築臺以尉遺魂。籲！自古有死，胡可勝論。苟失理以橫斃，雖千祀而猶冤。當武帝之季年，德不勝而耄及。浮誕之士疊至，詭怪之巫繼集。忠見疑而莫售，讒因際而競入。忘嗜欲之生疾，意巫詛而是因，將搜蠱以滌災，縱庸瑣之奸臣。言何微而莫仇，冤雖毒而奚伸？構儲

後以掛殃，矧具僚與齊人。旋激怒而誅充，竟奔湖而滅身。異哉漢後，因奸邪之是誘，俾家嗣而罹咎。彼傷魂之冥冥，故築臺其何有。嗟爾戾嗣，盍入明以見志，遽興戈而自棄，諒君父之是叛，雖竄身其焉？嗚呼！一失其理，孝慈兩墜，不其傷哉！夫邪不自生，釁亦有託。信其讒興，利則妖作。恣鬼神之愆變，實人事之紛錯。故子不語於怪亂，道亦貴乎淡泊，蓋為此也。水滔滔而不歸，日杳杳而西馳。時徑往兮莫追，人共盡兮臺虧，榛焉莽焉，俾永代而傷悲。

（唐）呂溫《望思臺銘》（《全唐文》卷六百三十）

望思臺者，漢武帝思戾太子之所建也，事具《漢書》。夫立人之道，本乎情性，生而知曰性，感而動曰情。性雖生情，情或滅性，是以聖人患其然而為之節，誠而明之，中而庸之，建以大倫，統以至順，倫莫極於父子，順莫先於慈孝。然而全之者正也，慈不得其正則失子，孝不得其正則失親。救失之術，存乎善教。昔者三王之教世子也，如周公乃為太傅，如召公乃為太保，如太公乃為太師，左右前後，罔非端士，禮以專其目，樂以一其耳，仁以制其氣，義以凝其情，故非僻之心，無自入也，讒慝之口，莫能間也，父子君臣之道，所以全也。漢則不然，世子非三代之賢，保傅無二南之老，左右前後，惟刑餘罪人，目流於靡慢，耳溺於洿滯，氣溢於寵渥，情蕩於驕奢，於是非僻之心，得以入矣，讒慝之口，得以間矣，父子君臣之道，所以離矣。向使太子師友尊嚴，左右端肅，雖江充之詐，豈敢以不義而加之耶？向使太子孝德彰聞，仁聲茂著，雖武帝之惑，豈遽以大逆而疑之耶？向使太子早服師訓，少知教義，豈忍一朝之忿，棄其親而忘其身耶？由是言之，其所以陷於此者漸矣，殆哉當時之勢也。國亡冢嗣，武老昭弱，京師喋血，天下疑動，若無霍光受負圖之寄，秉不奪之節，斥昏建明，鎮翊鴻業，則必庶孽尋戈，起商參之禍，奸臣乘釁，行羿浞之事，漢家之祀，豈及三七哉。此有社稷者之所宜深戒也。乙亥歲，予經於湖，登茲荒臺，望古太息，以為遇夫一物，有可以垂訓於世者，秉筆之士，未嘗闕焉，乃作銘曰：

人倫大統，天性是寶。雖曰自然，亦資斧藻。漢皇父子，一失其道。四海為家，不能相保。荒臺巋而，千古之悲。悔目空斷，冤魂不歸。疑生於微，禍積於基。苟有明義，誰其間之。嗣維邦本，本動邦危。於呼後王，鑒茲在茲。

（唐）蔣凝《望思臺賦》（《全唐文》卷八百〇四）

路入湖邑，臺名望思。幾里而雲瞻累土，千春而草沒餘基。仙掌一峰，遠指江充之事。黃河九曲，旁吞武帝之悲。昔者漢祚方隆，皇綱失理，因巫蠱之事作，有讒邪之禍起。宮中既得其桐人，臣下皆疑於太子。龍樓獲謗，方儲副以難明。鳳閣無恩，遂出奔而至死。保傅徒爾，園陵在哉。千秋感悟，萬乘傷摧。齊誅子糾以無道，晉殺申生而可哀。於是憑大野，築高臺，目極心存，知繼體之何在。天長地久，庶招魂之一來。緬彼沉冤，登茲極望。英靈無仿佛精魂，邱隴有蕭條情狀。見舜井以諮嗟，念嬴博而惻愴。煙昏日慘，全非望月之中。鶴唳鸞驚，不在通天之上。嶒嶸崢嶸，何裨死生。非唯滅天性，害人情，抑亦傷國體，敗家聲。臨百尺以凝眸，終天曷睹。向九重而含恨，何世能平。雖然事出妖訛，奸生結構，宜北闕之聽君命，奚東宮之有私鬥。子臧在側，斯人比鄭叔何如。商洛非遙，此事亦芝翁不救。往昔於今，陵高谷深。遊鹿而征人舉首，悲君而逋客傷心。曰子曰臣，可念茲而誡勵。為君為父，宜到此以沉吟。且王者為域中之大，太子為天下之本。何周公之不法，而秦相之可損。吾欲碑戾園望苑，使有國有家，鑒此臺而不遠。

（唐）陳山甫《望思臺賦》（《全唐文》卷九百四十八）

漢武帝以惑亂生聽，衛太子以危疑出奔，始誤讒諛之巧，長違覆育之恩。高臺有揭，悔過無門。峨峨九層，已斷興哀之目；眇眇千里，不歸幽憤之魂。嗟乎！望以窮高，思以及遠。為父之慈靡及，恨而莫追；為子之道既乖，慚而勿反。當其版築初設，土工聿修，旁窺日轉，下視雲浮。所以取其遠無不鑒，近無不周，導宸衷於曠望，表元思之殷憂。豈比夫柏梁為耳目之玩，通天窮汗漫之遊，流昕無涯，增懷永久，意來思之可待，念追悔而終不。事殊子   ，空引決以自傷；跡異申生，諒為孝而何有？悲夫！見危致命，有去無歸，誠一朝之忿斯極，豈三年之恩可違？

於是跨層高之杳杳，屬遠思之依依。俯洊雷之音，常思出震；仰列星之象，猶戀重輝。豈知登臺有悼往之心，陟岵無懷歸之歎。曉光東上，含萬恨而意深；暮色西沈，向四隅而望斷。徒勞乎積財厚地，累土長空，想迢遙於元圃，悲寂寞於青宮。鑒失聰明，將後悔而何及？臺高雲漢，自貽咎於無窮。原夫義絕君親，禍由臣僕，致兩傷於疑忌，在一言之所黷。是臺也，可以申鑒於後王，豈徒處高明而縱目！

（元）王沂《伊濱集》卷一《望思臺賦》

出湖城而西鶩兮，眺泉鳩於中塗。弔漢武之肆暴兮，憫戾園之無辜。忽孤堆之如塊兮，曰歸來望思之遺墟。籲趙虜之讒賊兮，亂迺國猶擖捕。武雄罢其焉在兮，曾不寤夫覆車。初犬臺之召見兮，冠步搖而垂軨。固將竄巧以逞志兮，帝已湔拭其逃逋。知銜毒以肆噬兮，寧畏夫宗滅而身屠。間茂陵之猜忌兮，實惑神而信巫。親文成而溺五利兮，耗生民於怪迂。挾蠱道以祝詛兮，疑左右之是圖。抑天道之好還兮，聊假手乎憸夫。彼長平與陽石兮，加顯戮乎其孥。探隱伏以或愀兮，詐夜祠以沾濡。瘗桐木於宮闈兮，卒嫁禍於帝儲。哀淺謀之狂傅兮，爰昔鑒於扶蘇。盜父兵以戮充兮，冀忿忿之或攄。獨冤結以誰語兮，將何適而容軀。懿三老與千秋兮，銷惡運兮無餘。焚橫橋其已晚兮，徒興哀於既徂。築新宮以永思兮，魂煢煢其焉如。緬先王之儲貳兮，唯端良之與居。峙博望以延士兮，雜衛翼以壬諛。哀持身之不謹兮，卒失勢以就誅。帝覆信譖而嗜殺兮，不能慎夫厥初。構禍敗之弗救兮，征蚩尤以為符。興餘悲於千古兮，聊盤桓以躊躇。陟古馗之谽谺兮，盼頹基之蕪蕪。歌青蠅以一弔兮，遂慷慨以成書。

禍水涓涓入帝閽，可憐飛燕啄皇孫。[1]忠臣幸有毛延壽，能送明妃出國門。[2]

【疏證】

〔1〕《漢書》卷九十七下《外戚傳下·孝成趙皇后》：「哀帝崩，王莽白太后詔有司曰：『前皇太后與昭儀俱侍帷幄，姊弟專寵錮寢，執賊亂之謀，殘滅繼嗣以危宗廟，誖天犯祖，無為天下母之義。貶皇太后為孝成皇后，徙居北宮。』後月餘，復下詔曰：『皇后自知罪惡深大，朝請希闊，失婦道，無共養之禮，而有狼虎之毒，宗室所怨，海內之讎也，而尚在小君之位，誠非皇天之心。夫小不忍亂大謀，恩之所不能已者義之所割也，今廢皇后為庶人，就其園。』是日自殺。凡立十六年而誅。先是有童謠曰：『燕燕尾涏涏，張公子，時相見。木門倉琅根，燕飛來，啄皇孫。皇孫死，燕啄矢。』」又，卷二十七中之上《五行志中之上》：「成帝時童謠曰：『燕燕尾涏涏，張公子，時相見。木門倉琅根，燕飛來，啄皇孫，皇孫死，燕啄矢。』其後帝為微行出遊，常與富平侯張放俱稱富平侯家人，過陽阿主作樂，見舞者趙飛燕而幸之，故曰『燕燕尾涏涏』，美好貌也。張公子謂富平侯也。『木門倉琅根』，謂宮門銅鍰，言將尊貴也。後遂立為皇后。弟昭儀賊害後宮皇子，卒皆伏辜，所謂『燕飛來，啄皇孫，皇孫

死，燕啄矢』者也。」

〔2〕（晉）葛洪《西京雜記》卷二：「元帝後宮既多，不得常見，乃使畫工圖形，案
圖召幸之。諸宮人皆賂畫工，多者十萬，少者亦不減五萬。獨王嬙不肯，遂不
得見。匈奴入朝求美人為閼氏，於是上案圖，以昭君行。及去，召見，貌為後
宮第一，善應對，舉止閒雅。帝悔之，而名籍已定，帝重信於外國，故不復更
人。乃窮案其事，畫工皆棄市，籍其家，資皆巨萬。畫工有杜陵毛延壽，為人
形，醜好老少，必得其真。安陵陳敞，新豐劉白、龔寬，並工為牛馬飛鳥，亦
肖人形，好醜不逮延壽。下杜陽望亦善畫，尤善布色。樊育亦善布色。同日棄
市。京師畫工，於是差稀。」

　　銅臭強於席上珍，西園錢進便拖紳。小尨走入司徒府，冠帶居然似大臣。
　　孤兒哺養隱瑕邱，十載歸來舊業收。〔1〕忠似程嬰存趙武〔2〕，日南太守李
蒼頭。

【疏證】

〔1〕《後漢書》卷八十一《獨行列傳·李善》：「李善字次孫，南陽清陽人，本同縣
李元蒼頭也。建武中疫疾，元家相繼死沒，唯孤兒續始生數旬，而貲財千萬，
諸奴婢私共計議，欲謀殺續，分其財產。善深傷李氏而力不能制，乃潛負續逃
去，隱山陽瑕丘界中，親自哺養，乳為生湩，推燥居濕，備嘗艱勤。續雖在孩
抱，奉之不異長君，有事輒長跪請白，然後行之。閭里感其行，皆相率修義。
續年十歲，善與歸本縣，修理舊業。告奴婢於長吏，悉收殺之。時鍾離意為瑕
丘令，上書薦善行狀。光武詔拜善及續並為太子舍人。善，顯宗時闢公府，以
能理劇，再遷日南太守。從京師之官，道經清陽，過李元冢。未至一里，乃脫
朝服，持鋤去草。及拜墓，哭泣甚悲，身自炊爨，執鼎俎以修祭祀。垂泣曰：
『君夫人，善在此。』盡哀，數日乃去。到官，以愛惠為政，懷來異俗。遷九
江太守，未至，道病卒。續至河閒相。」

〔2〕《史記》卷四十三《趙世家》：「趙朔，晉景公之三年，朔為晉將下軍救鄭，與
楚莊王戰河上。朔娶晉成公姊為夫人。晉景公之三年，大夫屠岸賈欲誅趙氏。
初，趙盾在時，夢見叔帶持要而哭，甚悲；已而笑，拊手且歌。盾卜之，兆絕
而後好。趙史援占之，曰：『此夢甚惡，非君之身，乃君之子，然亦君之咎。
至孫，趙將世益衰。』屠岸賈者，始有寵於靈公，及至於景公而賈為司寇，將
作難，乃治靈公之賊以致趙盾，遍告諸將曰：『盾雖不知，猶為賊首。以臣弒
君，子孫在朝，何以懲罪？請誅之。』韓厥曰：『靈公遇賊，趙盾在外，吾先

君以為無罪，故不誅。今諸君將誅其後，是非先君之意而今妄誅。妄誅謂之亂。臣有大事而君不聞，是無君也。』屠岸賈不聽。韓厥告趙朔趣亡。朔不肯，曰：『子必不絕趙祀，朔死不恨。』韓厥許諾，稱疾不出。賈不請而擅與諸將攻趙氏於下宮，殺趙朔、趙同、趙括、趙嬰齊，皆滅其族。趙朔妻成公姊，有遺腹，走公宮匿。趙朔客曰公孫杵臼，杵臼謂朔友人程嬰曰：『胡不死？』程嬰曰：『朔之婦有遺腹，若幸而男，吾奉之；即女也，吾徐死耳。』居無何，而朔婦免身，生男。屠岸賈聞之，索於宮中。夫人置兒絝中，祝曰：『趙宗滅乎，若號；即不滅，若無聲。』及索，兒竟無聲。已脫，程嬰謂公孫杵臼曰：『今一索不得，後必且復索之，柰何？』公孫杵臼曰：『立孤與死孰難？』程嬰曰：『死易，立孤難耳。』公孫杵臼曰：「趙氏先君遇子厚，子彊為其難者，吾為其易者，請先死。」乃二人謀取他人嬰兒負之，衣以文葆，匿山中。程嬰出，謬謂諸將軍曰：『嬰不肖，不能立趙孤。誰能與我千金，吾告趙氏孤處。』諸將皆喜，許之，發師隨程嬰攻公孫杵臼。杵臼謬曰：『小人哉程嬰！昔下宮之難不能死，與我謀匿趙氏孤兒，今又賣我。縱不能立，而忍賣之乎！』抱兒呼曰：『天乎天乎！趙氏孤兒何罪？請活之，獨殺杵臼可也。』諸將不許，遂殺杵臼與孤兒。諸將以為趙氏孤兒良已死，皆喜。然趙氏真孤乃反在，程嬰卒與俱匿山中。居十五年，晉景公疾，卜之，大業之後不遂者為祟。景公問韓厥，厥知趙孤在，乃曰：『大業之後在晉絕祀者，其趙氏乎？夫自中衍者皆嬴姓也。中衍人面鳥噣，降佐殷帝大戊，及周天子，皆有明德。下及幽厲無道，而叔帶去周適晉，事先君文侯，至於成公，世有立功，未嘗絕祀。今吾君獨滅趙宗，國人哀之，故見龜策。唯君圖之。』景公問：『趙尚有後子孫乎？』韓厥具以實告。於是景公乃與韓厥謀立趙孤兒，召而匿之宮中。諸將入問疾，景公因韓厥之眾以脅諸將而見趙孤。趙孤名曰武。諸將不得已，乃曰：『昔下宮之難，屠岸賈為之，矯以君命，並命群臣。非然，孰敢作難！微君之疾，群臣固且請立趙后。今君有命，群臣之原也。』於是召趙武、程嬰遍拜諸將，遂反與程嬰、趙武攻屠岸賈，滅其族。復與趙武田邑如故。及趙武冠，為成人，程嬰乃辭諸大夫，謂趙武曰：『昔下宮之難，皆能死。我非不能死，我思立趙氏之後。今趙武既立，為成人，復故位，我將下報趙宣孟與公孫杵臼。』趙武啼泣頓首固請，曰：『武原苦筋骨以報子至死，而子忍去我死乎！』程嬰曰：『不可。彼以我為能成事，故先我死；今我不報，是以我事為不成。』遂自殺。趙武服齊衰三年，為之祭邑，春秋祠之，世世勿絕。」

受禪臺〔1〕成漢運終，討曹文又出波中〔2〕。陳留廢後〔3〕當塗〔4〕滅，猶有山陽號上公〔5〕。

【疏證】

〔1〕（明）顧炎武《肇域志》卷二十七：「繁城在州西南四十里，有魏文帝受禪臺，今碑尚存，在今縣西北十五里。」（元）陳世隆《宋詩拾遺》卷二賈昌朝《繁城魏受禪臺》：「服殷自右稱文王，幾見符膺把紂亡。誰謂老奸亟篡事，禪臺空立在繁昌。」（清）程頌萬《楚望閣詩集》卷九《立春日經許州受禪臺》：「夕陽表里見山河，受禪臺前策馬過。萬里春隨行客至，百年愁比壞雲多。定名不廢官天下，橫海誰能挽逝波。六合混茫垂翅日，我懷橫槊一長歌。」

〔2〕《三國志》卷三《魏書三·明帝紀》裴松之《注》：「《漢晉春秋》曰：氐池縣大柳谷口夜激波湧溢，其聲如雷，曉而有蒼石立水中，長一丈六尺，高八尺，白石畫之，為十三馬，一牛，一鳥，八卦玉玦之象，皆隆起，其文曰『大討曹，適水中，甲寅』。帝惡其『討』也，使鑿去為『計』，以蒼石窒之，宿昔而白石滿焉。至晉初，其文愈明，馬象皆煥徹如玉焉。」

〔3〕《三國志》卷四《魏書四·三少帝紀》：「陳留王諱奐，字景明，武帝孫，燕王宇子也。……十二月壬戌，天祿永終，歷數在晉。詔群公卿士具儀設壇於南郊，使使者奉皇帝璽綬冊，禪位於晉嗣王，如漢魏故事。甲子，使使者奉策。遂改次於金墉城，而終館於鄴，時年二十。」裴松之《注》：「《魏世譜》曰：『封帝為陳留王。年五十八，大安元年崩，諡曰元皇帝。』」

〔4〕《三國志》卷二《魏書二·文帝紀》裴松之《注》：「《春秋漢含孳》曰：『漢以魏，魏以徵。』《春秋玉版讖》曰：『代赤者，魏公子。』《春秋佐助期》曰：『漢以許昌失天下。』故白馬令李雲上事曰：『許昌氣見於當塗高，當塗高者，當昌於許。當塗高者，魏也；象魏者，兩觀闕是也。當道而高大者魏，魏當代漢。今魏基昌於許，漢徵絕於許，乃今效見。』如李雲之言，許昌相應也。」

〔5〕《後漢書》卷九《孝獻帝紀》：「三月改元延康。冬十月乙卯，皇帝遜位，魏王丕稱天子，奉帝為山陽公。」《三國志》卷四《魏書四·三少帝紀》：「評曰：……陳留王恭己南面，宰輔統政，仰遵前式，揖讓而禪，遂饗封大國，作賓於晉，比之山陽，班寵有加焉。」

裹氈兵度陰平徑〔1〕，炎炎火井〔2〕成灰爐。前有聰奴〔3〕後寄奴〔4〕，劉家覆滅東西晉。

【疏證】

〔1〕《三國志》卷二十八《魏書二十八‧鄧艾傳》：「冬十月，艾自陰平道行無人之地七百餘里，鑿山通道，造作橋閣。山高谷深，至為艱險，又糧運將匱，頻於危殆。艾以氈自裹，推轉而下。將士皆攀木緣崖，魚貫而進。先登至江由，蜀守將馬邈降。蜀衛將軍諸葛瞻自涪還綿竹，列陳待艾。艾遣子惠唐亭侯忠等出其右，司馬師纂等出其左。忠、纂戰不利，並退還，曰：『賊未可擊。』艾怒曰：『存亡之分，在此一舉，何不可之有？』乃叱忠、纂等，將斬之。忠、纂馳還更戰，大破之，斬瞻及尚書張遵等首，進軍到雒。劉禪遣使奉皇帝璽綬，為箋詣艾請降。」

〔2〕《藝文類聚》卷八十《火部‧火》：「《異苑》曰：『臨卭有火井，漢室隆則炎赫彌熾。桓靈之際，火勢漸微。』」

〔3〕《魏書》卷九十五《匈奴劉聰傳》：「匈奴劉聰，字玄明，一名載，冒頓之後也。……聰遣王彌、劉曜攻陷洛陽，執晉懷帝，改年為嘉平。……聰遣劉曜攻陷長安，執晉愍帝，改建元為麟嘉。」

〔4〕《宋書》卷一《武帝本紀上》：「高祖武皇帝諱裕，字德輿，小名寄奴，彭城縣綏輿里人，漢高帝弟楚元王交之後也。……元熙元年正月，詔遣大使徵公入輔。又申前命，進公爵為王。……二年四月，徵王入輔。六月，至京師。晉帝禪位於王。」

欲報公閭佐命功〔1〕，南風烈烈入東宮〔2〕。黃沙未滅胡塵起，典午興亡一賈充〔3〕。

【疏證】

〔1〕《三國志》卷四《魏書四‧三少帝紀‧高貴鄉公》裴松之《注》：「《漢晉春秋》曰：帝見威權日去，不勝其忿。乃召侍中王沈、尚書王經、散騎常侍王業，謂曰：『司馬昭之心，路人所知也。吾不能坐受廢辱，今日當與卿等自出討之。』王經曰：『昔魯昭公不忍季氏，敗走失國，為天下笑。今權在其門，為日久矣，朝廷四方皆為之致死，不顧逆順之理，非一日也。且宿衛空闕，兵甲寡弱，陛下何所資用，而一旦如此，無乃欲除疾而更深之邪！禍殆不測，宜見重詳。』帝乃出懷中版令投地，曰：『行之決矣。正使死，何所懼？況不必死邪！』於是入白太后，沈、業奔走告文王，文王為之備。帝遂帥僮僕數百，鼓噪而出。文王弟屯騎校尉伷入，遇帝於東止車門，左右呵之，伷眾奔走。中護軍賈充又逆帝戰於南闕下，帝自用劍。眾欲退，太子舍人成濟問充曰：『事急矣。當云

何？』充曰：『畜養汝等，正謂今日。今日之事，無所問也。』濟即前刺帝，刃出於背。文王聞，大驚，自投於地曰：『天下其謂我何！』太傅孚奔往，枕帝股而哭，哀甚，曰：『殺陛下者，臣之罪也。』臣松之以為習鑿齒書雖最後出，然述此事差有次第。故先載習語，以其餘所言微異者次其後。……干寶《晉紀》曰：成濟問賈充曰：『事急矣。若之何？』充曰：『公畜養汝等，為今日之事也。夫何疑！』濟曰：『然。』乃抽戈犯躍。《魏氏春秋》曰：戊子夜，帝自將冗從僕射李昭、黃門從官焦伯等下陵雲臺，鎧仗授兵，欲因際會，自出討文王。會雨，有司奏卻日，遂見王經等出黃素詔於懷曰：『是可忍也，孰不可忍也！今日便當決行此事。』入白太后，遂拔劍升輦，帥殿中宿衛蒼頭官僮擊戰鼓，出雲龍門。賈充自外而入，帝師潰散，猶稱天子，手劍奮擊，眾莫敢逼。充帥屬將士，騎督成倅弟成濟以矛進，帝崩於師。時暴雨雷霆，晦冥。《魏末傳》曰：賈充呼帳下督成濟謂曰：『司馬家事若敗，汝等豈復有種乎？何不出擊！』倅兄弟二人乃帥帳下人出，顧曰：『當殺邪？執邪？』充曰：『殺之。』兵交，帝曰：『放仗！』大將軍士皆放仗。濟兄弟因前刺帝，帝倒車下。」《晉書》卷四十《賈充傳》：「賈充，字公閭，平陽襄陵人也。……轉中護軍，高貴鄉公之攻相府也，充率眾距戰於南闕。軍將敗，騎督成倅弟太子舍人濟謂充曰：『今日之事如何？』充曰：『公等養汝，正擬今日，復何疑！』濟於是抽戈犯躍。及常道鄉公即位，進封安陽鄉侯，增邑千二百戶，統城外諸軍，加散騎常侍。」

〔2〕《晉書》卷三十一《后妃列傳上・惠賈皇后》：「惠賈皇后，諱南風，平陽人也，小名峕。父充，別有傳。初，武帝欲為太子取衛瓘女，元后納賈郭親黨之說，欲婚賈氏。帝曰：『衛公女有五可，賈公女有五不可。衛家種賢而多子，美而長白；賈家種妒而少子，醜而短黑。』元后固請，荀顗、荀勖並稱充女之賢，乃定婚。始欲聘后妹午，午年十二，小太子一歲，短小未勝衣。更娶南風，時年十五，大太子二歲。泰始八年二月辛卯，冊拜太子妃。妒忌多權詐，太子畏而惑之，嬪御罕有進幸者。」

〔3〕《晉書》卷四十《賈充傳》：「史臣曰：賈充以諂諛陋質，刀筆常材，幸屬昌辰，濫叨非據。抽戈犯順，曾無猜憚之心；杖鉞推亡，遽有知難之請，非惟魏朝之悖逆，抑亦晉室之罪人者歟！然猶身極寵光，任兼文武，存荷臺衡之寄，沒有從享之榮，可謂無德而祿，殃將及矣。逮乎貽厥，乃乞丐之徒，嗣惡稔之餘基，縱奸邪之凶德。煽茲哲婦，索彼惟家，雖及誅夷，曷云塞責。昔當塗闕蹽，公

閹實肆其勞，典午分崩，南風亦盡其力，可謂『君以此始，必以此終』，信乎
其然矣。」

擊楫惟聞祖豫州，氣吞胡羯渡江流。〔1〕南朝名士成何事，淚灑新亭學楚
囚。〔2〕

【疏證】

〔1〕《晉書》卷六十二《祖逖傳》：「祖逖，字士稚，范陽遒人也。……時帝方拓定
江南，未遑北伐，逖進說曰：『晉室之亂，非上無道而下怨叛也。由藩王爭權，
自相誅滅，遂使戎狄乘隙，毒流中原。今遺黎既被殘酷，人有奮擊之志。大王
誠能發威命將，使若逖等為之統主，則郡國豪傑必因風向赴，沈弱之士欣於來
蘇，庶幾國恥可雪，願大王圖之。』帝乃以逖為奮威將軍、豫州刺史，給千人
稟，布三千匹，不給鎧仗，使自招募。仍將本流徙部曲百餘家渡江，中流擊楫
而誓曰：『祖逖不能清中原而復濟者，有如大江！』辭色壯烈，眾皆慨歎。屯
於江陰，起冶鑄兵器，得二千餘人而後進。」

〔2〕《世說新語·言語第二》：「過江諸人，每至美日，輒相邀新亭，藉卉飲宴。周
侯坐而歎曰：『風景不殊，正自有山河之異！』皆相視流淚。唯王丞相愀然變
色曰：『當共戮力王室，克復神州，何至作楚囚相對？』」《晉書》卷六十五《王
導傳》：「過江人士，每至暇日，相要出新亭飲宴。周顗中坐而歎曰：『風景不
殊，舉目有江河之異。』皆相視流涕。惟導愀然變色曰：『當共勠力王室，克
復神州，何至作楚囚相對泣邪？』眾收淚而謝之。」

瑯琊冠蓋滿南都，垂老奸雄擊唾壺。〔1〕王與馬將天下共，〔2〕尚言江左有
夷吾。〔3〕

【疏證】

〔1〕《世說新語·豪爽第十三》：「王處仲每酒後，輒詠『老驥伏櫪，志在千里。烈
士暮年，壯心不已』，以如意打唾壺，壺口盡缺。」《晉書》卷九十八《王敦
傳》：「王敦字處仲，司徒導之從父兄也。……每酒後，輒詠魏武帝樂府歌，
曰『老驥伏櫪，志在千里。烈士暮年，壯心不已。以如意打唾壺為節，壺邊
盡缺。」

〔2〕《晉書》卷九十八《王敦傳》：「帝初鎮江東，威名未著，敦與從弟導等同心翼
戴，以隆中興，時人為之語曰：『王與馬，共天下。』」

〔3〕《世說新語·言語第二》：「溫嶠初為劉琨使來過江。於時江左營建始爾，綱紀

未舉。溫新至，深有諸慮。既詣王丞相，陳主上幽越，社稷焚滅，山陵夷毀之酷，有黍離之痛。溫忠慨深烈，言與泗俱，丞相亦與之對泣。敘情既畢，便深自陳結，丞相亦厚相酬納。既出，懽然言曰：『江左自有管夷吾，此復何憂？』」《晉書》卷六十七《溫嶠傳》：「於時江左草創，綱維未舉，嶠殊以為憂。及見王導共談，歡然曰：『江左自有管夷吾，吾復何慮！』」又，卷六十五《王導傳》：「晉國既建，以導為丞相軍諮祭酒。桓彝初過江，見朝廷微弱，謂周顗曰：『我以中州多故，來此欲求全活，而寡弱如此，將何以濟！』憂懼不樂。往見導，極談世事，還，謂顗曰：『向見管夷吾，無復憂矣。』」

誰使銅駝〔1〕臥洛中，不隨五馬渡江東〔2〕。至今怕讀三人論，《崇有》〔3〕《錢神》〔4〕與《徙戎》〔5〕。

【疏證】

〔1〕《晉書》卷六十《索靖傳》：「靖有先識遠量，知天下將亂，指洛陽宮門銅駝歎曰：『會見汝在荊棘中耳。』」

〔2〕《宋書》卷二十七《符瑞志上》：「又謠言曰：『五馬遊度江，一馬化為龍。』元帝與西陽、汝南、南頓、彭城五王過江，而元帝升天位。」又，卷三十一《五行志二‧詩妖》：「晉惠帝太安中，童謠曰：『五馬遊度江，一馬化為龍。』後中原大亂，宗藩多絕，唯琅邪、汝南、西陽、南頓、彭城同至江表，而元帝嗣晉矣。」

〔3〕《晉書》卷三十五《裴頠傳》：「頠深患時俗放蕩，不尊儒術，何晏、阮籍素有高名於世，口談浮虛，不遵禮法，尸祿耽寵，仕不事事；至王衍之徒，聲譽太盛，位高勢重，不以物務自嬰，遂相放效，風教陵遲，乃著崇有之論以釋其蔽曰：（下略）。」

〔4〕《晉書》卷九十四《隱逸傳‧魯褒》：「魯褒，字元道，南陽人也。好學多聞，以貧素自立。元康之後，綱紀大壞，褒傷時之貪鄙，乃隱姓名，而著《錢神論》以刺之。其略曰：（下略）。」

〔5〕《晉書》卷五十六《江統傳》：「江統，字應元，陳留圉人也。……時關隴、屢為氐、羌所擾，孟觀西討，自擒氐帥齊萬年。統深惟四夷亂華，宜杜其萌，乃作《徙戎論》。其辭曰：（下略）。」

入市人爭看衛玠〔1〕，盈車果競贈安仁〔2〕。謝東山〔3〕似王東海〔4〕，但有風神便絕倫〔5〕。

【疏證】

〔1〕《世說新語·容止第十四》：「衛玠從豫章至下都，人久聞其名，觀者如堵牆。玠先有羸疾，體不堪勞，遂成病而死。時人謂『看殺衛玠』。」

〔2〕《世說新語·容止第十四》：「潘岳妙有姿容，好神情。少時挾彈出洛陽道，婦人遇者，莫不連手共縈之。」《晉書》卷五十五《潘岳傳》：「潘岳，字安仁，滎陽中牟人也。……岳美姿儀，辭藻絕麗，尤善為哀誄之文。少時常挾彈出洛陽道，婦人遇之者，皆連手縈繞，投之以果，遂滿車而歸。」

〔3〕《世說新語·雅量第六》：「謝太傅盤桓東山時，與孫興公諸人汎海戲。」《識鑒第七》：「謝公在東山畜妓。」《排調第二十五》「謝公在東山，朝命屢降而不動。後出為桓宣武司馬，將發新亭，朝士咸出瞻送。高靈時為中丞，亦往相祖。先時，多少飲酒，因倚如醉，戲曰：『卿屢違朝旨，高臥東山，諸人每相與言：「安石不肯出，將如蒼生何？」今亦蒼生將如卿何？』謝笑而不答。」又，「初，謝安在東山居。」又，「謝公始有東山之志，後嚴命屢臻，勢不獲已，始就桓公司馬。」

〔4〕《世說新語·政事第三》劉孝標《注》：「《名士傳》曰：『王承字安期，太原晉陽人。父湛，汝南太守。承沖淡寡欲，無所循尚。累遷東海內史。為政清靜，吏民懷之。避亂渡江，是時道路寇盜，人懷憂懼。承每遇艱險，處之怡然。元皇為鎮東，引為從事中郎。』」

〔5〕《晉書》卷七十九《謝安傳》：「謝安，字安石，尚從弟也。父裒，太常卿。安年四歲時，譙郡桓彝見而歎曰：『此兒風神秀徹，後當不減王東海。』及總角，神識沈敏，風宇條暢，善行書。弱冠，詣王蒙，清言良久，既去，蒙子脩曰：『向客何如大人？』蒙曰：『此客亹亹，為來逼人。』王導亦深器之。由是少有重名。」

天子屠豬揮白刃，宮人賣酒數青錢。〔1〕襄陽兵起臺城〔2〕破，不見潘妃步步蓮〔3〕。

【疏證】

〔1〕《南齊書》卷七《東昏侯本紀》：「又於苑中立市，太官每旦進酒肉雜肴，使宮人屠酤。潘氏為市令，帝為市魁，執罰，爭者就潘氏決判。」《南史》卷五《齊本紀下·廢帝東昏侯》：「又於苑中立店肆，模大市，日遊市中，雜所貨物，與宮人閹豎共為褻販。以潘妃為市令，自為市吏錄事，將鬥者就潘妃罰之。帝小有得失，潘則與杖，乃敕虎賁威儀不得進大荊子，閤內不得進實中荻。雖畏潘

氏，而竊與諸姊妹淫通。每遊走，潘氏乘小輿，宮人皆露褌，著綠絲紈，帝自戎服騎馬從後。又開渠立埭，躬自引船，埭上設店，坐而屠肉。於時百姓歌云：『閱武堂，種楊柳，至尊屠肉，潘妃酤酒。』」

〔2〕洪邁《容齋續筆》卷六《臺城少城》：「晉宋間，謂朝廷禁省為臺，故稱禁城為臺城。」

〔3〕《南史》卷五《齊本紀下·廢帝東昏侯》：「又鑿金為蓮華以帖地，令潘妃行其上，曰：『此步步生蓮華也。』」

青絲白馬壽陽來〔1〕，媚佛〔2〕依然佛降災〔3〕。雞子百枚充御膳〔4〕，君王今已不長齋。

【疏證】

〔1〕《隋書》卷二十二《五行志上》：「大同中，童謠曰：『青絲白馬壽陽來。』其後侯景破丹陽，乘白馬，以青絲為羈勒。」《南史》卷八十《賊臣傳·侯景》：「先是，大同中童謠曰：『青絲白馬壽陽來。』景渦陽之敗，求錦，朝廷所給青布，及是皆用為袍，採色尚青。景乘白馬，青絲為轡，欲以應謠。」《梁書》卷五十六《侯景傳》：「普通中，童謠曰：『青絲白馬壽陽來。』後景果乘白馬，兵皆青衣。」

〔2〕《梁書》卷三《武帝本紀下》：「三月辛未，輿駕幸同泰寺捨身。……二月癸未，行幸同泰寺，設四部大會，高祖升法座，發《金字摩訶波若經》題，訖於己丑。……庚戌，法駕出同泰寺大會，停寺省，講《金字三慧經》。夏四月丙戌，於同泰寺解講，設法會。……及居帝位，即於鍾山造大愛敬寺，青溪邊造智度寺，又於臺內立至敬等殿。又立七廟堂，月中再過，設淨饌。」《南史》卷七《梁本紀中》：「初，帝創同泰寺，至是開大通門以對寺之南門，取反語以協同泰。自是晨夕講義，多由此門。三月辛未，幸寺捨身。甲戌還宮，大赦，改元大通，以符寺及門名。……是月，都下疫甚，帝於重雲殿為百姓設救苦齋，以身為禱。……癸巳，幸同泰寺，設四部無遮大會。上釋御服，披法衣，行清淨大舍，以便省為房，素床瓦器，乘小車，私人執役。甲午，升講堂法坐，為四部大眾開《涅槃經》題。癸卯，群臣以錢一億萬奉贖皇帝菩薩大舍，僧眾默許。乙巳，百闢詣寺東門奉表，請還臨宸極，三請乃許。帝三答書，前後並稱頓首。冬十月己酉，又設四部無遮大會，道俗五萬餘人。……二年夏四月癸丑，幸同泰寺，設平等會。……冬十月己酉，上幸同泰寺，升法坐，為四部眾說《涅槃經》，迄於乙卯。……十一月乙未，上幸同泰寺，升法座，為四部眾說《般若

經》，迄於十二月辛丑。……二月癸未，幸同泰寺，設四部大會，升法坐，發《金字般若經》題，訖於巳丑。……三月丙寅，幸同泰寺，設無遮大會。……戊寅，帝幸同泰寺，設平等法會。……秋九月辛亥，幸同泰寺，設四部無礙法會。……壬午，幸同泰寺，設無礙大會。……夏五月癸未，幸同泰寺，鑄十方金銅像，設無礙法會。……八月辛卯，幸阿育王寺，設無礙法喜食，大赦。……庚戌，幸同泰寺講《金字三慧經》，仍施身。夏四月丙戌，皇太子以下奉贖，仍於同泰寺解，設法會，大赦，改元。是夜，同泰寺災。……三月庚子，幸同泰寺，設無遮大會。上釋御服，服法衣，行清淨大舍，名曰『羯磨』。……乙巳，帝升光嚴殿講堂，坐師子，講《金字三慧經》，捨身。……晚乃溺信佛道，日止一食，膳無鮮腴，惟豆羹糲飯而已。或遇事擁，日倘移中，便嗽口以過。製《涅槃》、《大品》、《淨名》、《三慧》諸經義記數百卷。聽覽餘閒，即於重雲殿及同泰寺講說，名僧碩學，四部聽眾，常萬餘人。」

〔3〕《梁書》卷三《武帝本紀下》：「己酉，高祖以所求不供，憂憤寢疾。是月，青、冀二州刺史明少遐、東徐州刺史湛海珍、北青州刺史王奉伯各舉州附於魏。五月丙辰，高祖崩於淨居殿，時年八十六。」

〔4〕《資治通鑑》卷一百六十二《梁紀十八》：「上常蔬食，及圍城日久，上廚蔬茹皆絕，乃食雞子。綸因使者暫通，上雞子數百枚，上手自料簡，歔欷哽咽。」

腹中可抱赤心無〔1〕，換馬高臺在半塗〔2〕。自罷韓休天下瘠〔3〕，體肥只有柳城胡〔4〕。

【疏證】

〔1〕《太平廣記》卷二百三十八《詭詐‧安祿山》：「祿山豐肥大腹，帝嘗問曰：『此胡腹中何物，其大乃爾。』祿山應聲對曰：『臣腹中更無他物，唯赤心耳。』以其言誠，而益親善之。」出《開天傳信記》。《新唐書》卷二百二十五上《逆臣傳上‧安祿山》：「晚益肥，腹緩及膝，奮兩肩若挽牽者乃能行，作《胡旋舞》帝前，乃疾如風。帝視其腹曰：『胡腹中何有而大？』答曰：『唯赤心耳！』」

〔2〕（唐）姚汝能《安祿山事蹟》卷上：「祿山乘驛馬詣闕，每驛中閒築臺以換馬，謂之大夫換馬臺。不然，馬輒死。驛家市祿山乘馬，以五石上袋試之，能馱者乃高價市焉，餘飼以候祿山。鞍前更連置一小鞍，以承其腹。」《新唐書》卷二百二十五上《逆臣傳上‧安祿山》：「每乘驛入朝，半道必易馬，號『大夫換馬臺』。不爾，馬輒僕。故馬必能負五石馳者乃勝載。」

〔3〕《新唐書》卷一百二十六《韓休傳》：「嵩寬博多可，休峭鯁，時政所得失，言

之未嘗不盡。帝嘗獵苑中，或大張樂，稍過差，必視左右曰：『韓休知否？』
已而疏輒至。嘗引鑒，默不樂。左右曰：『自韓休入朝，陛下無一日歡，何自
戚戚，不逐去之？』帝曰：『吾雖瘠，天下肥矣。且蕭嵩每啟事，必順旨，我
退而思天下，不安寢。韓休敷陳治道，多詆直，我退而思天下，寢必安。吾用
休，社稷計耳。』」

〔4〕《舊唐書》卷二百上《安祿山傳》：「安祿山，營州柳城雜種胡人也。……晚年
　　益肥壯，腹垂過膝，重三百三十斤，每行以肩膊左右抬挽其身，方能移步。」
　　《新唐書》卷二百二十五上《逆臣傳上·安祿山》：「安祿山，營州柳城胡也。」

　　五隊旌旗掩映間，玉環姊妹盡妖嫻。〔1〕璣琲瑟瑟雖狼藉〔2〕，猶有金錢洗
祿山〔3〕。

【疏證】

〔1〕《新唐書》卷七十六《后妃傳上·楊貴妃》：「國忠既遙領劍南，每十月，帝幸
　　華清宮，五宅車騎皆從，家別為隊，隊一色，俄五家隊合，爛若萬花，川谷成
　　錦繡，國忠導以劍南旗節。」（清）陶澍《陶文毅公全集》卷六十二《驪山懷
　　古》（八首之八）：「關山憔悴淚沾衣，回首旌旗五隊非。莫問秋來汾上鴈，而
　　今不似向時飛。」

〔2〕《新唐書》卷七十六《后妃傳上·楊貴妃》：「遺鈿墮舄，瑟瑟璣琲，狼藉於道，
　　香聞數十里。」

〔3〕（宋）范祖禹《唐鑒》卷十《玄宗下》：「十載，帝命有司為安祿山起第於親仁
　　坊，敕令但窮壯麗，不限財力。既成，具幄幕器皿，充牣其中。雖禁中服御之
　　物，殆不及也。祿山生日，帝及貴妃賜衣服寶器酒饌甚厚。後三日，召祿山入
　　禁中，貴妃以錦繡為大襁褓裹祿山，使宮人以彩輿昇。帝觀之喜，賜貴妃洗兒
　　金錢，復厚賜祿山，盡歡而罷。」

　　手足無端酒甕拋，扼喉世世恨難消。宮中不許貍奴畜，〔1〕宰相依然用李
貓〔2〕。

【疏證】

〔1〕《舊唐書》卷五十一《后妃列傳上·高宗廢后王氏》：「庶人良娣初囚，大罵
　　曰：『願阿武為老鼠，吾作貓兒，生生扼其喉！』武後怒，自是宮中不畜貓。
　　初囚，高宗念之，閒行至其所，見其室封閉極密，惟開一竅通食器出入。高宗
　　惻然，呼曰：『皇后、淑妃安在？』庶人泣而對曰：『妾等得罪，廢棄為宮婢，

何得更有尊稱，名為皇后？』言訖悲咽，又曰：『今至尊思及疇昔，使妾等再
見日月，出入院中，望改此院名為回心院，妾等再生之幸。』高宗曰：『朕即
有處置。』武後知之，令人杖庶人及蕭氏各一百，截去手足，投於酒甕中，曰：
『令此二嫗骨醉！』數日而卒。後則天頻見王、蕭二庶人披髮瀝血，如死時狀。
武後惡之，禱以巫祝，又移居蓬萊宮，復見，故多在東都。」

〔2〕《舊唐書》卷八十二《李義府傳》：「高宗嗣位，遷中書舍人。永徽二年，兼修
國史，加弘文館學士。高宗將立武昭儀為皇后，義府嘗密申協贊，尋擢拜中書
侍郎、同中書門下三品，監修國史，賜爵廣平縣男。義府貌狀溫恭，與人語必
嬉怡微笑，而褊忌陰賊。既處權要，欲人附己，微忤意者，輒加傾陷。故時人
言義府笑中有刀，又以其柔而害物，亦謂之『李貓』。」

臨戎嚼齒血紛飛，煮盡弓膠不解圍。臣為饗軍刲愛妾，〔1〕君王休更泣楊
妃。

【疏證】

〔1〕《舊唐書》卷一百八十七下《忠義列傳下·張巡》：「尹子奇攻圍既久，城中糧
盡，易子而食，析骸而爨，人心危恐，慮將有變。巡乃出其妾，對三軍殺之，
以饗軍士。曰：『諸公為國家戮力守城，一心無二，經年乏食，忠義不衰。巡
不能自割肌膚，以啖將士，豈可惜此婦，坐視危迫。』將士皆泣下，不忍食，
巡強令食之。乃括城中婦人；既盡，以男夫老小繼之，所食人口二三萬，人心
終不離變。……十月，城陷。巡與姚誾、南霽雲、許遠，皆為賊所執。巡神氣
慷慨，每與賊戰，大呼誓師，眥裂血流，齒牙皆碎。城將陷，西向再拜，曰：
『臣智勇俱竭，不能式遏強寇，保守孤城。臣雖為鬼，誓與賊為厲，以答明恩。』
及城陷，尹子奇謂巡曰：『聞君每戰眥裂，嚼齒皆碎，何至此耶？』巡曰：『吾
欲氣吞逆賊，但力不遂耳！』子奇以大刀剔巡口，視其齒，存者不過三數。巡
大罵曰：『我為君父義死。爾附逆賊，犬彘也，安能久哉！』」《新唐書》卷一
百九十二《忠義列傳中·張巡》：「初，睢陽穀六萬斛，可支一歲，而巨發其半
餉濮陽、濟陰，遠固爭，不聽。濟陰得糧即叛。至是食盡，士日賦米一勺，齕
木皮、煮紙而食，才千餘人，皆羸劣不能彀，救兵不至。賊知之，以雲沖傳堞，
巡出鉤銘干拄之，使不得進，籌火焚梯。賊以鉤車、木馬進，巡輒破碎之。賊
服其機，不復攻，穿壕立柵以守。巡士多餓死，存者皆痍傷氣乏。巡出愛妾曰：
『諸君經年乏食，而忠義不少衰，吾恨不割肌以啖眾，寧惜一妾而坐視士饑？』
乃殺以大饗，坐者皆泣。巡強令食之，遠亦殺奴僮以哺卒，至羅雀掘鼠，煮鎧

弩以食。……城遂陷，與遠俱執。巡眾見之，起且哭，巡曰：『安之，勿怖，死乃命也。』眾不能仰視。子琦謂巡曰：『聞公督戰，大呼輒眥裂血面，嚼齒皆碎，何至是？』答曰：『吾欲氣吞逆賊，顧力屈耳。』子琦怒，以刀抉其口，齒存者三四。巡罵曰：『我為君父死，爾附賊，乃犬彘也，安得久！』」

　　隆隆艮嶽炫丹青，花石蘇杭採不停。金狄未來都未徙，東南已有小朝廷。〔1〕

【疏證】

〔1〕《宋史》卷四百七十《佞幸列傳・朱勔》：「朱勔，蘇州人。父沖，狡獪有智數。……徽宗頗垂意花石，京諷勔語其父，密取浙中珍異以進。初致黃楊三本，帝嘉之。後歲歲增加，然歲率不過再三貢，貢物裁五七品。至政和中始極盛，舳艫相銜於淮、汴，號『花石綱』，置應奉局於蘇，指取內帑如囊中物，每取以數十百萬計。延福宮、艮岳成，奇卉異植充牣其中。勔擢至防禦使，東南部刺史、郡守多出其門。徐鑄、應安道、王仲閎等濟其惡，竭縣官經常以為奉。所貢物，豪奪漁取於民，毛髮不少償。士民家一石一木稍堪玩，即領健卒直入其家，用黃封表識，未即取，使護視之，微不謹，即被以大不恭罪。及發行，必徹屋抉牆以出。人不幸有一物小異，共指為不祥，唯恐芟夷之不速。民預是役者，中家悉破產，或鬻賣子女以供其須。斫山輦石，程督峭慘，雖在江湖不測之淵，百計取之，必出乃止。嘗得太湖石，高四丈，載以巨艦，役夫數千人，所經州縣，有拆水門、橋樑，鑿城垣以過者。既至，賜名『神運昭功石』。截諸道糧餉綱，旁羅商船，揭所貢暴其上，篙工、柁師倚勢貪橫，陵轢州縣，道路相視以目。廣濟卒四指揮盡給挽士猶不足。京始患之，從容言於帝，願抑其太甚者。帝亦病其擾，乃禁用糧綱船，戒伐冢藏、毀室廬，毋得加黃封帕蒙人園囿花石，凡十餘事。聽勔與蔡攸等六人入貢，余進奉悉罷。自是勔小戢。既而勔甚。所居直蘇市中孫老橋，忽稱詔，凡橋東西四至壞地室廬悉買賜予己，合數百家，期五日盡徙，郡吏逼逐，民嗟哭於路。遂建神霄殿，奉青華帝君像其中，監司、都邑吏朔望皆拜庭下，命士至，輒朝謁，然後通刺詣勔。主趙霖建三十六浦閘，興必不可成之功，天方大寒，役死者相枕藉。霖志在媚勔，益加苛虐，吳、越不勝其苦。徽州盧宗原竭庫錢遺之，引為發運使，公肆掊克。園池擬禁籞，服飾器用上僭乘輿。又託挽舟募兵數千人，擁以自衛。子汝賢等召呼鄉州官僚，頤指目攝，皆奔走聽命，流毒州郡者二十年。方臘起，以誅勔為名。童貫出師，承上旨盡罷去花木進奉，帝又黜勔父子弟侄在職者，民大悅。

然寇平，動復得志，聲焰薰灼。邪人穢夫，候門奴事，自直秘閣至殿學士，如欲可得，不附者旋踵罷去，時謂東南小朝廷。帝末年益親任之，居中白事，傳達上旨，大略如內侍，進見不避宮嬪。歷隨州觀察使、慶遠軍承宣使。燕山奏功，進拜寧遠軍節度使、醴泉觀使。一門盡為顯官，驕僕亦至金紫，天下為之扼腕。」

金川門啟燕飛回〔1〕，祝髮居然大辨才〔2〕。靖難元勳推道衍〔3〕，一僧去後一僧來。

【疏證】

〔1〕《明史》卷五《成祖本紀一》：「成祖啟天弘道高明肇運聖武神功純仁至孝文皇帝諱棣，太祖第四子也。母孝慈高皇后。洪武三年，封燕王。十三年，之藩北平。……三十一年閏五月，太祖崩，皇太孫即位，遺詔諸王臨國中，毋得至京師。王自北平入奔喪，聞詔乃止。……乙丑，至金川門，谷王橞、李景隆等開門納王，都城遂陷。」

〔2〕《明史》卷四《恭閔帝本紀》：「或云帝由地道出亡。正統五年。有僧自雲南至廣西，詭稱建文皇帝。恩恩知府岑瑛聞於朝。按問，乃鈞州人楊行祥，年已九十餘，下獄，閱四月死。同謀僧十二人，皆戍遼東。自後滇、黔、巴、蜀間，相傳有帝為僧時往來跡。」

〔3〕《明史》卷一百四十五《姚廣孝傳》：「姚廣孝，長洲人，本醫家子。年十四，度為僧，名道衍，字斯道。……洪武中，詔通儒書僧試禮部。不受官，賜僧服還。經北固山，賦詩懷古。其儕宗泐曰：『此豈釋子語耶？』道衍笑不答。高皇后崩，太祖選高僧侍諸王，為誦經薦福。宗泐時為左善世，舉道衍。燕王與語甚合，請以從。至北平，住持慶壽寺。出入府中，跡甚密，時時屏人語。及太祖崩，惠帝立，以次削奪諸王。周、湘、代、齊、岷相繼得罪。道衍遂密勸成祖舉兵。成祖曰：『民心向彼，奈何？』道衍曰：『臣知天道，何論民心。』乃進袁珙及卜者金忠。於是成祖意益決。……成祖即帝位，授道衍僧錄司左善世。帝在藩邸，所接皆武人，獨道衍定策起兵。及帝轉戰山東、河北，在軍三年，或旋或否，戰守機事皆決於道衍。道衍未嘗臨戰陣，然帝用兵有天下，道衍力為多，論功以為第一。」

最是朱明釋教昌，龍潛皇覺〔1〕忽當陽〔2〕。武宗惟恐家聲墜，自號西天大法王。〔3〕

【疏證】

〔1〕《明史》卷一《太祖本紀一》:「太祖孤無所依,乃入皇覺寺為僧。逾月,遊食合肥。道病,二紫衣人與俱,護視甚至。病已,失所在。凡歷光、固、汝、潁諸州三年,復還寺。」

〔2〕《左傳·文公四年》:「昔諸侯朝正於王,王宴樂之。於是乎賦《湛露》,則天子當陽,諸侯用命也。」杜預《注》:「《湛露》曰:『湛湛露斯,匪陽不晞。』晞,乾也。言露見日而乾,猶諸侯稟天子命而行。」

〔3〕《明史》卷十六《武宗本紀》:「六月庚子,帝自號大慶法王,所司鑄印以進。」又,卷二百三《李中列傳》:「李中,字子庸,吉水人,正德九年進士。楊一清為吏部,數召中應言官試,不赴。及授工部主事,武宗自稱大慶法王,建寺西華門內,用番僧住持,廷臣莫敢言。」

蒙古回回語盡通,微行夜半出居庸〔1〕。巡邊忽自加官爵,威武將軍鎮國公。〔2〕

【疏證】

〔1〕《明史》卷十六《武宗本紀》:「丙寅,夜微服出德勝門,如居庸關。」

〔2〕《明史》卷十六《武宗本紀》:「癸丑,敕曰:『總督軍務威武大將軍總兵官朱壽親統六師,肅清邊境,特加封鎮國公,歲支祿米五千石。吏部如敕奉行。』……己丑,帝自加太師,諭禮部曰:『總督軍務威武大將軍總兵官太師鎮國公朱壽將巡兩畿、山東,祀神祈福,其具儀以聞。』」

無復人心陸萬齡,《三朝要典》比《麟經》〔1〕。魏璫尚配尼山聖〔2〕,拗相〔3〕端宜祀廟廷。

【疏證】

〔1〕《明史》卷三百五《宦官列傳二·魏忠賢》:「而監生陸萬齡至請以忠賢配孔子,以忠賢父配啟聖公。」

〔2〕《明史》卷三百六《閹黨列傳·閻鳴泰》:「監生陸萬齡至謂孔子作《春秋》,忠賢作《要典》;孔子誅少正卯,忠賢誅東林;宜建祠國學西,與先聖並尊。司業朱之俊輒為舉行,會熹宗崩乃止。」

〔3〕(清)王士禎《香祖筆記》卷十:「小說演義亦各有所據。如《水滸傳》、《平妖傳》之類,予嘗詳之《居易錄》中。又如《警世通言》有《拗相公》一篇,述王安石罷相歸金陵事,極快人意,乃因盧多遜謫嶺南事而稍附益之耳。」

滿地茄花委鬼雄〔1〕，舉朝爭頌廠臣功。墮牆緹騎刀刲肉，怒煞常州賣蔗童〔2〕。

【疏證】

〔1〕《明史》卷三十《五行志三・詩妖》：「萬曆末年，有道士歌於市曰：『委鬼當頭坐，茄花遍地生。』北人讀客為楷，茄又轉音，為魏忠賢、客氏之兆。」

〔2〕（清）趙懷玉《亦有生齋集》樂府卷二《雲溪樂府・賣蔗童》：「黃頭尉，澄江來。蘭陵驛，簫鼓催。胡為奪我好人去，喧聲倒沸如崩雷。兒無知，眾休訝。磨刀霍霍向市中，兒力猶能切如蔗。童兮童兮豈為名，五人墓前松柏青。」詩後有注：「天啟間，江陰李應升被逮，常郡西察院開讀，士民觀者數萬。有男子十輩挾短棍，大呼殺魏忠賢校尉，喧聲震天。一賣蔗童子十餘歲，撫髀曰：『我恨極，殺我江南無數好人。』遂拉一肥校尉，舉蔗刀臠其肉，擲狗啖之。曾櫻彌縫其事，姓名逸不傳。」

【附錄】

（清）劉彬華《嶺南群雅》載李光昭《賣蔗童子歌》

天啟璫禍，李侍御應昇就逮。緹騎洶洶，士民憤擊。一賣蔗童子提削蔗刀，從一肥尉後臠其肉飼狗。惜史書不傳其事，李子為作是歌。

童子昂藏無七尺，蔗刀氣忽干霄白。甘蔗失時變黃蘗，虎猴遍地求人食。李家侍御江南傑，陷入囚車驅道側。萬人聯云呼殺賊，諸尉褫魂竄荊棘。童子尾隨一尉行，眘然奏刀驚霹靂。片肉擲地含羶腥，狗尚遲疑不欲吃。此童此事足千秋，國史無傳野史得。五人墓道薦馨香，誰配童祠供血食。

（清）董大倫《賣蔗童子歌》

天啟間，姑蘇顏佩韋等擊璫尉。其日，江陰李侍御應升就速，常郡西察院開讀時，士民聚觀者數萬。有髮垂肩男子十輩，各挾短棍，入院大呼殺魏忠賢校尉，士民從之，豗聲震天，諸尉跟蹌越牆走匿。一賣蔗童子十餘歲，撫髀曰：「我恨極，殺我江南無數好人。」遂拉一肥尉，舉蔗刀臠其片肉，擲街前，狗啖之。時太守曾櫻彌縫其事，故童子姓名逸不傳。距今七十五年，人無有能道之者。城西羊老翁居院左，目擊其說，與碧血所載合，為作是詩。康熙庚辰二月。

天啟丙寅歲三月，魏閹毒燄殲江南。姑蘇緹騎奮擊斃，五人膽勇誰驂驔。

是日江陰李侍御，逮常宣讀將開函。黃頭紅靺瞋目立，萬人疾視徒眈眈。誰何少年約十輩，魋肩毛髮垂鬖鬖。頰頤大眾共撲之，排闥洶洶騰飛魁。訇天衝突屋瓦震，再見楚漢鏖章邯。最後一童舞蔗出，嚼齦大叫聲訏覃。降肛肥尉戴頭竄，霍若鷹爪搏雀鵪。蔗刀一攣甜狗口，狗如噬矢猶婪酣。十步之內血濺地，官吏噤僕成僵蠶。滿城士民齊拍手，咄咄此子誰奇男。惜哉尉不格一死，其事滅沒顧煙嵐。顏佩韋等真伯仲，並舉姓氏無人諳。我生同鄉志汲古，摩挲銅狄心胡堪。試拈生紙當碑碣，更借硬筆為衛鑿。哦成庶幾得壓略，傳語好事談喃喃。

李夫人

魂魄姍姍尚可逢〔1〕，花顏忍使錦衾封。貳師依舊誅三族，不為君王見病容〔2〕。

【疏證】

〔1〕《漢書》卷九十七上《外戚傳上》：「上思念李夫人不已，方士齊人少翁言能致其神。乃夜張燈燭，設帷帳，陳酒肉，而令上居他帳，遙望見好女如李夫人之貌，還幄坐而步。又不得就視，上愈益相思悲感，為作詩曰：『是邪，非邪？立而望之，偏何姍姍其來遲！』令樂府諸音家弦歌之。」

〔2〕《漢書》卷九十七上《外戚傳上》：「初，李夫人病篤，上自臨候之，夫人蒙被謝曰：『妾久寢病，形貌毀壞，不可以見帝。願以王及兄弟為託。』上曰：『夫人病甚，殆將不起，一見我屬託王及兄弟，豈不快哉？』夫人曰：『婦人貌不修飾，不見君父。妾不敢以燕媟見帝。』上曰：『夫人弟一見我，將加賜千金，而予兄弟尊言。』夫人曰：『尊官在帝，不在一見。』上復言欲必見之，夫人遂轉鄉歔欷而不復言。於是上不說而起。夫人姊妹讓之曰：『貴人獨不可一見上屬託兄弟邪？何為恨上如此？』夫人曰：『所以不欲見帝者，乃欲以深託兄弟也。我以容貌之好，得從微賤愛幸於上。夫以色事人者，色衰而愛弛，愛弛則恩絕。上所以孌孌顧念我者，乃以平生容貌也。今見我毀壞，顏色非故，必畏惡吐棄我，意尚肯復追思閔錄其兄弟哉！』及夫人卒，上以後禮葬焉。其後，上以夫人兄李廣利為貳師將軍，封海西侯，延年為協律都尉。」又，「其後李延年弟季坐奸亂怕宮，廣利降匈奴，家族滅矣」。

落葉哀蟬曲未終，蘅蕪香贈翠帷中。九泉亦自思君甚，未必魂歸賴少翁。

〔1〕

【疏證】

〔1〕王嘉《拾遺記》卷五《前漢上》：「漢武帝思懷往者李夫人，不可復得時。始穿昆靈之池，泛翔禽之舟。帝自造歌曲，使女伶歌之。時日已西傾，涼風激水，女伶歌聲甚遒，因賦落葉哀蟬之曲，曰：『羅袂兮無聲，玉墀兮塵生虛。房冷而寂寞，落葉依於重扃。望彼美之女兮安得，感余心之未寧。』帝聞唱動心，悶悶不自支持，命龍膏之燈以照舟內，悲不自止。親侍者覺帝容色愁怨，乃進洪梁之酒，酌以文螺之卮。卮出波衹之國，酒出洪梁之縣，此屬右扶風，至哀帝廢此邑。南人受此釀法。今言『雲陽出美酒』，兩聲相亂矣。帝飲三爵，色悅心歡，乃詔女伶出侍。帝息於延涼室，臥夢李夫人授帝蘅蕪之香。帝驚起，而香氣猶著衣枕，歷月不歇。帝彌思求，終不復見，涕泣洽席，遂改延涼室為遺芳夢室。初，帝深嬖李夫人，死後常或夢之，思欲見夫人。帝貌顦顇，嬪御不寧。詔李少君，與之語曰：『朕思李夫人，其可得乎？』少君曰：『可遙見，不可同於帷幄。』帝曰：『一見足矣。可致之。』少君曰：『黑河之北有暗海之都也，出潛英之石，其色青，質輕如毛羽。寒盛則石溫，暑盛則石冷。刻之為人像，神語不異真人。使此石像往，則夫人至矣。此石人能傳譯人言語，有聲無氣，故知神異也。』帝曰：『此石像可得否？』少君曰：『願得樓船百艘，巨力千人，能浮水登木者，皆使明於道術，齎不死之藥。』乃至暗海，經十年而還。昔之去人，或升云不歸，或託形假死，獲反者四五人。得此石，即命工人依先圖刻作夫人形。刻成，置於輕紗幕里，宛若生時。帝大悅，問少君曰：『可得近乎？』少君曰：『譬如中宵忽夢，而晝可得近觀乎？此石毒，宜遠望，不可逼也。勿輕萬乘之尊，惑此精魅之物！』帝乃從其諫。見夫人畢，少君乃使舂此石人為丸，服之，不復思夢。乃築靈夢臺，歲時祀之。」

趙鉤翼 〔1〕

堯母門〔2〕高命不長，回頭一顧最淒涼。芳魂若入延涼室，漢武帝息於延涼室，夢李夫人授以蘅蕪之香，帝驚起，涕泣沾席。見王嘉《拾遺記》。可灑君王淚數行。

【疏證】

〔1〕《史記》卷四十九《外戚世家》褚先生曰：「鉤弋夫人，河間人也。得幸武帝，生子一人，昭帝是也。武帝年七十，乃生昭帝。昭帝立時，年五歲耳。」《漢書》卷九十七上《外戚傳上》：「孝武鉤弋趙婕妤，昭帝母也，家在河間。武帝

巡狩過河間，望氣者言此有奇女，天子亟使使召之。既至，女兩手皆拳，上自披之，手即時伸。由是得幸，號曰拳夫人。」

〔2〕《漢書》卷九十七上《外戚傳上》：「拳夫人進為婕妤，居鉤弋宮。大有寵，太始三年生昭帝，號鉤弋子。任身十四月乃生，上曰：『聞昔堯十四月而生，今鉤弋亦然。』乃命其所生門曰堯母門。」

六尺孤遺社稷臣，多疑仍畏牝司晨〔1〕。緣何索虜循成例，子入青宮母殺身〔2〕。

〔1〕《漢書》卷九十七上《外戚傳上》：「後衛太子敗，而燕王旦、廣陵王胥多過失，寵姬王夫人男齊懷王、李夫人男昌邑哀王皆蚤薨，鉤弋子年五六歲，壯大多知，上常言類我，又感其生與眾異，甚奇愛之，心欲立焉，以其年稚母少，恐女主顓恣亂國家，猶與久之。鉤弋婕妤從幸甘泉，有過見譴，以憂死，因葬雲陽。後上疾病，乃立鉤弋子為皇太子。拜奉車都尉霍光為大司馬大將軍，輔少主。明日，帝崩。」

〔2〕《北史》卷十四《后妃列傳下》：「論曰：男女正位，人倫大綱。三代已還，逮於漢、晉，何嘗不敗於嬌娿而興於聖淑。至如後稷稟靈巨跡，神元生自天女，克昌來葉，異世同符。魏諸後婦人之識，無足論者。文明邪險，幸不墜國。靈後淫恣，卒亡天下。傾城之誡，其在茲乎。乙後迫於畏逼，有足傷矣。昔鉤弋年少子幼，漢武所以行權，魏世遂為常制，子貴而其母必死。矯枉之義，不亦過乎！孝文終革其失，良有以也。」

屍有奇香履有絲，見《列仙傳》〔1〕。昭陽一別渺何之。武皇四海求方士，仙在宮中竟不知。

〔1〕劉向《列仙傳》卷下《鉤翼夫人》：「鉤翼夫人者，齊人也，姓趙。少時好清淨，病臥六年，右手拳屈，飲食少。望氣者云：『東北有貴人氣。』推而得之。召到，姿色甚偉。武帝披其手，得一玉鉤，而手尋展，遂幸而生昭帝。後武帝害之，殯屍不冷而香一月間。後昭帝即位，更葬之，棺內但有絲履，故名其宮曰鉤翼。後避諱改為弋廟。闈有神祠、閣在焉。」

隋蕭后

曾向蕪城〔1〕駐翠華〔2〕，又從榆塞逐風沙〔3〕。可憐重到長安日，不見楊花見李花〔4〕。

【疏證】

〔1〕蕭統《文選》卷十一鮑照《蕪城賦》，李善《注》：「集云：『登廣陵故城。』」

〔2〕《隋書》卷三《煬帝紀上》：「大業元年春正月壬辰朔，大赦，改元。立妃蕭氏為皇后。……八月壬寅，上御龍舟，幸江都。以左武衛大將軍郭衍為前軍，右武衛大將軍李景為後軍。文武官五品已上給樓船，九品已上給黃蔑。舳艫相接，二百餘里。」

〔3〕《隋書》卷三《煬帝紀上》：「戊子，次榆林郡。」

〔4〕《隋書》卷三十六《后妃列傳》：「煬帝蕭皇后，梁明帝巋之女也。……帝每遊幸，后未嘗不隨從。……及宇文氏之亂，隨軍至聊城。化及敗，沒於竇建德。突厥處羅可汗遣使迎后於洺州，建德不敢留，遂入於虜庭。大唐貞觀四年，破滅突厥，乃以禮致之，歸於京師。」

漁村晚眺

一帶魚罾掛樹根，漁家三五自成村。晚來雨霽船歸後，湖上斜陽直到門。

和孫少頤茂才射湖竹枝詞同韻

射湖花開白似銀，射湖水碧好垂綸。勸郎只採湖中藕，菱角雞頭總刺人。
射陽湖邊花滿枝，射陽湖裏鱖肥時。拈將一縷針頭線，贈與郎君作釣絲。

【附錄】

戴文葆《射水紀聞》卷三《射陽河》〔註3〕：

光緒間，鹽城陳玉樹之《後樂堂詩存》有《和孫少頤茂才射湖竹枝詞同韻》兩首云：

射湖花開白似銀，射湖水碧好垂綸。勸郎只採湖中藕，菱角雞頭總刺人。
射陽湖邊花滿枝，射陽湖裏鱖肥時。拈將一縷針頭線，贈與郎君作釣絲。

詩尚清雋可讀，實含對故鄉草木水土之摯愛。然稍知實況者，當不為詩中兒女風情所惑，射水兩岸無此詩情畫意，佳句惟向夢中尋取尚可。

溪村

小茅庵北板橋頭，柳葉桃枝映碧流。花里孤村花外犬，吠人只不吠漁舟。
楊柳依依落細花，溪流曲曲抱村斜。東風剪碎鶯聲細，吹送橋西賣酒家。

〔註3〕戴文葆《射水紀聞》，河北教育出版社2005年版，第51頁。

江上送妻兄張芷庭〔1〕北歸

清溪一曲路三叉，溪上東風拂柳斜。欲折贈君心不忍，枝離樹似我離家。

【疏證】

〔1〕《津門紀略》卷三《科第門‧解元》有「光緒乙亥科天津張芷庭　彭齡」〔註4〕，或即此人。

丁丑，予館維揚戎幕，與馬平程良材友，豪爽人也。是年秋，往泰興，過良材，食予以四腮鱸〔1〕。詩云〔2〕：平生一事似坡仙，巨口鱸魚入饌鮮。更與山妻謀鬥酒〔3〕，瓶空猶有杖頭錢〔4〕。歲暮歸〔5〕，至海陵，風雪大作，憶前事，寄以詩

朔風驢背雪花粗，野店雞聲客夢孤。歸傲山妻惟一事，江頭曾食四腮鱸。

【疏證】

〔1〕葉廷珪《海錄碎事》卷二十二上《鳥獸草木部‧水族門‧四腮鱸》：「《松江集‧太湖賦》：『四腮之鱸。』注云：『』四腮者珍，三腮者非。」范成大《石湖居士詩集》卷二十七《秋日田園雜興十二絕》之十一：「細擣根薑買鱠魚，西風吹上四腮鱸。雪松酥膩千絲縷，除卻松江到處無。」陸游《劍南詩稿》卷九《記夢》：「團臍霜蟹四腮鱸，樽俎芳鮮十載無。塞月征塵身萬里，夢魂也復醉西湖。」又卷二十五《秋日郊居》：「車蕩比鄰例饋魚，流涎對此四腮鱸。北窗雨過涼如水，消得先生一醉無。」

〔2〕此詩，集中未見。

〔3〕蘇軾《後赤壁賦》：「是歲十月之望，步自雪堂，將歸於臨皋。二客從予過黃泥之阪。霜露既降，木葉盡脫，人影在地，仰見明月，顧而樂之，行歌相答。已而歎曰：『有客無酒，有酒無肴，月白風清，如此良夜何！』客曰：『今者薄暮，舉網得魚，巨口細鱗，狀如松江之鱸。顧安所得酒乎？』歸而謀諸婦。婦曰：『我有斗酒，藏之久矣，以待子不時之需。』於是攜酒與魚，復遊於赤壁之下。」

〔4〕劉義慶《世說新語‧任誕第二十三》：「阮宣子常步行，以百錢掛杖頭。至酒店，便獨酣暢。雖當世貴盛，不肯詣也。」房玄齡《晉書》卷四十九《阮修傳》：「修字宣子。……常步行，以百錢掛杖頭，至酒店，便獨酣暢。雖當世富貴而

〔註4〕來新夏主編《天津皇會考‧天津皇會考紀‧津門紀略》，天津古籍出版社1988年版，第156頁。

不肯顧，家無儋石之儲，宴如也。」後以杖頭錢指買酒錢。王績《戲題卜鋪壁》：
「旦逐劉伶去，宵隨畢卓眠。不應長賣卜，須得杖頭錢。」岑參《岑嘉州詩》
卷一《嚴君平卜肆》：「君平曾賣卜，卜肆荒已久。至今杖頭錢，時時地上有。
不知支機石，還在人間否。」

〔5〕丁丑為清光緒三年（1877）。詩作於此年。

丁丑秋，與良材泛揚子江，有詩云：芙蓉秋水雙蘭漿，花月楊州一釣徒〔1〕。良材和云：欲將花月楊州句，畫作秋江一幅圖。戊寅〔2〕秋，泊射陽湖，憶前事，為二十八字寄良材

湖上秋風一棹孤，蕪城〔3〕回首最愁吾。不知煙月芙蓉裏，可憶江頭舊釣
徒。

【疏證】

〔1〕此詩，集中未見。

〔2〕戊寅為清光緒四年（1878）。

〔3〕見《隋蕭后》注。

秋日憶王樵口岸

搖落霜楓葉滿山，秋風瑟瑟水潺潺。雲中不見王喬〔1〕履，知在蘆墟夕照
間。口岸舊名蘆墟。蘆墟夕照，泰興八景之一。

【疏證】

〔1〕劉向《列仙傳》卷上《王子喬》：「王子喬者，周靈王太子晉也。好吹笙，作鳳
凰鳴。遊伊洛之間，道士浮身公接以上嵩高山。三十餘年後，求之於山上，見
栢良曰：『告我家，七月七日待我於緱氏山巔。』至時，果乘白鶴駐山頭，望
之不得到，舉手謝時人，數日而去。亦立祠於緱氏山下及嵩高首焉。」

經舊宅

蠨蛸〔1〕有網燕無巢，壁上題詩字半涸。猶憶苦吟宵獨坐，一燈如豆雨瀟
瀟。

【疏證】

〔1〕《詩經・豳風・東山》：「伊威在室，蠨蛸在戶。」孔穎達《疏》：「『伊威，委
黍』、『蠨蛸，長踦』，《釋蟲》文。舍人曰：『伊威名委黍。蠨蛸名長踦。』郭

　　璞曰：『舊說伊威，鼠蝛之別名；長踦，小蜘蛛長腳者，俗呼為喜子。』《說文》
　　云：『委黍，鼠蝛也。』陸機《疏》云：『伊威，一名委黍，一名鼠蝛，在壁根
　　下甕底土中生，似白魚者』，是也。蠨蛸，長踦，一名長腳。荊州河內人謂之
　　喜母。此蟲來著人衣，當有親客至，有喜也，幽州人謂之親客，亦如蜘蛛為羅
　　網居之，是也。」

　　馬舄〔1〕根蟠穗乍抽，蛇床〔2〕花落子初稠。葉苗滿地青如舊，為語詩人
病已瘳。

【疏證】

〔1〕《爾雅・釋草第十三》：「芣苢，馬舄，馮舄，車前。」陸璣《毛詩草木鳥獸蟲
　　魚疏》卷上《采采芣苢》：「芣苢一名馬舄，一名車前，一名當道，喜在牛跡中
　　生，故曰車前當道也，今藥中車前子是也。」

〔2〕《淮南子・氾論訓》：「夫亂人者，芎藭之與槁本也，蛇牀之與麋蕪也，此皆相
　　似者。」李時珍《本草綱目・草三・蛇床》：「蛇喜臥於下食其子，故有蛇虺、
　　蛇粟諸名。其葉似蘼蕪，故曰墻蘼。」

　　虛堂〔1〕濕處有伊威〔2〕，不見梁間舊燕飛。別後庭芳榮悴〔3〕異，荼䕷
花瘦菊苗肥。

【疏證】

〔1〕江淹《江文通集》卷三《效阮公詩十五首》：「中心有所思，虛堂獨浩然。」蕭
　　統《示徐州弟》（歐陽詢《藝文類聚》卷二十一《人部五》）：「屑屑風生，昭昭
　　月影。高宇既清，虛堂復靜。」

〔2〕參第一首注。陸璣《毛詩草木鳥獸蟲魚疏》卷下《伊威在室》：「伊威一名委黍，
　　一名鼠婦，在壁根下甕底土中生，似白魚者是也。」

〔3〕陶潛《形影神》之一《形贈影》：「草木得常理，霜露榮悴之。」

　　場圃當軒水繞門，農家三五自成村。主人重到花知未，曾受栽培幾許恩。

徵引文獻

A

1. 阿英《阿英全集》第十一卷《敵後日記》，安徽教育出版社 2003 年版。

B

1. （唐）白居易《白氏長慶集》，四部叢刊景日本翻宋大字本。
2. （東漢）班固編撰，（唐）顏師古注《漢書》，中華書局 1964 年版。

C

1. （北宋）蔡沈撰，王豐先點校《書集傳》，中華書局 2018 年版。
2. 蔡雲萬《蟄存齋筆記》，上海書店出版社 1997 年版。
3. （元）岑安卿《栲栳山人集》，景印文淵閣四庫全書本。
4. （唐）岑參《岑嘉州詩》，四部叢刊景明正德本。
5. 柴小梵《梵天廬叢錄》，山西古籍出版社 1999 年版。
6. （清）陳寶琛《滄趣樓詩文集》，上海古籍出版社 2013 年版。
7. （清）陳鶴《明紀》，清同治十年江蘇書局刻本。
8. 陳慶年著，許進、徐芳主編《陳慶年文集》，南海出版公司 1996 年版。
9. （元）陳世隆《宋詩拾遺》，清鈔本。
10. （西晉）陳壽編撰、（南朝宋）裴松之注《三國志》，中華書局 1959 年版。
11. （清）陳玉澍《卜子年譜》，《叢書集成續編》第 36 冊，上海書店出版社 1994 年版。

12.（清）陳玉澍《爾雅釋例》，《續修四庫全書》第 188 冊，上海古籍出版社 1996 年版。

13.（清）陳玉澍《毛詩異文箋》，《南菁書院叢書》本。

14.（清）陳鱣著，李林點校《陳鱣集》，浙江古籍出版社 2018 年版。

15. 陳中凡著，柯夫編《清暉集》，書目文獻出版社 1987 年版。

16.（清）程頌萬《楚望閣詩集》，清光緒二十七年刻本。

17.（清）褚人穫《堅瓠集》，清康熙刻本。

18. 崔述《無聞集》，《清代詩文集彙編》第 399 冊，上海古籍出版社 2010 年版。

D

1. 戴文葆《射水紀聞》，河北教育出版社 2005 年版。

2.（清）董大倫《賣蔗童子歌》，莊杜芬輯《毗陵六逸詩鈔》，康熙五十六年壽南堂刻本。

3.（清）杜貴墀《桐華閣文集》，清光緒三十一年（1905）刻本。

4.（西晉）杜預注《左傳》，上海古籍出版社 2015 年版。

5.（唐）段成式《酉陽雜俎》，四部叢刊景明本。

F

1. 范成大《石湖居士詩集》，四部叢刊景清愛汝堂本。

2. 范祥雍《戰國策箋證》，上海古籍出版社 2006 年版。

3.（南朝宋）范曄編纂，（唐）李賢等注《後漢書》，中華書局 1965 年版。

4.（宋）范祖禹《唐鑒》，明弘治刻本。

5.（清）方東樹《方東樹集》，嚴雲綬、施立業、江小角主編《桐城派名家文集》第 1 冊，安徽教育出版社 2014 年版。

6.（清）方觀旭《論語偶記》，《續修四庫全書》第 155 冊，上海古籍出版社 1996 年版。

7. 方廷楷《習靜齋詞話》卷二，賈文昭主編《皖人詩話八種》，黃山書社 2014 年版。

8.（唐）房玄齡注，（明）劉績補注，劉曉藝校點《管子》，上海古籍出版社 2015 年版。

9.（唐）房玄齡《晉書》，中華書局 1974 年版。

G

1.（晉）葛洪《神仙傳》，景印文淵閣四庫全書本。

2.（晉）葛洪《西京雜記》，四部叢刊景明嘉靖本。

3.（清）谷應泰《明史紀事本末》，景印文淵閣四庫全書本。

4.（清）顧景星《白茅堂集》，清康熙刻本。

5.（明）顧炎武著，（清）黃汝成集釋；欒保群、呂宗力校點《日知錄集釋》，上海古籍出版社 2013 年版。

6.（明）顧炎武《肇域志》，上海古籍出版社 2012 年版。

7.（清）顧祖禹著，施和金、賀次君點校《讀史方輿紀要》，中華書局 2005 年版。

8.（明）歸有光《震川先生集》，四部叢刊景清康熙本。

9.（晉）郭璞注《爾雅》，中華書局 2020 年。

H

1.（宋）韓淲《澗泉集》，景印文淵閣四庫全書本。

2.（漢）韓嬰《韓詩外傳》，四部叢刊景明沈氏野竹齋本。

3.（唐）韓愈撰，（宋）魏仲舉編《五百家注昌黎文集》，景印文淵閣四庫全書本。

4. 何清谷校注《三輔黃圖校注》，三秦出版社 2006 年版。

5.（清）賀長齡《清經世文編》，清光緒十二年思補樓重校本。

6.（清）賀貽孫《水田居文集》，《清代詩文集彙編》第 21 冊，上海古籍出版社 2010 年版。

7.（南宋）洪邁《容齋隨筆》，上海古籍出版 1998 年版。

8.（南宋）洪興祖《楚辭補注》，中華書局 1983 年版。

9.（清）弘晝《稽古齋全集》，清乾隆十一年內府刻本。

10.（唐）胡曾《詠史詩》，四部叢刊三編景宋鈔本。

11.（清）胡承珙《求是堂詩集》，清道光十三年刻本。

12.（清）胡敬《崇雅堂刪余詩》，清道光二十六年刻本。

13. 胡雪抱著，胡迎建箋注《昭琴館詩文集箋注》，江西人民出版社 2008 年版。

14.（明）黃光昇《昭代典則》，明萬曆二十八年周日校萬卷樓刻本。

15.（清）黃式三著；程繼紅，張涅主編《黃式三全集》第 5 冊，上海古籍出版社 2014 年版。

16.（清）黃宗羲著，吳光主編《黃宗羲全集》第 10 冊《南雷詩文集》（上），浙江古籍出版社 2012 年版。

17.（清）黃遵憲《日本國志》，清光緒刻本

18.（宋）惠洪《冷齋夜話》，上海古籍出版社 2012 年版。

J

1.（南朝宋）江淹《江文通集》，四部叢刊景明翻宋本。

2.（明）江用世《史評小品》，明末刻本。

3.（元）蔣易《皇元風雅》，元建陽張氏梅溪書院刻本。

4.（西漢）焦延壽著，劉黎明校注《焦氏易林校注》，巴蜀書社 2011 年版。

5.（宋）金履祥《論孟集注考證》，景印文淵閣四庫全書本。

L

1. 來新夏主編《天津皇會考·天津皇會考紀·津門紀略》，天津古籍出版社 1988 年版。

2.（北宋）李昉等編《太平廣記》，中華書局 2013 年版。

3. 李紅英《翁同龢書札繫年考》，黃山書社 2014 年版。

4.（唐）李商隱著，（清）馮浩箋注，蔣凡標點《玉谿生詩集箋注》，上海古籍出版社 1979 年版。

5.（明）李時珍《本草綱目》，景印文淵閣四庫全書本。

6.（清）李調元《全五代詩》，清函海本。

7. 李詳《李審言文集》，江蘇古籍出版社 1989 年版。

8.（唐）李延壽《北史》，中華書局 1974 年版。

9.（唐）李延壽《南史》，中華書局 1975 年版。

10.（清）李元度《國朝先正事略》，嶽麓書社 2008 年版。

11.（明）李贄《藏書》，中華書局 1974 年版。

12.（清）梁份《懷葛堂集》，陶福履、胡思敬編《豫章叢書》集部第 10 冊，江西教育出版社 2007 年版。

13. （清）梁園棣修；（清）鄭之僑、（清）趙彥俞纂《咸豐重修興化縣志》，清咸豐刻本。

14. （宋）林景熙著，（元）章祖程注，陳增傑補注《林景熙集補注》，浙江古籍出版社 2012 年版。

15. （清）劉彬華《嶺南群雅》，清嘉慶十八年玉壼山房刻本。

16. 劉聲木撰，徐天祥點校《桐城文學淵源考》，黃山書社 1989 年版。

17. （漢）劉向《列仙傳》，明正統道藏本。

18. （漢）劉向著，向宗魯校證，《說苑校證》，中華書局 2009 年版。

19. （後晉）劉昫等《舊唐書》，中華書局 1975 年版。

20. （南朝宋）劉義慶著，（南朝梁）劉孝標注，余嘉錫箋疏，周祖謨、余淑宜、周士琦整理《世說新語箋疏》，中華書局 2016 年版。

21. （清）龍啟瑞《經德堂文集》，清光緒四年龍繼棟京師刻本。

22. （清）魯一同《通甫類稿》，清道光八年刻本。

23. （三國吳）陸璣《毛詩草木鳥獸蟲魚疏》，景印文淵閣四庫全書本。

24. （明）陸楫《古今說海》，景印文淵閣四庫全書本。

25. （明）陸應陽《廣輿記》，清康熙刻本。

26. （南宋）陸游《劍南詩稿》，景印文淵閣四庫全書本。

27. 倫明著，東莞圖書館整理《倫明全集》第 3 冊，廣東人民出版社 2017 年版。

28. （唐）羅隱《甲乙集》，四部叢刊景宋本。

29. （戰國）呂不韋著，陳奇猷校釋《呂氏春秋新校釋》，上海古籍出版社 2002 年版。

M

1. 馬為瓏《瀛洲淚》，普及書局 1910 年版。

2. （清）毛奇齡《西河集》，景印文淵閣四庫全書本。

3. （戰國）孟軻著，（清）焦循正義《孟子正義》，中華書局 1987 年版。

O

1. （唐）歐陽詢《藝文類聚》，景印文淵閣四庫全書本。

2. （宋）歐陽修、宋祁《新唐書》，中華書局 1975 年版。

3.（宋）歐陽修《歐陽文忠公集》，四部叢刊景元本。

P

1.（清）潘衍桐《兩浙輶軒續錄》，清光緒刻本。

2.（明）彭大翼《山堂肆考》，景印文淵閣四庫全書本。

3.（清）皮錫瑞《師伏堂詩草》，清光緒三十年帥伏堂刻本。

Q

1.（清）錢澄之撰，彭君華校點《田間文集》，黃山書社 1998 年版。

2.（宋）強至《祠部集》，清武英殿聚珍版叢書本。

3.（清）全祖望《鮚埼亭集》，四部叢刊景清刻姚江借樹山房本。

R

1.（清）任兆麟《有竹居集》，清嘉慶二十四年兩廣節署刻本。

2.（清）阮葵生《茶餘客話》，清光緒十四年本。

3.（清）阮元校刻《十三經注疏》，清嘉慶刊本。

4.（清）阮元《曾子注釋》，清道光二十五年阮元墢經堂刻本。

S

1.（戰國）尸佼《尸子》，清平津館叢書本）。

2. 雙璞齋主人輯《四書五經義大全》，林慶彰等主編《晚晴四部叢刊》第七編第一冊，文聽閣圖書有限公司 2012 年版。

3.（北宋）司馬光編著，（元）胡三省音注《資治通鑑》，中華書局 1956 年版。

4.（西漢）司馬遷著，（南朝宋）裴駰集解，（唐）司馬貞索隱，（唐）張守節正義《史記》，中華書局 1963 年版。

5.（清）沈學淵《桂留山房詩集》，清道光二十四年郁松年刻本。

6.（梁）沈約《宋書》，中華書局 1974 年版。

7.（清）史簡《鄱陽五家集》，景印文淵閣四庫全書本。

8.（宋）史炤《資治通鑒釋文》，清十萬卷樓叢書本。

9.（北宋）蘇軾著，孔凡禮整理《蘇軾文集》，中華書局 2004 年版。

10.（清）孫星衍《孫淵如外集》，《清代詩文集彙編》第 436 冊，上海古籍出

版社 2010 年版。

11. （清）孫雄《道咸同光四朝詩史》，清宣統二年刻本。

12. （清）孫雲錦修；吳昆田、高延第纂；荀德麟、周平等點校《光緒淮安府志》，方志出版社 2010 年版。

T

1. 譚新紅《清詞話考述》，武漢大學出版社 2009 年版。

2. （清）陶澍《陶文毅公全集》，清道光刻本。

3. （東晉）陶淵明著，逯欽立校注《陶淵明集》，中華書局 1979 年版。

4. （元）脫脫《宋史》，中華書局 1977 年版。

W

1. 汪兆鏞《汪兆鏞文集》，廣東人民出版社 2015 年版。

2. （清）汪中《述學》，四部叢刊景無錫孫氏藏本。

3. 王及編校《柯九思詩文集》，中國美術學院出版社 2004 年版。

4. （唐）王績著，韓理洲點校《王無功文集》，上海古籍出版社 1987 年版。

5. （晉）王嘉《拾遺記》，明漢魏叢書本。

6. （清）王聘珍解詁，王文錦點校《大戴禮記解詁》，中華書局 1983 年版。

7. （清）王士禎《香祖筆記》，景印文淵閣四庫全書本。

8. （清）王士禎《居易錄》，景印文淵閣四庫全書本。

9. （明）王世貞《讀書後》，景印文淵閣四庫全書本。

10. 王錫祺編纂《山陽詩徵續編》，陝西人民出版社 2011 年版。

11. 王欣夫撰，鮑正鵠、徐鵬標點整理《蛾術軒篋存善本書錄》，上海古籍出版社 2002 年版。

12. （清）王廷燦《似齋詩存》，清刻本。

13. （清）王先謙《虛受堂文集》，朝華出版社 2018 年版。

14. （元）王沂《伊濱集》，景印文淵閣四庫全書本。

15. （清）王引之《經義述聞》，上海古籍出版社 2018 年版。

16. （宋）王應麟著，（清）翁元圻注，欒保群、田松青、呂宗力校點《困學紀聞》，上海古籍出版社 2008 年版。

17. （宋）王應麟《通鑒答問》，景印文淵閣四庫全書本。

18.（宋）王應麟《姓氏急就篇》，景印文淵閣四庫全書本。

19.（清）王源《居業堂文集》，《畿輔叢書》本。

20. 王晫《今世說》，古典文學出版社 1957 年版。

21.（北齊）魏收撰《魏書》，中華書局 1974 年版。

22.（清）魏裔介《兼濟堂文集》。

23.（唐）魏徵《隋書》，中華書局 1973 年版。

24.（宋）吳處厚撰，李裕民點校《青箱雜記》，中華書局 1985 年版。

25.（清）吳肅公《街南文集》，《四庫禁毀書叢刊》集部第 148 冊，北京出版社 1997 年版。

26.（清）吳肅公《街南續集》，《四庫禁毀書叢刊》集部第 148 冊，北京出版社 1997 年版。

27.（清）吳趼人著，劉敬圻主編《吳趼人全集》（詩·戲曲·雜文），北方文藝出版社 2019 年版。

28.（明）吳應箕《樓山堂集》，清粵雅堂叢書本。

X

1.（南朝梁）蕭統《文選》，胡刻本。

2.（南朝梁）蕭子顯《南齊書》，中華書局 1972 年版。

3.（清）徐寶善《壺園詩鈔選》，清道光刻本。

4. 徐成志、王思豪《桐城派文集敘錄》，安徽大學出版社 2016 年版。

5.（宋）徐積《節孝先生文集》，明嘉靖四十四年刻本。

6.（清）徐繼畬《瀛寰志略》卷四《歐羅巴·俄羅斯國》（上海書店出版社，2001 年）。

7.（清）徐嘉《味靜齋詩存》，《清代詩文集彙編》第 728 冊，上海古籍出版社 2010 年版。

8.（清）徐嘉《味靜齋文存》，《清代詩文集彙編》第 728 冊，上海古籍出版社 2010 年版。

9.（清）徐乃康著，王志成編注《徐乃康集》，線裝書局 2009 年版。

10. 徐世昌《晚晴簃詩匯》，民國退耕堂刻本。

11.（清）徐兆瑋著；李向東，包岐峰，蘇醒等標點《徐兆瑋日記》，黃山書

社 2013 年版。

12.（清）徐鼒撰，〔清〕徐承禮補遺《小腆紀傳》，中華書局 2018 年版。

13.（東漢）許慎撰、（清）段玉裁注《說文解字注》，上海古籍出版社 1988 年版。

14.（清）薛福成著，蔡少卿整理《薛福成日記》，吉林文史出版社 2004 年版。

15.（戰國）荀況著，（清）王先謙集解《荀子集解》，中華書局 1988 年版。

Y

1.（清）楊賓《柳邊紀略》，中華書局 1985 年版。

2. 楊伯峻撰《列子集釋》，中華書局 2016 年版。

3.（漢）揚雄注，（清）汪榮寶義疏《法言義疏》，中華書局 1996 年版。

4.（宋）姚寬撰；孔凡禮點校《西溪叢語》，中華書局 1993 年版。

5.（清）姚鼐《惜抱軒詩文集》，清嘉慶十二年刻本。

6.（唐）姚汝能《安祿山事蹟》，清宣統三年葉氏刻本。

7.（唐）姚思廉《梁書》，中華書局 1973 年版。

8.（唐）姚思廉《陳書》，中華書局 1972 年版。

9.（南宋）葉廷珪《海錄碎事》，景印文淵閣四庫全書本。

10.（明）佚名《朝鮮史略》，景印文淵閣四庫全書本。

11.（清）余廷燦《存吾文稿》，《清代詩文集彙編》第 365 冊，上海古籍出版社 2010 年版。

12.（清）俞樾《茶香室叢鈔》卷十六《鬼媒人》，清光緒二十五年刻春在堂全書本。

13.（清）俞樾《春在堂雜文》，清光緒二十五年刻春在堂全書本。

14.（清）俞正燮撰《俞正燮全集》，黃山書社 2005 年版。

15. 袁行雲《清人詩集敘錄》，人民文學出版社 2016 年版。

16.（宋）樂史《太平寰宇記》，景印文淵閣四庫全書本。

17. 袁珂校注《山海經校注》，北京聯合出版公司 2014 年版。

Z

1.（明）曾異《紡授堂集》，明崇禎刻本。

2.（清）曾國藩《曾文正公詩文集》，四部叢刊景清同治本。

3.（宋）曾慥《類說》，景印文淵閣四庫全書本）。

4.（清）張際亮《思伯子堂詩集》，清刻本）。

5.（清）張九鉞《紫峴山人全集》，《續修四庫全書》第 1443 冊，上海古籍出版社 1996 年版。

6.（明）張溥《七錄齋詩文合集》，明崇禎九年刻本。

7.（清）張琦《宛鄰集》，清光緒盛氏刻常州先哲遺書本。

8. 張謇著，李明勳、尤世瑋主編《張謇全集》第 6 冊《藝文雜著》，上海辭書出版社 2012 年版。

9. 張舜徽《清人文集別錄》，華中師範大學出版社 2004 年版。

10.（清）張廷玉《明史》，中華書局 1974 年版。

11.（清）張文虎《舒藝室雜著》甲編，清光緒刻本。

12.（清）趙翼《簷曝雜記》，中華書局 1982 年版。

13.（清）張瑛《知退齋稿》，《清代詩文集彙編》第 694 冊，上海古籍出版社 2010 年版。

14.（明）趙弼《雪航膚見》，《四庫全書存目叢書補編》第 94 冊，齊魯書社 2001 年版。

15. 趙椿年《覃研齋師友小記》，沈雲龍輯《中和月刊史料選集》，沈雲龍主編《近代中國史料叢刊》第 60 輯，文海出版社 1973 年版。

16.（民國）趙爾巽等撰《清史稿》，中華書局 1977 年版。

17.（清）趙懷玉《亦有生齋集》，清道光元年刻本。

18. 趙所生、薛正興主編《中國歷代書院志》第 11 冊《南菁講捨文集》，江蘇教育出版社 1995 年版。

19. 支偉成《清代樸學大師列傳》，嶽麓書社 1998 年版。

20.（清）周廣業《孟子四考》，清乾隆六十年省吾廬刻本。

21.（清）周壽昌撰，李軍政標點《思益堂日札》，嶽麓書社 1985 年版。

22.（清）朱壽朋《東華續錄》，清宣統元年上海集成圖書公司本。

23.（宋）朱熹《資治通鑒綱目》，景印文淵閣四庫全書本。

24.（清）朱彝尊《曝書亭集》，四部叢刊景清康熙本。

25.（宋）祝穆《事文類聚》，景印文淵閣四庫全書本。

26.（戰國）莊周著，（清）郭慶藩集釋，王孝魚點校《莊子集釋》，中華書局2016 年版。

27.（南朝梁）宗懍《荊楚歲時記》，民國景明寶顏堂秘籍本。

附錄一：陳玉澍傳記資料

李詳《陳惕庵》 [註1]

　　鹽城陳惕庵玉樹，以孤生崛起海表。博聞強識，志行卓然。以史學兼經學，為文皆見實際。文宗《鮚埼亭集》，而較有畔岸。惕庵於經有《毛詩異文箋》、《爾雅釋例》；於史有《卜子夏年譜》、《光緒鹽城縣志》；於子有《教育芻言》、《民權釋惑》；於集有《後樂堂集》；著書滿家。卒年僅五十有四。惕庵優貢同年中，如江建叔、謝鍾英皆早世，惕庵繼之。其得第尚存者，江寧魏家驊耳。惕庵受知師，為黃漱蘭、王逸梧、黃元同、繆藝風諸先生。以禮聘惕庵者，則有岑西林制府、柯遜庵中丞、程雨亭都轉、徐積余觀察諸君。惕庵文集，其友同邑馬君為瑗，官畿輔，移書於余，謂「重編惕庵集，非君莫屬」，致寫官之費二百貫。余數年來，核定不下百篇，皆可繕寫。當時欲為惕庵謀儒林一席，今則已矣。惕庵之文，有過傷繁富者，有顯觸時忌者，余擬編為惕安內外集，以質於世。惕安與余定交，在光緒辛卯，其後益密，歡樂恤夷，歷久無間。余為撰墓銘，藝風採入《續碑傳集·經學門》中，廁於曲園先生及吾鄉趙君蓉裳之間。余籍以報惕庵，庶幾古人所謂死友也。惕庵光緒戊子科優貢生，旋中本科舉人。從子名宗諴，謹守惕安家法，亦與余善。

〔註1〕李詳《藥裏慵談》卷二，《李審言文集》，江蘇古籍出版社 1989 年版，第 650 頁。

李詳《清故舉人大挑教諭揀選知縣惕庵陳君墓志銘》〔註2〕

　　惕庵先生既沒之三月，余為哭者再。念君所識海內諸子，零落泰半；其存者，又相距絕遠。遺孤僅五歲，不克奉其先人行狀，乞文當世。今葬有日矣，自諗與先生交二十年，情好款密，共歷夷險，疇昔之雅，不異昆弟。其幽情摯行，有獨為余所窺者，若以閟默，不著其烈，負我知己，為戾益顯。乃敬摭其門人姚君所為狀，而書曰：

　　君姓陳氏，諱玉樹，後更名玉澍，自詭以時雨潤物，有濟於世。世為淮安府鹽城縣人。考諱蔚林，縣學生，以善洽《毛詩》鳴，有《詩說》二卷，長沙王祭酒為志其墓，謂「能與高郵大師王氏父子相翕應」者也。君治經，首通訓故，求其涉於經世之用，漸漬於史，故其為文，馳辨博喻、取證前古、爛然溢目。律以國朝浙東之學，於謝山全氏為近，而原本忠孝，上承梨洲，君孤行海表，一與之合。余往謂鹽城得縣以來，自臧子源、陸君實後，文章行義，未有如君者。君之遺書具在，有不訶余為諛君墓，始可語此。庸人善構同異，厚誣君子，詎容一一相責？要余為能知君，逝者未淹，庶其無恨。君自少時，讀書辨志，躬賴貧儉，雖遭困阨，浩然之氣不為之奪。平生之學，一以墨氏為宗，摩頂至踵，若狗新戚，及其智索能盡，往往流涕奔訴，然後即安。故始之為君危者，旋復交口頌君，不知君所捍禦，非為身謀。既沒之後，尚有議其「堅持己是，匪石可轉，義故驅扇，四友闕如」者，要皆不足為君病也。君之樹續鄉里，若修天妃閘、請罷設臺捐、嚴定米禁諸役，皆焦神苦思，親犯不韙，以一儒生號呼當路，咸亮其志，俾底於成。蕭然往來，絕口榮譽，清如夷、惠，勇過賁、育，非君孰能任之？病既危篤，囈胡囈語，猶以米禁為念，君之堅識，斷可見矣。君應兩廣制府西林岑公之招，未幾，以風痺歸，歸未數月而沒。精銷志耗，輕客瘴鄉，遂以賫恨重冥，垂沒猶視，祝予之歎，古今同揆。悲夫！悲夫！君以府學廩生，舉光緒戊子科優行貢生，旋中本科舉人，大挑教職，不赴。其書已行者：《毛詩異文箋》、《鹽城縣志》、《後樂堂集》、《民權釋惑》、《教育芻言》、《欽定勝朝殉節諸臣錄校勘記》，凡數十卷。若《卜子年譜》、《爾雅釋例》、《米禁問答》，稿並寫定，具藏於家。君卒以光緒丙午八月四日，上距生於咸豐癸丑三月某日，得年五十有四。子宗澔，姜胥氏出。孺人張氏，有淑行，先君卒。君孝於父母，友於兄弟，睦於夫婦，信於朋友。

雖未膺一命，而窮年憂國，歎息內熱，忠實款著，竊於五倫為備，沒齒永踐，無累盛德。君與余定交以後，所詒簡牘，至數百通，抒臆論學，悉踐軌則。昔抱肺病，屢致羸困，為書要君，欲以妻子相託，慷慨往復，義存信誓。乃今執筆銘君，事會回沈，痛其何極！銘曰：植行若矩，瑰文不耀。九關閉閣，端憂霾照。羈等投汪，智窮鑿竅。秋雲翳空，雁鶩競嘯。氣沖星象，音闃蓬蓽。所忠未臨，巨卿有弔。奄委下泉，掉磬眾妙。行人式此，請謝來譙。

陳中凡《先叔父惕庵府君行述》〔註3〕

先叔父諱玉樹，字惕庵，後更名玉澍，以清咸豐癸丑年生於江蘇之鹽城，距九一公由蘇遷鹽以來十五世矣。陳氏自黃道公遭明世國變，抗節高蹈後，世有隱德。先大父以善治《毛詩》名，著《詩說》二卷，長沙王祭酒先謙志其墓，稱其精思絕詣，與高郵王念孫父子相翕應。叔父弱年授章句句，兀坐一室，據案凝思，日以為常，十年遂畢讀五經二十四史，通其大誼。以先大父嘗病嚴氏經誼叢鈔所載王述曾《毛詩》異字疏脫謭陋，所舉不逮百之一二，擬作續考，以補其闕而未就，齎志以沒。叔父上承先業，潛心蒐討，知三家字與毛異，毛與毛亦有異也。其中有今古之分，正假之別，或雜以訛俗，亦所不免。乃區別異同，考訂雅俗，成《毛詩異文箋》十卷。光緒丙戌，更肄業南菁書院，遊定海黃教諭以周門，飫聞緒論，以治群經不可不先通《爾雅》，釋《爾雅》不可不創通誼例，研治二載，就鞠為文學孫李樊郭之注，陸氏之音，邢氏之疏，及邵氏正誼，郝氏誼疏，嚴氏匡名，翟氏補郭，臧氏漢注，錢氏古誼釋地四篇注，王氏述聞，俞氏平議之說，各有所遁遁，亦並有所匡正，成《爾雅釋例》五卷。又以《爾雅》、《論語》、《詩》、《書》、《禮》、《樂》、《春秋》公、谷二傳，皆傳自卜子，無卜子則無漢儒之經學，而世儒有未譜其年者，爰起周敬王十三年，即魯襄公之三年，終安王二年，即魏文侯二十五年，成《小子年請》兩卷。此並叔父早年述造也。後此為文，更寢漬於歷史，輿地、政治、掌故，與夫百家之說，緯以經誼，故能馳辨博喻，爰證古今，奇偶錯陳，爛然溢目。當是時，海宇可稱粗安，而其詩文優殷語迫，恒有《兔爰》、《苕華》之慨。論者怪其無喪而戚。及甲午軍興，國勢凌遲，端憂早計，發為文章，語益壯烈，成《後樂堂文鈔》九卷，《詩鈔》一卷，《續鈔》九卷。大旨以變國法，正人紀，致邳治為宗。無關當時之務，六經之旨者，一切不為，律以亭林顧氏

〔註3〕陳中凡著，柯夫編《清暉集》，書目文獻出版社1987年版，第119～121頁。

之學，有同符焉。而其躬行辨志，砥礪廉隅，則黃黎洲、全謝山後，鮮等倫也。平居耽學樂道，不嘉榮利，當世公卿如淮揚海道桂林謝元福，合肥蒯光典，江西巡撫武昌柯逢時爭先禮聘，皆堅辭不就。唯丙申春，應本邑知縣鎮海劉崇照之請，纂修邑志，成《鹽城縣志》十卷。己亥，主講尚志書院。壬寅，主講縣學堂。黽勉教誨，赤心正人，氣象岩岩如泰山，而中懷慈祥惻怛，學者罔不敬而憚之。甲辰秋，應兩江總督周玉山聘，充三江師範教務長。蒞事十七日，諸生凌蔑教條，怫然競去。著《教育芻言》三卷。乙巳，佐廣東布政使山陰程儀洛幕，數月謝歸。更以兩廣總督西林岑春煊之招，再赴粵東一年。時鑒於世變日棘，國人之言民權者，號召徒眾，期於旦暮急進；而官吏則怵於禍變，務為深閉固拒，上下激蕩，浸成相持之局，則引為深憂，著《民權釋惑》二卷。思有以達民隱，澄官邪，取新舊兩說並折之。其他指陳時弊，關係學術治道之文，凡數百首，具見於所著《後樂堂文鈔》三集中。天性純摯，孝於兩親，友於昆弟，睦於室家，信於友朋，仁於眾庶。雖處困躓，遇鄉里公雄，必奮勇直前，若修石　、天妃兩閘，請罷臺捐，重申米禁，劃定民樵地界，創辦學堂諸役，皆身任其艱，焦神苦思，歷百折不少挫，卒抵於成，以儒生而類墨翟之行焉。由優貢生中式光緒戊子科舉人，大挑教諭不赴，以揀選知縣，卒於丙午秋八月四日，享年五十有四。所著《毛詩異文箋》、《卜子年譜》、《爾雅釋例》、《鹽城縣志》、《後樂堂文鈔》正續集、《後樂堂詩鈔》、《民權釋惑》、《教育芻言》，並以聚珍版印行。余《後樂堂文鈔三集》六卷，《米然問答》一卷，《汴遊筆記》一卷，《粵遊筆記》一卷，稿並家藏。孺人張氏，先叔父三年卒。子宗浩，庶叔母胥氏出。鍾凡幼侍函丈，略聞經旨，迄今學無所成，為文又不足揚丕休於百一，拭淚述此，冀備後之史氏採擇焉。

陳中凡《先君行述》〔註4〕

先君章甫甫君，諱玉冠。著籍鹽城。原籍江州，宋末遷蘇，再傳遷鹽。十四傳而至先君。奕世儒素。王考茂才公，緝熙前緒，義行昭垂，寵光之美，流稱郡志。先君過庭，備聞詩禮，仰高鑽堅，嘉稱遑爾，邦族休焉。年十九，補博士弟子員，旋食廩餼，值歲大饑，囊筆四遠，脩脯所入，煙火纔通。涵詠藝文，聲出金石。王考疾終，喪葬如禮，謹身奉母，勤養惓惓，因心則友，怡怡一室。叔父惕庵公，耽學樂道，蹈禮抗言，遭時俶擾，不忘經世，殫勤義舉，

〔註4〕陳中凡著，柯夫編《清暉集》，書目文獻出版社1987年版，第121頁。

先君戀贊襄之；遠遊粵幕，邁疾長殂。為撫孤露，底於成立。季父彤甫公早卒。（下略）

佚名《清代學人列傳》

陳玉樹，字惕庵，後更名玉澍，江蘇鹽城人。以優貢生中光緒戊子科舉人，揀選知縣。弱齡授章句，輒兀坐一室，據案凝思以為常，十年遂盡通經史大誼。父蔚林，以善治《毛詩》名，曾擬續王述曾《詩異字考》未就。於是上承先業，潛心搜討，知三家字與毛異，毛與毛亦有異也；顧其中有今古之分、正假之別，或雜以訛俗，亦所不免。乃區別異同。考訂雅俗，成《毛詩異文箋》十卷。歲丙戌，肄業南菁書院，遊定海黃微李先生門，飫聞緒論，以治經不可不先通《爾雅》，釋《爾雅》不可不創通誼例。研治三載，發明經文在上在下，文同訓異，文異訓同諸例。就犍為孫郭以下，至清儒邵、郝等注義，旁遮王氏《述聞》，俞氏《平議》，各有所遵遵，亦各有所匡正，成《爾雅釋例》五卷。又以子夏在聖門傳經最多，無子夏則幾無漢儒之經學，而年系未詳，作《卜子更年譜》二卷。繼謂：「通經不但止明訓故，要求其涉於經世之用。」更漸讀歷史奧地掌故與夫百家之說。故其為文，馳辯博喻，取證前古，爛然溢目，與清初浙東之學相近。自少時讀書辨志，雖處貧賤困厄，而浩然之氣不為之奪。慨士習之頹壞，著《教育芻言》三卷；歎民氣之囂張，著《民權釋惑》二卷；防奸商之偷漏，著《米禁芻言》一卷。均能不畏彊禦，壹意孤行。晚應兩廣總督岑公聘，歸病風痹，未幾卒，年五十四。他所著詩文有《後樂堂三集》，共二十五卷，並纂修己志十卷。

馬為瓏《丁未正月挽先師陳惕庵先生》〔註5〕

先生不世出，夙以氣節著。好撰傷時言，孤劍斬國蠹。學說騰江表，流俗為驚怖。先生豈在此，未足盡抱負。感歎昔日事，歷歷忍堪數。當其幼年時，由來天人富。讀書異群倫，挾持早有具。丙戌丁亥間，舊夢未驚寤。舉國習慣同，俗文紛馳騖。先生獨開明，學術崇掌故。吸引毛鄭髓，著述宏訓詁。進獻長沙王，頗得知己助。著有《毛詩異文箋》十卷，經王益吾祭酒刊入《南菁書院叢書》。彈指戊子時，棘苑標名譽。俗人祇涎名，詎知事實副。興利除害嚴，先生功在鄉里，如修閘以利農，興學以造士，是其落落大者。其他設施不可枚舉。桑梓彈義務。

〔註5〕馬為瓏《瀛洲淚》，普及書局 1910 年版，第 7～9 頁。

戊戌變政疾，駭異及歸孺。先生竊心歡，但惜行之遽。此時杜里門，生徒如雲聚。宗旨尚單純，新舊交相顧。遠近高材生，聞風多景附。庚子惑頑民，巨亂危君父。憂憤作罪言，力破其中誤。著有《罪言》十篇，刊入《後樂堂文鈔續篇》。乙巳塵夢驚，新政無基礎。百端循次革，組織新政府。誰知草莽臣，大文已詳數。更探富強源，立憲為原素。援古釋民權，大惑頓超悟。著有《民權釋惑》兩卷。洋洋經世文，經史為根據。平生著作多，集點在此處。先生志行高，遺說溯炎武。既讀萬卷書，復航萬里路。弱冠溯長江，山水添奇趣。過訪退省庵，擁彗隆禮遇。先生弱冠後講學瓜步，謁彭剛直公於焦山，慨譚時局，頗蒙贊許。繼作京師遊，意氣高馳騁。黯黯燕山雲，莽莽薊門樹。觸目哀感多，戚戚無歡緒。拂袖甫歸來，片帆潯江渡。高閣壯登臨，江門覽厭飫。柯遜庵中丞時為贛藩，電聘先生為江西高等學堂教務長，先生因與某中丞意見齟齬，婉言謝去。乘興一入豫，暫為十日駐。夷門月色寒，汴水濤聲怒。遊興尚未闌，嶺南復兩度。諫草苩蔥蔥，風霜生節署。西林禮貌恭，意見同水乳。乙巳冬，應粵督岑雲階宮保之聘，入幕掌奏疏。先是，癸卯秋，程雨亭方伯延先生入粵，為課吏館總教。勾留未幾時，道躬竟不豫。惚惚浮海歸，旅蹤暫滯滬。此中賢豪多，聞名趨如鶩。力疾時局談，相對生唏噓。時鄭蘇龕京卿、湯蟄先都轉、張季直殿撰均在滬，與先生往還甚洽，而季直殿撰情義尤摯。繼有秦越人，無法能調護。爰聽黃鳥詩，昭陽兩月住。我時自東歸，見我淚痕注。中腸愁緒多，對我不能語。多言不能言，知是病沉痼。淹留一月餘，痛哉竟大去。噩耗方驚傳，道路咸酸楚。況是小子心，私痛向誰訴。春風十載遊，曾學邯鄲步。未待羽毛豐，稚翮欲遠翥。眼高力不足，時艱日已暮。茫茫人海中，疇是良師傅。恐我難成立，馳書苦勸論。只料生別多，誰知死離苦。送喪愧未能，聞之尤心沮。溽暑我休歸，定展先生墓。區區小子心，綿綿哀詞布。

林懿均修；胡應庚、陳中凡纂《續修鹽城縣志》所載《陳玉澍傳》

　　陳玉澍，字惕庵，原名玉樹。由優貢生中式，光緒戊子科舉人。大挑教諭不赴。父蔚林善治毛詩，前志有傳。玉澍上承先業，潛心搜討，知三家詩字與毛異，毛與毛亦多不同，其間有今古之別、正假之分，或雜以訛俗，莫可究詰，乃區別異同，考訂雅俗，成《毛詩異文箋》十卷（《毛詩異文箋·自敘》）。光緒丙戌，肄業南菁書院，遊定海黃以周門，飫聞緒論，以治經不可不先通《爾雅》，釋《爾雅》不可不創通誼例，研治二載，成《爾雅釋例》五卷（《爾雅釋例·自敘》）。又以《爾雅》、《論語》、《詩》、《書》、《禮》、《樂》、《公》、

《穀》二傳皆傳自卜商，無卜子則無漢儒之經學，世未有譜其年者，成《卜子年譜》兩卷（《卜子年譜·自敘》）。中年為文，更浸漬於歷史、輿地、政治掌故與夫百家之說，續以經誼，故能馳辯博喻，援證古今，奇偶錯陳，爛然溢目。當是時，海宇可稱小休，而其詩文憂殷語迫，恒有《兔爰》、《苕華》之慨，論者怪其無喪而戚。及甲午中日軍興，國勢陵遲，端憂早計，發為文章，語益壯烈，成《後樂堂文鈔九卷》、《詩鈔》一卷、《續鈔》九卷，大旨以明人道、變國法、致郅治為宗。平居耽學樂道，不慕榮利，當時公卿如淮揚海道謝元福、蒯光典，江西巡撫柯逢時，爭先禮聘，皆堅辭不就。惟癸巳春，應本邑知縣劉崇照之請，纂修縣志，成《鹽城縣志》十〔七〕卷。丙申、己亥先後主講尚志書院，壬寅主講縣學堂，黽勉教誨，赤心正人，氣象巖巖如泰山，而中懷慈祥惻怛，學者罔不敬而憚之。甲辰秋，應兩江總督周馥聘，充三江師範教務長，蒞事十七日，諸生凌蔑教條，怫然竟去，著《教育芻言》三卷。癸卯，佐廣東布政使程儀洛幕，數月謝歸。乙巳秋，更以兩廣總督岑春煊之招再赴廣東一年（姚冠湖撰《陳惕庵先生傳》）。時鑒於世變日棘，國人之言民權者號召徒眾，期於旦暮急進，不惜以國家為孤注，官吏則怵於禍變，務為深閉固拒，上下激蕩，浸成相持之局，引為深憂，著《民權釋惑》二卷，思有以達民隱、澄官邪，取新舊兩者之說並折之（《民權釋惑·自敘》）。其他指陳時弊、關係學術治道之文凡數百首，具見《後樂堂文鈔三集》中。玉澍天性肫摯，孝於兩親，友於昆弟，信於友朋，雖處困躓，遇鄉里公益必奮勇直前，若修天妃、正越兩閘，請罷臺捐，重申米禁，劃定民樵地界，創辦學堂，諸役皆身任艱鉅，焦神苦思。以一儒生號呼當路，咸亮其志，俾底於成。蕭然往來，絕口榮譽，類墨翟之行焉（略本李祥撰墓志銘）。以揀選知縣，卒於光緒丙午秋八月四日，年五十有四。

印鸞章題識 〔註6〕

士之能立身修己、憲章前哲者，必其無忘前人所論著，而不悖師之本旨者也。則小子鸞有深愧焉。光緒甲辰，小子鸞遊學顧穆之先生之門。先生詔鸞曰：「吾鹽惕庵陳先生，江淮間大師也。論著至多，自《後樂堂文鈔》刊行外，有若《爾雅釋例》、《毛詩異文箋》、《卜子年譜》等稿，皆為希世之作。」

〔註6〕《雪堂叢刻》本《卜子年譜》卷首有陳玉澍自序，後附印鸞章題識。（《叢書集成續編》第 36 冊，上海書店出版社 1994 年版，第 583 頁）

鸞竊志之。乙巳春，穆之先生逝。陳先生率門弟子若干人來弔，撫棺慟哭。維時，鸞始獲識先生面。是年冬，先生有粵遊，越明年歸；感疾，卒於家。鸞聞痛甚。歲己酉，鸞以事之滬，與建業江楚間學士大夫遊，每道及先生名，靡不悲其遇而景其學。甲寅夏，先生姪鍾凡自燕京來，謀刊先生遺稿。未幾，以《卜子年譜》兩卷至，附函謂：「此書《序言》曾載《國粹學報》第五十五期，順德鄧秋枚《跋》尾云：『鹽城陳君，以孤貧特立，發名海濱。此《年譜自序》一首，李君寄余，先刊報中。年譜之學，貴能排比事類，廣集左證；雖有不合，其相距亦不甚遠。有求勝之者，惟顯有證據始能更之。況卜子遠在周世，所恃僅經史輿地之書，搜集最錄，尤屬不易。陳君於此，幾經探索，始有初稿；後據他書改定，鉤乙跨勒跡如亂絲，複審正而始付繕寫。先印此序，亦可見陳君學術之大凡。」云云。當時讀者頗以未窺全豹為憾。今商請羅叔言先生，以全帙校勘鋟梓。俾世之識先生者，得益明先生之學；而小子鸞亦可稍告無罪於無忘前人所論著，而不悖師之本旨焉。乙卯正月，鹽城印鸞章謹識。

支偉成《清代樸學大師列傳・皖派經學家列傳第六・陳玉樹》[註7]

　　陳玉樹，字惕庵，後更名玉澍，江蘇鹽城人。以優貢生中光緒戊子科舉人，揀選知縣。弱齡授章句，輒兀坐一室，據案凝思以為常，十年遂盡通經史大誼。父蔚林，以善治《毛詩》名，曾擬續王述曾《詩異字考》，未就。於是上承先業，潛心搜討，知三家字與毛異，毛與毛亦有異也；顧其中有今古之分、正假之別，或雜以訛俗，亦所不免。乃區別異同，考訂雅俗，成《毛詩異文箋》十卷。

　　歲丙戌，肄業南菁書院，遊定海黃徹季先生門，飫聞緒論，以治經不可不先通《爾雅》，釋《爾雅》不可不創通誼例。研治三載，發明經文在上在下、文同訓異、文異訓同諸例。就犍為孫郭以下，至清儒邵、郝等注義，旁遮王氏《述聞》、俞氏《平議》，各有所遵遁，亦各有所匡正，成《爾雅釋例》五卷。又以子夏在聖門傳經最多，無子夏則幾無漢儒之經學，而年系未詳，作《卜子夏年譜》二卷。繼謂：「通經不但止明訓故，要求其涉於經世之用。」更漸讀歷史輿地掌故與夫百家之說。故其為文，馳辯博喻，取證前古，爛然溢目，與清初浙東之學相近。

　　自少時讀書辨志，雖處貧賤困厄，而浩然之氣不為之奪。慨士習之頹壞，

〔註7〕　支偉成《清代樸學大師列傳》，嶽麓書社 1998 年版，第 121～122 頁。

著《教育芻言》三卷；歎民氣之囂張，著《民權釋惑》二卷；防奸商之偷漏，著《米禁芻言》一卷。均能不畏強御，壹意孤行。晚應兩廣總督岑公聘，歸病風痹，未幾卒，年五十四。他所著詩文有《後樂堂三集》，共二十五卷，並纂修己志十卷。

劉聲木《桐城文學淵源考》〔註 8〕

陳玉澍，原名玉樹，字誦芬，號惕庵，鹽城人。光緒戊子舉人，官候選教諭。師事張兆麟，受古文法。其文志在經世，類多指陳時弊，謀所以挽救之術，精悍激壯，紀時事有史才。撰《後樂堂文鈔》九卷、《文類續鈔》九卷、《附錄》一卷、《詩存》一卷。《寒松晚翠堂全集》、《後樂堂詩文鈔》、又《文鈔續編》、《教育芻言》、《卜子年譜》、《毛詩異文箋》、《鹽城縣志稿》、《莨楚齋書目》、《續補匯刻書目》、《續補碑傳集作者紀略》、《國學圖書館年刊》。

趙椿年《覃研齋師友小記》〔註 9〕

與余同時住院者……鹽城陳惕菴玉樹通經史，治古文，精義瑰詞，必傳於後。

翁同龢書札（光緒二十五年五月十四日，1899 年 6 月 21 日）〔註 10〕

山中歸，得手筆，幼楞婦病漸愈。圖南之計暫息，惟羈孤可念。陳惕庵洵佳士哉！其名似是玉樹，便中示知。瞿屋亟修募，摺韮還，黃煙承惠。昨日歸舟，幸未遇雨，然鬱熱，想均安。愚明後日赴西山，體中頗適，不一一。金門吾甥。松禪頓首。十四。

徐兆瑋《徐兆瑋日記》

《庚子日記》〔註 11〕

光緒二十六年（1900）七月十四日癸丑（8 月 8 日），晴。《申報》載，

〔註 8〕劉聲木撰，徐天祥點校《桐城文學淵源考》卷十一，黃山書社 1989 年版，第 346 頁。

〔註 9〕沈雲龍輯《中和月刊史料選集》，沈雲龍主編《近代中國史料叢刊》第 60 輯，文海出版社 1973 年版，第 284 頁。

〔註 10〕李紅英《翁同龢書札繫年考》，黃山書社 2014 年版，第 238 頁。

〔註 11〕此兩則承蒙薛超睿兄告知，分見（清）徐兆瑋著；李向東，包岐峰，蘇醒等標點《徐兆瑋日記》，黃山書社 2013 年版，第 194 頁、第 293 頁。

（下略）又載鹽城陳惕庵同年《玉樹罪言》，頗辨博，其文云：中國賊民之作亂也，始於蚩尤；賊民之假託於義也，賊民之詭稱神術也，亦始於蚩尤。蚩尤者，作亂於炎帝之末、神農之初者也。應劭以蚩尤為古天子，司馬貞以為古諸侯，孔氏《尚書傳》以為九黎之君，陰遁甲以為炎帝之後，而《大戴禮》載孔子之言，謂蚩尤是庶人之強者，又謂是庶人之貪者。然則蚩尤乃盜跖、莊蹻、赤眉、銅馬之流，此則中國賊民之最古者也。《尚書》言，蚩尤惟始作亂，延及於平民，罔不寇賊，鴟義奸宄，奪攘矯虔。孔氏以鴟義為鴟梟之義，蔡氏謂以鴟張為義，鴟張、鴟梟而猶可謂之義乎？此則假託於義之最古者也。或謂蚩尤八十一人，並獸身人語，銅頭鐵額，食沙；或謂蚩尤人聲牛蹄，四目六手，齒長二寸，骨如銅鐵，頭有角；或謂蚩尤出自羊水，八股八趾；或謂蚩尤能作雲霧，或謂蚩尤請風伯、雨師縱大風雨以御黃帝。則蚩尤可謂神怪之尤。而孔子則謂蚩尤惛欲，無器之能作，其並無神怪可知。彼蓋自誇神怪以誑平民，如王莽時能飛不食之類，此則詭稱神術之最古者也。今之義和拳匪，為白蓮教之支流餘裔賊民也，賊民而曰義和，則蚩尤之鴟義也。自謂有神術，能御槍炮，此亦銅頭鐵額、食沙之類，無一可信者也。如曰真義民，何以毀鐵路、斷電竿、焚官署、毀莊鎮、掠貨財，圍攻郡縣，殺副將楊福同以及兵弁，而平民之罹其害者且不可勝數？此與蚩尤之寇賊奸宄、奪攘矯虔何異乎？如曰真有神術也，何以斫之以刀則立斃，擊之以槍則立僕？天津、落垡、楊村之戰，拳匪死者數千人，連珠快槍、克虜伯大炮盡為洋兵所奪，不能驅使鬼神，負之而奔也？此與蚩尤之殪於中冀何以異乎？夫賊民作亂，作亂則假託於義，詭稱神術，此中國中天以上所已有。後世如張角、張魯、黃巢、方臘之類，見於史書者不可枚舉，實為習見不怪之事。而吾所怪者，內而王公，外而畿輔宿將，皆以其義為真義，皆以其神為真神，始則撫之，繼則用之，橫挑強敵，輕起兵端，置曲直強弱眾寡於不問，致國家有殆哉岌岌之勢，猶驁然自得，而無改圖悔禍之思。此則開闢以來之所未聞，二十四史之所未睹也。夫有熊初起時，炎帝榆罔，方侵凌諸侯，用兵無已。帝乃修德振兵，與戰於阪泉之野。使以蚩尤為義將，遣風後、力牧等齎詔撫之；使以蚩尤為神將，遣應龍驅而用之。此亦炎帝之一勁敵也，而乃攻之於涿鹿之野，殺之於凶黎之谷，豈非以蚩尤侵暴天下，兼併諸侯，為天地所不容、人神所共憤哉？今者，義和拳匪之侵暴諸國也，猶蚩尤之侵暴諸侯；黃帝戮蚩尤以安諸侯，中國滅拳匪以安諸國，則諸國與中國和好如故，可免

處氾居斟之禍。非然者始終高其義、神其術，必欲用其人以抗數國之師，此猶榆罔尊崇蚩尤，令其居少顥以臨四方，蚩尤得益肆其惡，而大為諸侯害也。蚩尤既誅，榆罔遂為諸侯所廢，當國者其毋使英、俄成涿鹿之功，而使我中國大皇帝為榆罔也哉！

三月十五日（5 月 3 日），陰。下午霽。

《申報》載：鹽城陳惕庵呈都察院請代奏書，條陳七事：一曰知恥。請將諭旨所謂昌平、宣化間，朕侍皇太后，素衣將敝、豆粥難求者，繪之為圖，刊印數萬張，內則懸之宮禁殿廷及府部寺院各署，外則頒發各直省府廳州縣、大小文武衙門，以激發其仇恥勇猛之心。二曰降尊。請皇上貶損舊儀，勤見臣民，許大臣坐而論道，小臣立而敷陳，奏疏賀表嚴禁頌揚體式，違誤無容議處。三曰貴民。宜先定州縣貴民之制，除鞫盜使跪外，若詞訟之兩造、中證皆立而待訊，上若臬司府道，下若佐貳雜職，皆同此制。四曰教胄。請飭師傅與大阿哥同遊日本，增其學識，在京各國使臣亦當時相接見，略與周旋，庶各國不以端王獲咎之重妄生擬議。五曰循序。六曰持久。謂變政不宜太驟，而當持之以恆。七曰宥過。請將已革翰林院編修某加恩釋放，作四海敢言之氣。篇末推本於審擇良相而久任之，乃興國之要領，自治之根源，頗中肯綮。編修某即指沈北山也。惕庵治古文有聲，此文亦暢達切用，非掇拾康、梁余唾者所能望其肩背也。

《棟秋館辛丑日記》〔註12〕

光緒二十七年（1901）五月二十五己丑（7 月 10 日），陰雨

陳惕庵《擬上皇帝書》：秦法之禍後世有八。而張守節所言，置郡縣、廢井田始為伏臘。置丞相、太尉、御史大夫等官，至隋唐不改者皆不與焉。首功之慘、夷族之刑、嬪御之眾、宮殿之多、陵寢之侈之始於秦者亦不與焉。其一曰納粟拜爵，其二曰文武分途，其三曰杜窒言路，其四曰任用宦寺，其五曰自尊而卑民，其六曰自尊而卑臣，其七曰群臣頌揚稱聖，其八曰任法而重吏。議論極透闢，可謂戛戛獨造。

蔡雲萬《蟄存齋筆記·潘四農》〔註13〕

長沙王益吾祭酒選刊江浙制藝名家得十三人，先生居首，吾鹽陳惕庵孝廉為殿。

〔註12〕（清）徐兆瑋著；李向東，包岐峰，蘇醒等標點《徐兆瑋日記》，黃山書社 2013
　　　年版，第 309 頁。
〔註13〕蔡雲萬《蟄存齋筆記》，上海書店出版社 1997 年版，第 41 頁。

阿英《鹽阜民族英雄傳》卷四《陳玉澍傳》〔註14〕

陳玉澍，字惕庵，原名玉樹，鹽城人。光緒戊子科舉人。早年治經，著《毛詩異聞箋》十卷，《爾雅釋例》五卷。中年後，浸漬於史、地、政治、掌故，百家之說，緯以經誼，馳辨博喻，援證古今，奇偶錯陳，爛然溢目。以國勢凌遲，所為詩文，多憂殷語迫。甲午中日戰起，義憤尤激。著《甲午重有感》諸詩文成帙，抗日詆奸，語極壯烈。與黃公度甲午諸什，堪稱伯仲。又纂《鹽城志》十七卷，於鄉先烈陸秀夫史實，廣徵博考，激勵民族氣節。為人急公好義，遇鄉里公益，心奮勇直前。若修天妃、正越兩閘，請罷臺捐，重申米禁，劃定民樵地界，創辦學堂，皆身任艱巨，焦神苦思。光緒丙午卒，年五十有四。所著有《後樂堂文鈔》九卷，《詩鈔》一卷，《續鈔》九卷，《三集》十六卷，合其他諸著，共凡八十卷。

阿英《東坎遊蹤》

九月七日　星期一　晴

漱洗後，乃讀龐老《古愚詩文鈔》〔註15〕。文集中，有《覆陳惕庵先生書》一通，知彼曾師事惕庵。惕庵為清季鹽城詩人，著有《後樂堂文集》。全書未見，余僅於近人詩話中，得讀其有關甲午戰役詩歌，曾輯其重要者，編入《近百年中國國難文學史》（未刊）。當時在滬，曾遍覓該書不得。今既獲此線索，當一詢之，龐老或藏有此書，未可知也。按：惕庵名玉樹，鹽城舉人。〔註16〕

九月十九日　星期六　晴

晨餐後，至邊胥董訪王闌西同志，並還阜寧新、舊志。值去教書，未遇。留條再借《山陽志》、《漣水志》、《鹽城志》，因欲就此機會將各書倭寇、《南明史》及《鹽城志》中之陳惕庵傳抄出也。〔註17〕

九月二十日　星期日　晴

王闌西同志託楊帆同志帶來《續修鹽城縣志》，缺首冊。所幸《陳惕庵傳》（卷十二）及其著書目（卷十三）無缺：

〔註14〕阿英《阿英全集》第四卷，安徽教育出版社2003年版，第251～252頁。
〔註15〕按：此書俟訪。
〔註16〕阿英《阿英全集》第十一卷《敵後日記》第三卷《東坎遊蹤》，安徽教育出版社2003年版，第265頁。
〔註17〕第283頁。

　　陳玉澍，字惕庵，原名玉樹。由優貢生中式，光緒戊子科舉人。大挑教諭，不赴。父蔚林，善治《毛詩》。玉澍上承先業，潛心搜討，知三家詩字與毛異，毛與毛亦多不同，其間有今古之別，正假之分，或雜以訛俗，莫可究詰。乃區別異同，考訂雅俗，成《毛詩異文箋》十卷。（《毛詩異文箋·自序》）光緒丙戌，肄業南菁書院，遊定海黃以周門，飫聞緒論，以治經不可不先通《爾雅》，釋《爾雅》不可不創通誼例，研治二載，成《爾雅釋例》五卷。（《爾雅釋例·自序》）又以《爾雅》、《論語》、《詩》、《書》、《禮》、《樂》、《公》、《穀》二傳，皆傳自卜商。無卜子則無漢儒之經學，世未有譜其年者，成《卜子年譜》兩卷。（《卜子年譜·自敘》）中年為人，更浸漬於歷史、輿地、政治、掌故與夫百家之說，緯以經誼，故能馳辯博喻，援證古今，奇偶錯陳，爛然溢目。當是時，海宇可稱小休。而其詩文，憂殷語迫，恒有兔爰苕華之怪論者，怪其無喪而戚。及甲午，中日軍興，國勢陵遲，端憂蕃計，發為文章，語益壯烈，成《後樂堂文鈔》九卷、《詩鈔》一卷、《續鈔》九卷。大旨以明人道、變國法、致郅治為宗。平居耽學樂道，不慕榮利，當時公卿，如淮揚海道謝元福、蒯光典、江西巡撫柯逢時，爭先禮聘，皆堅持不就。惟癸巳春，應本邑知縣劉崇照之請，纂修縣志，成《鹽城縣志》十卷。丙申、己亥，先後主講尚志學院。壬寅，主講縣學堂，黽勉教誨，赤心正人，岩岩如泰山，而中懷慈祥惻怛，學者罔不敬而憚之。甲辰秋，應兩江總督周馥聘，充三江師範教務長，蒞事十七日，諸生凌蔑教條，怫然竟去。著《教育芻言》三卷。癸卯，佐廣東布政使程儀洛幕，數日謝歸。乙巳秋，更以兩廣總督岑春煊之招，再赴廣東一年。（姚冠湖撰《陳惕庵先生傳》）時鑒於世變日棘，國人之言民權者，號召徒眾，期於旦暮急進，不惜以國家為孤注。官吏則怵於禍變，務為深閉固拒，上下激蕩，浸成相持之局。引為深憂，著《民權釋惑》二卷，思有以達民隱，澄官邪，取新舊兩者之說並析之。（《民權釋惑·自敘》）其他指陳時弊，關係學術治道之文，凡數百首，具見《後樂堂文鈔三集》中。玉樹天性肫摯，孝於兩親，友於昆弟，信於友朋，雖處困躓，遇鄉里公益，必奮勇直前。若修天妃、正越兩閘，請罷臺捐，重申米禁，劃定民樵地界，創辦學堂諸役，皆身任艱巨，焦神苦思。以一儒生號呼，當路咸亮其志，俾底於成。蕭然往來，絕口榮譽，類墨翟之行焉。（略本李祥撰《墓志銘》）以揀縣知縣，卒於光緒丙午秋八月四日，年五十有四。

　　《毛詩異文箋》十卷（刻入《南菁書院叢書》），《爾雅釋例》五卷（聚珍

版印)，《鹽城縣志》十七卷（刊版今存會友堂），《卜子年譜》二卷（刻人《雪堂叢鈔》），《民權釋惑》二卷、《教育芻言》二卷、《後樂堂文鈔》九卷、《詩鈔》一卷、《後樂堂文鈔續集》九卷（以上並聚珍版印），《後樂堂文鈔三集》十六卷、《米禁問答》一卷、《汴遊筆記》一卷、《粵遊筆記》一卷（以上未印），《勝朝殉節諸臣錄校勘記》一卷（鹽城刻本）。〔註18〕

〔註18〕第 286～288 頁。

附錄二：友朋相關之書信及詩歌

汪兆鏞《與陳惕庵書》[註1]

　　節樓迸聚，聆教飫言。別來相思，彌增結。遙惟道履沖豫，著述日降為頌。粵中人心不靖，今舉行新政，各州縣將開自治。會風氣更囂且塵上，當茲國勢積弱，原可資民氣為後盾。《書》曰：「天視自我民視，天聽自我民聽。」孔子曰：「民之所好好之，民之所惡惡之。」孟子曰：「民力貴。」惟民眾智愚賢不肖紛然錯處，而中材以下為多，故作之君，作之師，以政刑束其躬，以德禮格其心。凡納民於軌物之中者，聖帝明王用心良苦，非以愚民，實保民耳。近日民權之說興，以為一切政治興革當由民眾議定之。不知地方利病層累曲折，閱歷有素者始能知其緩急，步驟措置得宜。若草茅無知，動以自治為詞，干預政務，張皇熒惑，敗萊滋萌，流弊何可勝言？遠之顧亭林，近之馮林，一其坐而言者，未必皆可起而行。況天下之大，安得人人皆顧、馮乎？不才竊怒焉憂之。聞公近著《民權釋惑》一書，必有崇論閎議，導滯發矇。倘已鋟成，務乞賜寄，先覩為快。兆鏞伏處幕不，無所贊助。憂時感事，終日旁皇。文從行後，益無可談者。堂前雙松為曩年南皮張制府所手植，簿書迫促，欲一裏回其下而不可得，意興可知矣。匆匆詞不宣悉，惟希亮察。

〔註1〕汪兆鏞著《汪兆鏞文集》，廣東人民出版社 2015 年版，第 294～295 頁。

徐嘉《味靜齋文存》卷二

覆陳惕庵書壬午〔註2〕

伏讀來書，深惟雅意謂學校者風俗之本原，人才之所從出出；士者鄉里之翹楚，愚民所仰望也。今欲培人才，厚風俗，必先變士習。變士習必先使知廉恥，以豫遏其孳孳為利之心，而磨礪其不忘溝壑之志，而後可以言士。嗚呼！豈易言哉？六月間府試攻訐一案，事非所忍言。今之廩生與保者皆士也，皆非士也。最甚者，行類攫金，自矜得計。其次則溷泥揚波，自投穢濁。其次則和光同塵，冀分餘瀝。間有一二獨醒獨清，則又括囊無咎，不出其身以與眾抗而已。為作奸犯科者之所娼，起而擠齕之矣。覷然儒服，乃同於吏胥駔儈所為，世變安有止極？昨聞太守詳文，不誅首惡，而有牽聯，彼黨勢強，翹然力抗，一發不中，愈長恣睢於此。而言先王之教士，董戒休威，警以觿撻，別以郊遂，糾其過惡，考其德行道藝，興其賢能，使淑慝明而勸懲當，然後士習可正，民俗可厚，而人才可盛也。豈非迂論？然不抉其本原，擇一二梟桀棍以重法，則相率犯上而士不可治。嘉黨閱《袁簡齋集》三十餘卷，而獨取其一言曰：「士少則天下治。自製藝取士以來，士之以時藝進身者，大都志溫飽，放利而行，唯恐溝壑名為士而實非士也。」引今之廩保以考為利藪，恣其食暴，略無檢制，仍憂之以先王養士之法，待士之禮乎？張湘濤太史視學蜀中，勸置學田，謂川省風氣新進，謁師贄幣豐腆，學額矜貴，沿為成例，動必取盈。嘗有子弟入學，毀家太半，負債終身，雖甚孤寒，亦索常例。結費之券未剖，扣除之牌已懸。操縱皆非，無可亭決。廣諭紳宦糧民集義公捐，置買學田，計三年收穫之租，敵兩考教官廩保束脩之數，分年勻給，諸費取給於此，陋款皆為涮除。士民定議，長吏督率，舉行詳明刻石。貧士不病，冷官不饑，諸生寬然無累，然後可一心而讀書。學師廉介無求，然後可抗顏而訓士。豈惟學校之樂，抑亦化道風俗之原也。於時南川令文昌黃君際飛即持此議，首先奉行，師生同歡，確有成效。湘濤太史謂黃君賢能愛士，南川士民好義知本，敬之獎之，見諸奏牘。吾與足下手無尺寸柄，空談何補？若能於吾郡仿行此法，庶士習一變，民俗既厚，乃可言培人才。天道惡盈，禍亦不遠俯。仰今昔，物極必反。明季吳中士紳，不納國課，沿至國朝，巡撫朱國治斥革萬二千餘人，而陋俗未除，尤前事可鑒者也。廣文王君頌平，為七古一章，紀昨

〔註2〕（清）徐嘉《味靜齋文存》，《清代詩文集彙編》第728冊，上海古籍出版社2010年版，第399～400頁。

事，吾亦和韻。足下來時，當一檢閱。

覆陳惕庵書甲申〔註3〕

　　書來詢福州消息，馬江敗衄，傳聞異詞，《申報》雅不可信。前月始得樾岑，書謂海上用兵，為蠱為沙，較一切陸戰尤慘。馬江之戰，戎首孤拔為天心所厭惡也久矣。庚午年津門之變，拿破崙第三旋為德國生禽，茲和約畫押甫三日，孤拔殞於澎湖。據臺、澎、廈門探報，皆謂飲毒自盡。其實七月三日縱礮肆擊我兵輪時，即為出洋學生容尚謙燃桅礮傷右臂，即時下旗，遯出海口，而伏冥誅。白起曹翰，殆不爽已。容尚謙籍粵東，年未及冠，見所乘輪火起而將沉，勢無可遜，遽升桅燃礮，乃天牖其衷，假手以殲逆酋。大憝此子有英氣而相薄，將擢之為大副已。馬江海口，素稱天險，奇峰峭壁，勢皆外指。築臺置礮，雖鐵輪安得飛渡？船廠之燬，誤於張幼樵。請命津門六次，電復皆令勿啟釁。至逼近船廠，則何險可憑？孫古齋書來，則謂革督在閩八年，漫無部署，夷酋入署，萬姓焚轅，火光燭天，滿城震動，藩道府縣至不得入。樾岑廉訪單騎至，乃婉諭解散，立撤此圍。現奉命辦填塞海口事宜。初填鼓山林，甫以固省垣之門戶，繼填梅花廣石，以杜旁出之歧徑，最後乃查出壹江正港，總扼邑蕉五虎要衝。自奉命署理船政抵工，次日即駛赴長門，封塞壹江港道，法船頻於媽祖、澳南、箄塘等處，往來窺伺，幸未得逞。子績信來，則謂馬江之敗乃所目睹。六月初，曾解子藥過馬尾，其時法船甫二艘，我軍礮輪八九艘。至六月杪，法艦增至十一艘，我船增至十三四艘，四面環守。帥不擇將，將不練兵，烏合充額，臨陣潰逃。臺灣孤憨海外，八面受敵，非有五虎、長門、閩安、馬尾之地利也。得一劉省三爵帥指揮佈置，得曹志忠、孫開華兩鎮軍折衝禦侮，竟挫凶鋒，足見法夷雖礮利船堅，並非我朝將士所不能制，要在先除外奸內奸。外奸如洋關司事福州李姓紿誤劉帥，致有雞籠之挫。內奸則馬江六電請戰，皆誤於力主和議，甘心割地之人。是人不去，未可言戰，並不可為國。新督灑涕而來，一無佈置，俟左湘陰。湘陰乃其錦屏山也。合觀三君之書時勢如此，欲不為長沙之哭，其可得乎？去年聞閣下上書湘陰，慨陳時務，久不見報。湘陰始起，用兵浙中，尚厭人望。西征已應時折減，至此亦直暮氣耳。不以人事君，而特庇一貪庸昏懦之夫，恃為東南屏翰，新督居浦，聞閩浙之命，痛哭數日，食飲俱鮮，至為寵妾廝養之所姍誚。聞湘陰督師，乃

破涕為歡。湘陰亦有急電，關知令先發，乃發其護甘督也。敢於冒天下之公非，為琦善請建專祠，其人何治績、何將略能倚為臂指乎？中興名臣，知人善任，惟胡文忠得以人事君之義，能識人，能薦人，能造就人，剛毅開敏，為軍興以來湘潭諸帥之冠。其論說則皆惄惄然有合於聖賢之憂患，謂用人之法總須用苦人；心思才力多出於磨煉；遇事能知其艱苦曲折，亦能耐事；膏粱紈袴皆下材也。閩中債事，將帥非皆膏粱紈袴，而兼暮氣者乎？湘陰所舉督閩者，非猶是膏粱紈綺而兼。暮氣者乎？故吾謂湘陰，亦直暮氣耳，幸而和局已定，可不債轅？不幸而戰，將未堪言狀。閣下關心大局，宜多讀有用之書，為將見諸設施之地。引嶺東望，寸心如痗，臨潁神馳，書不盡意。

覆陳惕庵書丙戌〔註4〕

橐筆彭門，新知時彥登黃樓南望，未嘗不念天末故人。前年聞上書左湘陰侯相，痛言伏莽安桃海流，民風強悍，不事主業，習為拳勇，天下無事則為遊閒，有事則為戎首。若預知盜弄潢池，必將蠢動也。近年武備修明，異於道咸之際，烏合之眾憑藉未厚，又無深山幽谷可為分巢穴。精兵駐守，分別良莠，剿撫並行，尚可猝發猝殄，若鳥獸散耳。邇來聞見，乃大異此。彭城八屬，圩砦完密，當道資以火槍洋炮，名為保衛，而掠人勒贖，已見端倪。小吏豐蔀，大吏養癰，桀黠乘機，將不易制。乃或禽一土賊，徵調之符四出，露布之奏上聞，誣以萬眾豎旗，三軍苦戰，張皇勝狀，邀功濫保，乾沒餉需，兼博撫卹，蒼蒼難欺，蚩蚩暗哂，視為固有，上下相蒙，嘉昔所謂造劫之人也。閣下謂朝廷元氣不傷於夷而傷於民，嘉則謂不傷於民而傷於無恥之官幕。今之珊冠翠羽，子弟姻戚，悉居要津，邀顯秩，麋飼攫金，富埒卓程者，皆無恥之尤者也。攘夷不難，教民難。教民不難，汰無恥之官幕難。水鄉卜宅，何處桃源。養親避兵，省無長策。方存之《俟命錄》曰：「天下劫運，皆由人心貪瞋癡固結而成。聖賢之教既不能入，災異之見又不知懼。天道福善禍淫之理，有時則爽。王法有時不能及，則益以自肆。閒有小懲，不知大戒。且怨天尤人，思以詐力求勝，於是惡者愈惡而劫運成矣。貪瞋癡三者盤結而不可解，其乖戾渾濁之氣非兵火殺戮不足散之也。」又曰：「劫運之來，有造劫之人，有遭劫之人，有逃劫之人，有救劫之人。奢侈淫亂，自私自利，奸詐詭僻，皆造劫者也。同流合污，寡廉鮮恥，懷土懷惠，皆遭劫者也。存心守法，餓死不

〔註4〕第402～404頁。

敢妄為者，此逃劫之人。具民胞物與之量，撥亂反正之學，或出或處，皆救劫
之人。若夫忠臣義士，殺身成仁，持名教綱，常使天地正氣人心廉恥不至澌
滅，乃天所篤生，其功與救劫者等。若無此人，則乾坤或幾乎息矣。」嘉每誦
而愛之，敢以陳諸幾席。鄙性剛褊，不能諧俗。又以家世清貧，無一壟之植。
二百年來，無一命之祿。故亦不急求功名富貴，以適親志。春官兩上，倏得復
失，視如浮雲。然頗關心世道，於君上之安危、生民之治亂、人心之邪正、學
術之明晦、士氣之盛衰，無一刻不繫於心，而於天時人事致變之由、行己立
身處變之道，極思研究，而冀以維持於其間。嗟乎！食毛踐土，復忝科名，既
不能負戈從戎，澄清薄海，又不能抒謀獻策，翊贊皇猷。而親見牙纛諸公泄
泄沓沓，又將造劫，率臆直書，曼衍無文。閣下篤道勵志，必能載其偏激而教
正之。幸甚。不宣。

覆陳惕安書己丑〔註5〕

　　昨得手書，知仍安硯扶風具訓蒙士五徒兩姪館政非閒慨念時艱，憂形於
色。謂數年來，邸報不見諫疏。去春屠待御以言獲譴，冬間左庶子尚文又以
劾南皮相國罷官，仗馬一鳴，豸冠輒免，似非聖明時所宜有。長中外泄沓之
風，慮無以副宮庭。親政以來，勵精圖治之意，正論危言，不磨萬古。憶嘉咸
豐戊午應試都門，與尹侍御遊，親見其感激時危，封奏月數上，如《請收成命
以嚴賞罰疏籌淮河以遏賊鋒疏》、《京師本計疏》、《統籌大局疏》、《請改河營
為操防疏》，先後奏入皆施行，而於直沽夷務尤剴切直陳，章凡九上，最後以
設立夷館事連疏力爭。及軍機王大臣九卿科道會議，侍御復抗辯數百言，繼
以痛哭。當時直聲震天下，要津巨公咸憚其威棱，初未聞有鞶帶之褫。去今
不過二十餘年，世變乃一至於此。嘗讀《金史‧完顏奴申傳》云：「金自南渡
後，為宰執者往往無恢復之謀，臨事習為低頭緩語，互相推讓，以為養相體。
每見四方災異，民間疾苦，必相謂曰：恐聖主心困。事至危處，輒罷散，曰：
俟再議。已而復然。或有言當改革者，輒以生事抑之，故所用必擇頓熟無鋒
鋩易制者。北兵壓境，則君臣相對泣下，或殿上發長籲而已。兵退，則大張
具，會飲黃閣中矣。」此傳狀庸臣泄沓，萬世同流。足下從京師來，曾見有低
頭緩語、互相推讓者乎？竊位苟祿，貪而畏人，有一不養相體者乎？鋒燹告
警，第發長籲。和約甫更，張具會飲。《申報》邇來有長眠不醒之譏，天實為

〔註5〕第405～406頁。

之，謂之何哉？承平之福安能久享？天下無一事可挽回，正不知稅駕何所矣。杞憂緯恤，哀我小心。風便再賜覆音。

覆陳惕庵書己丑〔註6〕

前書促發，未盡欲言。來論謂俄人築鐵路於西伯利亞，業經二載，一旦告成，東三省兵事可蹺足而待。近日鹽梟大狷，剽賊善鬥，非綠營所能制。欲於其中物色驍桀之才，屈節納交，天下有事，號召報國。今相國微時多與此輩往來，故剿賊獲助，而恐士林有比匪之譏，且干吏議。嗚呼！足下何憂世之重而自待之輕也！嘉嘗博觀古仁人志士，處亂世、遘陽九者，有正有變。幼安遼海，元亮柴桑，正也。蟠樹其屋，先蝸其廬，閟土其室，正且變已。諸葛隆中，貞明句曲，龍門河汾，正與變泯。斯古人之極軌已。勝朝之季，夏峰徵君、易堂諸子亦嘗集眾保砦，以衛閭里，亦正也。南雷甌越，亭林秦晉，蘊生樹節，臥子成仁，年少衲衣，元恭僧服，皆變而不失其正也。祖士稚幼負贊時才略，散穀帛，鄉里兵興，統率族黨四五百家南渡，衣食與均，卒成勁旅，阻遏寇鋒。近日劉省三軍門亦招納亡命，部勒成軍，以八千人應募，光復吳會大都。若輩既負驍桀之才，必非方袍幅巾，規行矩步，能養之，斯能用之。未有家無儋石可言養，動循繩墨可言用者也。淵深魚生，山深獸往。閭巷少年，攻剽椎埋，劫人作姦，掘冢鑄幣，任俠兼併，借交報仇，篡逐幽隱，走死地如鶩者，皆為財用耳。壯士攻城陷陣，卻敵搴旗，前蒙矢石，不避湯火者，亦重賞使然也。范蠡、白圭、猗頓、烏保、巴清之流，卓程、孔邴、師任、橋姚、無鹽、韋栗諸田，鐵冶鼓鑄，魚鹽窖粟，富數千萬，僮奴桀黠，俯拾仰取，齎貸子錢，皆非閣下所能為者也。夫己氏欺飾攘功，貪罔竊位，姻婭私暱，佈滿津要，不聞求才自輔，以人事君，誤天下蒼生，一蹶不復振，而無以自善其終，何足道也。覼縷述之，為他日券。無示外人是幸。

覆陳惕庵書庚寅〔註7〕

書來，並頒到尊著《毛詩異文箋》及王益吾祭酒所撰令先君墓志銘，伏讀循繹，材猥知下，不能發明廣益，為足下豪末之助，慚悤累日。足下鳳起於海壖，慕蓬豹隱於湖曲。竊嘗歎孝義之澤長，仁人之利薄，而吾道之盛可恃也。觀祭酒之序令先君之學行，直是漢儒。其遭歲潦饑，漁樵養親，晨興懷麥餅刺

〔註6〕第406頁。
〔註7〕第406～407頁。

舟出，跣足入水，寒風剚骨，念親無所得食，困蹜不敢自休。向夕魚蝦蘆葦盈載返，歡然侍食，共飽以為常。其孝也，非俗所謂營甘旨以祿養也。於書無不窺，尤邃於《詩》，著《詩說》若干卷。如釋「思須與漕」，以「須」為「湏」誤字，「湏」是「沫」，古字沫、漕皆衛地。釋「既種既戒」，據陸氏《釋文》、《春秋左氏傳》「種種」，徐本作「董董」，以證「種」、「董」通用。種戒訓如《左傳》之「董戒」。精思絕詣多此類，直駕高郵王氏、嘉興李氏諸說而上之。足下夙承庭訓，鑽硏載籍，負笈暨陽，博訪通儒，晨夜振迅，闚窺門徑，攷證異同，引證該洽，成先人未竟之志，為不朽盛業，眠王氏述曾毛詩異字攷失於疏脫謬陋者，霄壤判矣。慕蓮之尊人衣庭先生，嘉昔為著《讓產記》，其躬耕負耒，雜傭僕間，致田萬畝，以娛衰親。親存，得優遊頤養，以散財見稱鄉里。親沒既葬，悉舉腴壤畀兩弟，自取墝埆，不能更造，致困無怨言。是亦漢儒薛包、許普之為人。求諸近世，不易一覯者也。足下與慕蓮續學砥德，味道樂施，皆能紹厥清芬，將有以大濟於世，而宏兩先人孝義之緒。庸猥如嘉，拭目以俟，尤不敢以尋常之顯揚為足下勖之。頃與慕蓮斠訂何書，風便時示履跂為幸。

覆陳惕庵書〔註8〕

中冬接讀賜書，驚悉母太夫人棄養。以吾弟之孝思錫類，菽水承顏，母太夫人貧而好施，里人感德，遽進大故，其致哀盡禮為型，四方可知也。嘉遠道悠阻，又值家慈抱恙，不克攜磨鏡具，一展生芻之敬，歉何如之！來書自責，以為驚虛聲，業隱慝，上天降罰，不自殞滅，何其言之悲痛而謙抑逾恒耶？又引《論語》之言鄙夫患得患失為好利。其前三章曰色厲內荏，曰鄉願，曰道聽塗說，皆為好名。名與利雖有清濁之殊，而其為穿窬之小人則同，久皆為風俗人心之害。伏讀再四，乃知意存乎砭世，而亦鍼鄙人之膏肓而啟其蒙也。積之不深，發之太驟，何異道塗之聽說。夙性剛褊，嫉惡如讎，而究未嘗克己寡欲。近且思外和內介，避流俗之嘲訕，則於厲荏病根隱伏未除。惟鄉願則所深恥。《孟子》第七篇所謂「似忠信」，「似廉潔」，非無可非，刺無可刺，閹然媚世，其心術伎倆更深於色厲內荏，更工於道聽塗說，而與患得患失之鄙夫殊徑而同奧。漢之孔、張、唐之六臣、五季之長樂老，始足當之。陳確庵曰：「國家盛衰，視人材消長，視教化興廢。」顧亭林曰：「目擊世趨，方知治亂之關必在人心風俗。」《孟子》所謂「經正則庶民興，庶民興斯無邪慝」。

〔註 8〕第 409 頁。

教化既廢，安望鄉願之絕於世耶？令先君訓足下曰：「欲有以異乎今人，自不好利始。欲有以同乎古人，自不好名始。」《格言寶訓》發儒先所未發，足下心得由來漸矣。駑鈍如嘉，繼自亦將時時有惕於中，而嚴其防於客感之誘，抉其根，慎其流於小人之歸，則足下之啟迪我也。卜葬何時？節哀順變，勉襄大事，用為祝規，恭候禮安。不具。

徐嘉《味靜齋詩存・感舊述事柬陳惕庵》〔註9〕

昔君和我詩，春麗聞鯨鏗。三年闕報書，鄙吝籲潛萌。憶余籍博士，鼚宇思蜚聲。鄉舉三十霜，嗒然悵虛生。隸名廣文館，如俟黃河清。窮年事筆硯，無田勞舌耕。倚閭慰吾母，折節辭名卿。回首舊遊處，戰艦懸危旌。國家金繒竭，信使輶車盟。割地久失策，款關忽稱兵。登岱覷白馬，撟目愁亡精。暮棲水雲窟，四鑒波澄明。仰見遊絲飛，百丈隨風輕。整檝遠東邁，攬袪識君誠。相攜步塵鞅，戀棧忘悲鳴。雅俗更貽誚，意氣橫相傾。捲舌謝百非，息心閉柴荊。我身已腐草，不受秋氣驚。良友貴砭頑，無遠遺老倫。聞君乃計偕，鴻雁春北征。一蜚或衝天，為世倡忠貞。

《馬廠訪俺庵》〔註10〕

叢樹交枝曲港通，雲煙墟落畫畫中。士存後樂先憂志，室有弦琴詠史風。舊好難翁招舍北，時劉琛山兄弟俱至。何年牛儈避牆東。今宵記下陳蕃榻，新月當門雁語空。

《歸寄惕庵四十韻》〔註11〕

宇宙方多難，江湖恥獨余。十年孤宿諾，一徑訪僑居。夙契陳驚座，忠規陸敬輿。忘形相爾汝，舊約伴樵漁。問路波通港，敲門月在廬。山陰非雪後，海曲正潮初。孟母登堂杏，萊妻載畚虛。商瞿人筮易，伏勝女傳書。燈影閒窗竹，盤飱小院蔬。憂時交涕淚，談往大軒渠。國事金繒誤，邊防笰鑰疏。南陂紛蟻戰，西極恣鯨呿。天地愁絕倒，陰陽紊慘舒。改絃驚禁近，折檻戮刑餘。帝里梯航潏，神州井邑墟。東封周碣石，北削漢巫閭。厝火躭高臥，空倉侈積儲。元勳成鼪鼠，名將誚黔驢。荊棘行將見，苕華歎不如。轉喉言忌諱，

〔註9〕 （清）徐嘉《味靜齋詩存》卷九「戊戌」，《清代詩文集彙編》第728冊，上海古籍出版社2010年版，第571～572頁。
〔註10〕 （清）徐嘉《味靜齋詩存》卷十「己亥」，第579頁。
〔註11〕 （清）徐嘉《味靜齋詩存》卷十「己亥」，第579頁。

扼挽視淪胥。歷數磋磨誼，惟君郇吝祛。才堪宣室室，禮辱溓郊旟。記獻無雙策，當詢第七車。艱屯思後樂，冥豫付長噓。似我宜叢莽，無材本散樗。病多求扁鵲，老至痛皋魚。日昨承縣榻，平生薄曳裾。稽文皆愧儡，煮字代菑畬。楚語心煩鬱，幽謠手拮据。敢貪梁稻美，聊事草貿茅鋤。僻壤教宜柳，綠溪便種蕖。櫺昏資爨釁，屋破補簷餘。望古嗟微管，知非早類蓬。衰齡侔幼學，孤賞勝群譽。到此常呵壁，伊誰更摯祛。用財箴節若，藏器待沽諸。霧重舟浮鷖，霜寒硯凍蜍。片帆奇震盪，四裔夢驅除。室遠神明邇，詩成志攄。歸橈狂遣興，酬報盼瓊琚。

復賜惕庵〔註12〕

至性日純懿，艱險皆夷途。昨宵有客來，言君往洪都。疾縉近著作，擊節三歎籲。舉世成膏肓，偉論標靈樞。賜言不幸中，陳諫驚萎儒。坐速神州沉，何許容吾徒。未幾復返櫂，辭聘歸故區。課耕買黃犢，陽醉歌驪駒。即茲先幾哲，已異群兒愚。我才遠不逮，我志終無殊。持心燭天日，朗如隋侯珠。幽棲不我棄，從君事沾塗。

得惕庵書卻寄〔註13〕

君從夷門歸，為文弔侯嬴。當年久駐車，屠市人咸驚。古人重酬知，今人重修名。籲嗟此何時，醉夢沉簪纓。粵西久見告，滇南失堅城。北鄰觜距壯，鯨吞及陪京。斧柯不草莽，對策空延英。歸裝未暇卸，宏願甦蒼生。歲貸粟十萬，難活瀕海氓。汎舟與築堰，圖始惟精誠。小效著鄉國，大用期昇平。白雲幻蒼狗，萬事徒吞聲。

聞惕庵歸自粵東〔註14〕

接輿歌非狂，長孺語益戇。再上皇帝書，不幸多言中。坐視誇毗流，群折邦家棟。佞臣與宦官，歷史所深痛。盈廷列仗馬，安得朝陽鳳。聞君遊嶺南，府主意深重。事棘謀宜臧，名高晚方用。憂思掩巖扉，曉角破殘夢。

張瑛《致陳惕菴》〔註15〕

惕菴先生執事，丁亥年在澄江王學使署中始聞大名，恨不一見。後見江左

〔註12〕（清）徐嘉《味靜齋詩存》卷十二「壬寅」，第604頁。
〔註13〕（清）徐嘉《味靜齋詩存》卷十三「癸卯」，第611頁。
〔註14〕（清）徐嘉《味靜齋詩存》卷十四「甲辰」，第622頁。
〔註15〕張瑛《知退齋稿》卷四，《清代詩文集彙編》第694冊，第568～569頁。

制義二十家，以執事為殿，捧讀大著，酷似前明黃陶菴先生。瑛私自念不獲見其人，得讀其文，足以見吾道之不孤，幸甚！方今士習日下，文運日衰，世運隨之。准以《易》爻，在《剝》之上九。自胡文忠、曾文正兩公騎箕以後，剝廬者多，得輿者少，近且老成宿將，日就零落，杞人之憂，諒有同心。尤可異者，士大夫苟且以取科名，瑣瑣不足論。其有號為讀書種子，又皆沉溺於乾嘉諸家，自命漢學，標新領異。問何以自治治人，茫然不解。瑛嘗發憤言，今世無真漢學。漢學之有用者，張良之學，於強忍取覆見之；蕭何之學，於養民致賢數語見之；董仲舒之學，於正誼明道數語見之；鄧禹以延攬英雄、務悅民心說光武，其學與蕭何同；淡泊、寧靜兩言，武侯之學，合內聖外王而一之。今捨其遠大，考求字句，其無用更甚於時文。時文自明以來，如於忠肅之簡切，王文成之明達，王文恪之蕭穆，歸震川之渾浩，黃忠端之奧衍，金正希、黃陶菴之峭拔雄深，本朝如湯文正、韓文懿、陸清獻及桐城二方，均足發明經義，自抒心得，言理足以嗣程朱，行文足以追唐宋大家，不得以小道目之，其人亦皆磊磊明明，坐言起行不為空言。故嘗妄擬方氏所選四書文，今日宜選續編，以挽狂瀾於既倒，如執事有意於此，盍函致長沙祭酒共商之？時事可憂，大約堅持蕭、鄧兩公之言，可以補救。天下雖大，恐無人見及此耳。貴同年費君屺懷，今秋典試浙中，可云順風揚帆，無投不利。其人亦染時尚，喜談漢學，瑛曾致書勸以熟讀陸宣公、韓文公兩家文，以為經世之用。執事以為然否？叨在神交，故敢貢其狂言。附上拙著一冊，祈為削正。如蒙賜覆祈交，敝同鄉興化沈老師處轉寄甚便。江水如帶，未知何日得親雅範。臨穎神馳，不盡。

覆陳惕庵書〔註16〕

惕菴先生執事：

接誦手書，猥以木瓜之投，獲瓊玖之報，感甚愧甚。《書》曰：「若藥不瞑眩，厥疾不瘳。」今日之病亟矣，主人諱疾忌醫，喜甘惡苦，此良醫之所以望而卻走也。瑛前書略陳脈案，未盡所懷。來書深切病源，當世和、緩，捨君其誰？附上拙著一冊，中有《奕樞膈喻》三篇，以為對病之方，未可為近世懸壺者道也。瑛少學古文，從《鮚埼亭集》入手。先兄芝佩先生授以震川、望溪兩家文，謂學此始可合時文古文為一。其時困於科舉，用力不專，未有進境。寇難以後，在金陵書局，習聞曾文正公論文之旨，近祖姬傳，遠祧震川。鄙意

〔註16〕同上，第 569～570 頁。

不以為然。震川敘述家庭瑣事，情真語摯，如清廟之瑟，一唱三歎，項思堯集序所謂「自得之道，追古人於數千載之上也」，恐未可輕貶。方、姚兩家，源流雖正，蹊徑未化。謝山文世，亦有議其未純者，歸安修能嚴氏歷指瑕疵，可謂切中。先生年及中壽而止，內集雖經手定，未及修飾。外集為門弟子編次，貪多務得，尤多可刪之作。然先生所長，一在表揚明季忠烈碑志文字，可補《明史》之缺。敘事議論，純以氣行，非拘守桐城派者所能及。一在熟於《宋元學案》，八百年來儒林墜緒，掇拾靡遺。四明自深寧、東〔註17〕發以來，文獻之傳，先生以一身承之。竊謂本朝文當以桐城、寧波為兩大宗，初學從桐城入門，不流偽體，然後參以謝山之才氣，震川之風神，以斬上溯八家、兩漢。至文正求闕齋文就桐城一派加以擴充，陽剛陰柔，兼擅其勝，實足駕乎方、姚之上。長沙王祭酒續選古文類纂，所取獨多，亦以湘鄉為本朝文後勁也。辱承下問，謹陳芻見，質之左右，以為何如？貴鄉先輩潘四農、魯通甫兩家講求經濟，當發、撚兩逆未亂以前，兩先生豫測世變，如燭照數計。執事近得其傳時文一斑，古文必有專稿，幸示我勿吝。敝門人秦毅豐，字健庭，無錫人，在揚州運使署中。執事便至郡，可以一晤。如蒙賜覆，即交敝徒可也。

覆陳惕庵書〔註18〕

接手書並大箸古文一冊，循誦再三，想見抱負不凡，文境亦清剛拔俗。惟與當事爭論是非，雖事關學校，究非所宜。春秋時，鄭子產不毀鄉校，夫子稱之，韓子頌之，蓋有監於三代以下，在位者皆惡聞其過也。執事曠觀當世有虛懷聽納如鄭大夫者乎？瑛所處之地，與執事同，大約皆在《坤》之六四，「括囊」二字謹以奉贈。拙著蒙指示瑕疵，直諫多聞，古之益友，今於執事遇之，故瑛亦不敢不盡言也。拙稿詩文一冊附呈，如有辭氣鄙倍處，祈鑒定。索居多暇，讀陳氏《蜀志》，慕司馬德操之為人，思欲步其後，塵世事滔滔，未知臥龍何在耳。執事自度於蜀漢時，為何人交遊，中有徐元直、龐士元其人乎？原明以告我，率白不盡欲言。

李詳《示覆陳惕庵玉澍》〔註19〕

帝京未復寢割荒，園據紛紛作戰場。郅破爭仇秦豎子，董逃休歎漢中郎。強

〔註17〕按：「東」，原作「束」，據文義改。
〔註18〕同上，第570頁。
〔註19〕李詳《學制齋詩鈔》卷一，《李審言文集》，第1181頁。

贏天醉詒金策，佚女臺傾墮玉筐。河上揚塵誰一諾，故應援斂有高昂。

聞惕庵三兄病小愈〔註 20〕

不接君手書，夢合常在眼。孰致憑虛言，使我雙淚潸。息耗苦未真，極目川途遠。馬生棄官歸，省視劇笑莞。起疾非藥物，誼深情可綰。茂陵著書才，流孕育靈產。皇天實相子，昌言襲篇簡。俗駕槓往來，弱子工窺覬。士安老西州，徵辟謝除版。清秋期謁君，村醪注杯盞。

陳慶年《覆陳惕庵同年書》〔註 21〕

契闊談宴，未嘗去心。邇來展奉惠書，詞意深美，極抱先施之愧。並承賜讀大著《後樂堂集》，雒誦再三，如獲拱璧。其怵心外患，消息時弊，指陳匡救，尤為昭若。發蒙回憶，前與執事白門（今南京），瞻對時尚小康，奉別以後，未及十稔，而世變之來，幾至不可思議。滄海橫流，未知所屆。憂患讀書，但有悲憤。方今軍國，受病已深。究論本原，數語可盡，詳說纖悉，局中或迷英人。當道光中葉，分道遣員，專查積弊，編錄成冊，示眾周知。今日得一法，始除一累；明日擇一善，始去一苦。由誠而明，不以空說；積變而化，不緣頓至。法之能變，全在於此。今斗筲之士，守舊謀新，言者成伍，皆欲憑一己之臆說，以擬萬端之情變。所謂「東向而望，不見西牆」，律以疾固之義，厥蔽惟均，不揣樗昧，欲為一說，以通新舊兩家之郵。竊謂謀國之理，猶修身也。修身以日新其德為主，旁諮近事，日知所無新也。多識前言，以畜其德，亦何嘗非新治國之法。又猶之居家也，居家以能新其業為主，取鄰里之善，以祛久錮之積習新也。陳祖宗之訓，以維既壞之家法，亦何嘗非新。詩人之刺厲王也，文王託諷，則曰「殷不用舊，武公借警」。亦云「告爾舊止」，古人於國危之會，諄諄以舊望其君者，詎非望其君之謀新哉？今之二家，昧於此義，彼此相病，幾如甘辛之必不可以相入。維新者，以為不詆舊不得為新。其實所詆者，乃今日之弊，並非厥初之舊。守舊者，復自誣其與新無與。於是以空疏邇腐，與所謂因循蒙蔽者，自便自利，而自以為舊。若是則所守者，守弊而已，何嘗是守舊哉？誠明於此，則我朝列祖列宗之訓，與經史子集之言，可以證應行之新法。救今世之批政者，不可勝引也。博習其故，溝而通之，則

〔註 20〕李詳《學制齋詩鈔》卷一，《李審言文集》，第 1204 頁。

〔註 21〕陳慶年著，許進、徐芳主編《陳慶年文集》，南海出版公司 1996 年版，233～235 頁。

多一守舊之人，即多一謀新之人，銘論實救世則同，天下滔滔，此理遂晦。執事知言，殆絕倫輩，幸為論定，以啟茫昧。弟自丙申（1896年）秋間，于役武昌，董理《洋務輯要》。逾年，兩湖書院改章，又兼教史學。今年添課兵法，又講歷代兵事方略。自來史傳，但有兵事，絕無講兵事之書。日上講堂，須擬講草。以弟冥煩，實於此事無所知曉。臺端史學極熟，無論何朝，如於某兵事有所發明，必望惠顧前好，匡所不逮，實深冀幸。

己亥（1899年）七月二十五日

附錄三：陳玉澍詩文集相關著錄評論

方廷楷《習靜齋詞話》

　　鹽城陳惕庵孝廉玉澍，王可莊先生所拔士也。博學工詩，熱誠愛國。懷一肚皮忠憤，往往發之於詩。嘗作甲午、乙未《感事》詩二十八章，可歌可泣，不愧詩史，亟錄入《詩話》。《甲午冬擬李義山重有感》云：「築紫封豨沸海波，無邊烽燧照新羅。樓船下瀨朝馳檄，檀板中軍夜度歌。足捷早驅鵝鸛散，腹蟠隱恃豕犀多。句驪棄後陪京震，敵壘高臨太子河。」「花門苗峒賦同袍，五道將軍幾度遼。急避天驕誇上策，虛傳露布詫中朝。綸扉衣缽秦長腳，幕府裙衩楚細腰。卿子冠軍差可喜，不隨河上共逍遙。」「饑鷹餓虎太無聊，呂姥蕭娘召聖朝。月落析津空壁壘，霜飛柴市伏歐刀。銅臺姬妾香俱燼，郿塢金銀氣已銷。回首樂浪城畔路，裹屍馬革左勇烈公寶貴。愧同僚。」「東樓白事譽兒癖，小相黃衫有父風。城闕啼烏師敗北，稻芒輸蟹水趨東。蛉洲關白疆新啟，馬邑王黃虜與通。苦戰誰援衝突將，樓船血濺海濤紅。鄧壯節公世昌。」「東南藩翰失三韓，尚議金繒賜可汗。北海鯤鵬甘斂翼，西臺豸獬〔註1〕苦披肝。身辭鳳闕誰陳疏，戟荷龍沙未賜環。不是聖明無皂白，指楹容易去楹難。」「居然元老總師幹，大纛高牙上將壇。帝德如天容忍易，臣心似水古今難。英年毛髮同襃鄂，末路功名愧范韓。青徼丹冥論〔註2〕故界，盡銷金甲鑄銅山。」「因抯〔註3〕強弩幾興屍，大樹將軍召已遲。左駟誰申司馬法，多

〔註1〕「豸獬」，《後樂堂詩存》作「獬豸」。
〔註2〕「論」，《後樂堂詩存》作「淪」。
〔註3〕「抯」，《後樂堂詩存》作「杆」。

魚屢漏豎貂師。藍田敗楚秦逾橫，漆室憂葵魯不知。七萃羽林兵勁否，莫教債帥護彤墀。」「營州鼙鼓震山陵，嗚咽河流大小凌。四海梯航疏莞〔註4〕鑰，九天風雨暗觚棱。驚聞朝日驅鳴鳳，苦恨禪僧使放鷹。德裕籌邊樓久圮，惟〔註5〕將搜括供金繒。」「君恩深重未歸田，開府章江已七年。龍節蜺旌明日月，鳶肩牛腹萃風愆。廣求鍾乳三千兩，遠聘梨園十萬錢。聖主憂勤臣獨樂，可憐遼瀋遍烽煙。」「國恩養士重山河，贏得衣冠間諜多。吳昊呼朋潛入夏，惟庸遣使遠通倭。春官辛苦栽桃李，秋實荒涼老薜蘿。十載楚材零落盡，九重難忘淚滂沱。」《乙未夏擬李義山重有感》云：「合肥韋虎不須歌，龍節星軺又議和。壯歲威名身手健，衰年部曲爪牙多。李綱空阻捐三鎮，師道徒聞制兩河。高閣格天資敵國，千秋青史竟如何？」「貔貅滿載洞庭舟，東出渝關壁壘稠。預買毛錐書露布，時揮羽扇詡風流。深源名譽傾王謝，次津〔註6〕賓朋仗李劉。一敗頓教糧械盡，也應無面返湘州。」「海外軍書語屢譌，東征將士誤蹉跎。生材欲祝靈威仰，殺敵誰為曳落河。塞買盧龍朝野憤，牲刑白馬會盟多。風雲月露成何用，翻恨隋唐進士科。」「紅毛城近赤嵌城，開國經營幾戰爭。往事怕談施靖海，荒祠羞見鄭延平。山圍鹿耳門初啟，地割鯤身柱不驚〔註7〕。億兆洶洶神鬼泣，莫從天上告司盟。」「北府牢之百戰兵，南交草木舊知名。盤中牲血書難改，海外虬髯氣不平。斫石有刀飛羽檄，補天無策拂心旌。宋民恥作金臣僕，寄語王雲好緩行。」「挑燈夜起拂青萍，腸斷南溟與北溟。無復戈船隨橫海，空餘涕淚灑新亭。雉〔註8〕籠浪嶠圖難獻，鴨淥松花戶不局。漆室更憐憂國本，後宮久未耀前星。」「頓使金甌失帶方，難移銅柱限扶桑。大犧十倍吞芻豆，老鳳三朝戀廟堂。跋扈將軍身是膽，橫行公子腹無腸。如君合把盧龍賣，對馬長崎是壻鄉。」「遼海雄置拱帝居，神州左掖控巫閭。銅梁鐵遂催〔註9〕堅壘，玉府金錢贖奧〔註10〕區。瞽井幾人求麥麴，望洋無路縛禺貙。憑誰更惜〔註11〕西江水，來救中朝涸轍魚。」「愁聞畿輔半污萊，饑雀空倉劇可哀。三旨相公仍柄國，十錢主簿苦營財。紫標

〔註4〕「莞」，《後樂堂詩存》作「筦」。
〔註5〕「惟」，《後樂堂詩存》作「唯」。
〔註6〕「津」，《後樂堂詩存》作「律」。
〔註7〕「驚」，《後樂堂詩存》作「擎」。
〔註8〕「雉」，《後樂堂詩存》作「難」。
〔註9〕「催」，《後樂堂詩存》作「摧」。
〔註10〕「奧」，《後樂堂詩存》作「隩」。
〔註11〕「惜」，《後樂堂詩存》作「借」。

黃榜多豪富，府海官山少異才。欲伏青蒲慚白屋，罪言無路達銀臺。」「海眼填錢九府空，金繒餌敵古今同。虛傳天地為爐炭，安得神仙化竹桐。助穀列侯思杜緩，請纓無路歎終童。棘門灞上多兒戲，但比河間姹女工。」「六龍豈向晉陽騰，車馬長安價驟增。當寧憂牢思李牧，舉朝溫飽愧王曾。青楊巷第金銀氣，黃閣恩榮粥飯僧。賴有遼陽徐刺史，不教封豕突昭陵。」「桃蟲大鳥翻飛易，蒼狗浮雲變態多。戚舞刑天猶善戰，藥名國老止能和。沉河誰效申徒狄，負載頻勞子服何。從此鯤人闛闛滿，舉朝宜奮魯陽戈。」「風雨西湖墮淚碑，香煙北固報功祠。若非傅說騎箕早，可望王良策馬遲。內宄外奸邦杌陧①，材官車騎轍紛馳。長江萬里艨艟在，無非〔註12〕當年節制師。」「飛芻輓粟困司農，暘谷嵎夷割附庸。雲翳滿天迷北望，丸泥何日慶東封。屢從西極求燕駿，未見南陽起蜀龍。最羨貞觀房杜相，堅昆都督遠朝宗。」「黃祚綿於念〔註13〕五宗，如何輦轂聚王公。炎劉尚崎三分鼎，曹魏空談百足蟲。廣選金槙封海內，勝移鍾簴向關中。微臣更上多男祝，萱草菖花遍六宮。」「誰將大利保茶桑，礦穴金銀富久藏。刻翠雕蟲才本小，翹關負米力空強。理財勞我思官禮，變法何人步管商。一孔腐儒多泥古，動嗤騎射武靈王。」「虎鬥龍爭局未終，安危難問碧翁翁。連朝天地風霾暗，卅載公私杼柚空。贊普棄宗驍〔註14〕勇略，匈奴冒頓有英風。休欽〔註15〕華夏輕夷裔，但效韓家莫諱忠。」「大圓中裏地如球，海外今知有九州。西北雄風蒲蔡〔註16〕國，東南勁敵薩摩洲。新開驛路金為埒，高掛雲帆鐵作舟。越甲鳴君情共憤，百蠻終獻吉光裘。」〔註17〕

陳惕庵孝廉性剛直，作詩多諷刺時事。生平尤痛恨奸邪。某守戎家藏前江督何桂清小像，孝廉聞而毀之，《口占示守戎》云：「青宮太保頭銜高，手握重兵屯江皋。建業兵潰曲阿陷，元戎先向虞山逃。苦戰莫救張忠武，成仁甘讓徐開府。三吳繡壤成戰場，兩浙陸海無淨土。九重赫怒賜寶刀，柴市性命輕鴻毛。若守毗陵殺賊死，千秋血食真人豪。籲嗟乎！君不見刑天無首舞干

〔註12〕 「非」，《後樂堂詩存》作「復」。
〔註13〕 「念」，《後樂堂詩存》作「廿」。
〔註14〕 「驍」，《後樂堂詩存》作「饒」。
〔註15〕 「欽」，《後樂堂詩存》作「矜」。
〔註16〕 「蔡」，《後樂堂詩存》作「察」。
〔註17〕 方廷楷《習靜齋詞話》卷二，賈文昭主編《皖人詩話八種》，黃山書社 2014
年版，第 407～409 頁。

戚，陪阿大冠帶劍戟。異物尚能喜戰鬥，人乃不如鬼與獸。殘魂無面來江東，遺像一擲歸祝融。」快事快文，讀之當浮一大白。〔註18〕

陳惕庵孝廉《清明客中思母》詩云：「倚門閭外望何如？猶憶高堂拜別初。囑我清明歸莫緩，不歸也寄一封書。」語極情致。〔註19〕

壽珊《識〈後樂堂詩存〉》〔註20〕

余弱冠時，嘗聞鹽城有陳惕庵先生，文章經學為一世宗匠，尚以未得一讀遺著為恨。去歲自北歸，因暨南大學馬仲楷君贈余《後樂堂詩存》一冊，開卷第次，始知為惕庵先生遺著。其詩雄渾古傑，鳴三古之天籟，起數代之衰響。非近人雕蟲角技、攀緣以名世者所可比擬。惜其殘篇斷句，遺落荒筥，使世人無復知有惕庵先生之人之詩之懷抱者，是蓋供奉流於夜郎，放翁困於劍南者，非人力之所能勉強，而所謂時之遇不遇、人之幸不幸此歟？深可慨焉。壽珊謹識。

柴小梵《梵天廬叢錄》〔註21〕

鹽城陳惕庵玉澍，光緒舉人，大挑教諭不赴。治經通訓詁，兼及史學，以求經世之用。性剛直，作詩多譏刺時事，生平尤痛惡奸邪。某守戎家藏前江督何桂清小像，惕庵聞而往毀之。口占示守戎云：「青宮太保頭銜高，手握重師屯江皋。建業兵潰曲阿陷，元戎先向虞山逃。苦戰莫救張忠武，成仁甘讓徐開府。三吳繡場成戰場，兩浙陸海無淨土。九重赫怒賜寶刀，柴市性命輕鴻毛。苦守毗陵殺賊死，千秋血食真人豪。籲嗟乎！君不見刑天無首舞干戚，陪阿大冠帶劍戟。異物尚能喜戰鬥，人乃不如鬼與獸。殘魂無面見江東，遺像一擲歸祝融。」惕庵最長五律，《夜泊太平洲》云：「浪翻魚背月，風刷雁翎霜。」《秋晚野望》云：「雁落無人渚，鴉歸有樹村。」《野步》云：「黃花三徑雨，紅葉半村秋。」《晚泊》云：「野花浮水白，遠樹拂天青。」皆可誦，而「遙村擁樹來」五字尤妙。其所著《毛詩異文箋》、《爾雅釋例》、《卜子年譜》不知今尚存否。至《後樂堂集》若干卷，亦在若隱若現之間矣。

〔註18〕同上。第 410 頁。
〔註19〕同上。第 412 頁。
〔註20〕《大道》1935 年第 3 卷第 3 期。題目係著者自擬。
〔註21〕柴小梵《梵天廬叢錄》卷二十二《陳玉澍》，山西古籍出版社 1999 年版，第 822～823 頁。

張舜徽《清人文集別錄》〔註22〕

後樂堂文鈔〔九卷〕　　光緒廿五年鉛印本　續編〔九卷〕　廿七年鉛印本

鹽城陳玉澍撰。玉澍初名玉樹，字惕庵。光緒十四年舉人，以窮經知古名於時。余早歲讀其所著《毛詩異文箋》及《爾雅釋例》，服其研精《詩》、《雅》，不愧名家。今讀是集，則其慷慨之辭，忠憤之意，頗似賈生之痛哭。而文筆疏暢犀利，又足以鼓舞天下，信其才倜儻縱橫，初未可徒目為窮經之士也。當清末國勢阽危之際，玉澍嘗大聲急呼以號於眾曰：「大凡中國禦夷，必盡得夷之長技，而後能制夷之死命。拘守古法不變，其不見蹶於夷者幸耳。」（《文鈔》卷一《趙武靈王胡服騎射論》）此與當時高倡變法圖強之士枹鼓相應，固非尋行數墨、抱殘守缺之書生所逮知。卷三有《論時文》一篇，力斥八股之為害，甚於囹圄。自來論及斯事者，蓋以此篇耳為警闢而沉痛。卷五上左宗棠、張之洞諸書，各洋洋數千言、指陳時政利病，燭照靡遺，躍躍有用世之志。然余觀卷三《中國自古重工商論》、《體操原始》諸篇，大氐喜援西人之政藝，此傅故書，謂皆吾先民所固有，則又囿於當時風氣，難免故步自封之愆，亦有以見其識之未能廣也。《文鈔》前編，以說經之作為最少，惟卷六《與高　之論爾雅書》、卷七《毛詩異文箋序》、《爾雅釋例序》略涉經義耳。蓋玉澍自負有經世之才，欲以致用自見。手定是集時，而深悔其少作。於說字、解經之篇，以及友朋論學之簡，刪汰為不少矣。前編刊成，僅二十九月，復輯所為文成《續編》九卷。首二卷為經義，卷三、卷四為史論，卷五、卷六為論政之文，卷七為奏疏，末二卷為書札及雜文。其中如卷五《罪言》十篇，卷六《勸農說》十四則，剴切諄詳，皆足以覘其救時之意云。

袁行雲《清人詩集敘錄》〔註23〕

陳玉樹撰。玉樹又名玉澍，字惕菴，江蘇鹽城人。光緒十四年舉人。選教諭，未赴。治經學，通訓詁，著有《後樂堂集》、《毛詩異文箋》、《爾雅釋例》、《卜子年譜》。卒於光緒三十二年，年五十四。玉樹少負經世之才，上左宗棠、張之洞書，指陳時弊，頗中肯綮。詩僅存一卷，激昂慷慨，每以民困國危為題。《丁丑秋雜感》有云：「老鎗牧馬度興安，界石南遷地不還。自古乾元

〔註22〕張舜徽《清人文集別錄》卷二十二，華中師範大學出版社 2004 年版，第 565～566 頁。

〔註23〕袁行雲《清人詩集敘錄》卷七十九，人民文學出版社 2016 年版，第 2831～2832 頁。

宏覆幬，於今震旦久痼瘵。赤鬚青眼心難測，白鹿蒼狼裔大夥。回鶻雖平憂未艾，中朝何計護金山。」詠沙俄之脅略也。《癸未冬有感》有云：「富良江上海風腥，萬里求援兩使星。榻小豈容人鼾睡，唇亡終怕齒凋零。迎恩亭畔雲初黯，仰德臺邊草不青。交趾日南藩若撤，漢龍天馬豈能局。」詠法將滅越南，越南遣使求救也。《乙酉春雜感》有云：「雞陵關外雨瀟瀟，獷犬狂奔去未遙。漳海珠江馳露布，金戈鐵馬逐天驕。旌旗日影軍容壯，草木風聲賊膽搖。一紙中樞催罷戰，也應羞見霍嫖姚。」詠中法戰爭頌馮子材而刺李鴻章也。《甲午冬擬李義山重有感》十首、《乙未夏擬李義山重有感》十八首，皆悲歌慷慨。後者有云：「大圜中裏地如球，海外今知有九洲。西北雄風蒲察國，東南勁敵薩摩洲。新開驛路金為埒，高掛雲帆鐵作舟。越甲鳴君情共憤，百蠻終獻吉光裘。」此詩分指俄、日、英、法之侵我也。前者有句云：「苦戰誰援衝突將，樓船血濺海濤紅。」頌甲午戰爭之鄧世昌也。後者有句云：「合肥韋虎不須歌，龍節星軺又議和。」斥慈禧與李鴻章也。又云：「合肥韋虎不須歌，龍節星軺又議和。」悲失臺灣也。有感而發，動人心魄。又有《登金陵城樓》、《秋晚野望》、《明故宮行》、《詠史四首》及《詠史絕句三十首》，均聒及世變，亦屬傑出。

徐成志、王思豪《桐城派文集敍錄》〔註24〕

陳玉澍集

陳玉澍（1853～1906），原名玉樹，字惕庵，後更名玉澍，江蘇鹽城人。光緒十二年（1886）肄業南菁書院，師事黃以周。十四年中舉。後赴會試不第，大挑教諭不赴。二十三年應本邑知縣劉渠照之請纂修《鹽城縣志》；二十五年主講尚志書院；二十八年主講縣學堂；三十年秋應兩江總督周玉山聘，充三江師範教務長；三十一年佐廣東布政使程儀洛幕，數月謝歸。後復應兩廣總督岑春煊之招，再度赴粵一年，以風痹歸，不數月而卒。平居耽學樂道，不慕榮利。其父陳蔚林，善治《毛詩》。玉澍早年亦以治經為主，專《爾雅》，稍後浸漬歷史、輿地、政治、掌故及百家之說。所為詩文，每關涉時事，「憂殷語迫，恒有《免爰》、《苕華》之慨，論者怪其無喪而戚。及甲午軍興，國勢凌遲，端憂早計，發為文章，語益壯烈」（陳鍾凡《惕庵府君行述》）。

〔註24〕徐成志、王思豪《桐城派文集敍錄》，安徽大學出版社 2016 年版，第 252～254 頁。

《後樂堂文鈔》九卷

光緒二十五年鉛印本。是集為作者手定，於說字、解經以及友朋論學之作，刪汰為多。檢其集，說經之作最少，僅卷六《與高鑒論爾雅書》、卷七《毛詩異文箋序》、《爾雅釋例序》諸篇略及經義。卷一《趙武靈王胡服騎射論》、卷三《論時文》、《中國自古重工商論》、《體操原始》，以及卷五上左宗棠、張之洞諸書，指陳時政，激昂慷慨，皆有救世之志意。

《後樂堂文鈔續編》九卷

光緒二十六年十月鉛印本，山東大學圖書館藏。卷一、卷二為經義，卷三、卷四為史論，卷五、卷六為論政之文，卷七為奏疏，卷八、卷九為書札及雜文。卷三有《〈史記·貨殖列傳〉書後》，強調士人學習貨殖工商之學，並非「細故」，而是關係「國勢」強弱的大問題。卷四《漢文帝以賈生為長沙王太傅論》、《諸葛武侯和吳伐魏論》等諸篇史論，饒有妙論。

《粵遊日記》二卷

稿抄本，一冊。華亭雷瑨手跋。記光緒癸卯（1903）應廣東布政使程儀洛之聘入粵，自九月十三日啟程，至歲暮而歸。廣州是通商大埠，但吏治腐敗，賦稅繁重，民風奢侈，賭博成性，日記對此記錄甚詳，可作晚清史料。王欣夫《蛾術軒篋存善本書錄》謂：「此冊為雷君君曜所贈，曾印入所輯《文藝雜志》，只四之一，而原稿首廿頁遂闕。余即依《雜志》抄補於接筍處，尚闕半頁，不免有白璧微瑕之憾矣。」

（王思豪）

戴文葆《後樂堂文抄跋》〔註25〕

陳玉樹字惕庵，清淮安府鹽城縣人。生於 1853 年。1888 年拔優貢，是科旋舉於鄉。數上春官，未獲一第。年逾四十，僅得揀選知縣空銜。平生抱負，未能施展。課徒著書，窮愁以老。所著有《後樂堂文抄》九卷，《後樂堂詩存》一卷，《毛詩異文箋》十卷及所編《鹽城縣志稿》十七卷，業經刊行。《制義》二卷，為《江左制義輯存》選刻。另有《經說》二卷，《卜子年譜》二卷，《爾雅釋例》五卷，稿成未刻。

玉樹與侯官嚴幾道同年生，比南海康長素大五歲，比瀏陽譚復生大十二

〔註25〕戴文葆《射水紀聞》，河北教育出版社 2005 年版，第 340～342 頁。

歲，比新會梁任公大二十歲。就其思想主流說來，玉樹算得上是嚴、譚、康、梁的同道。可惜困於生計，蟄處海隅，科名又低，未得與並世賢豪名流相交遊，名不出鄉里，對當世思想影響甚為微渺。他自己也不免自謙為「章句陋儒」、「鄉曲下士」。其實，在清朝光緒年間，主要在戊戌以前，他確然是江淮地區的先進人物。

玉樹生存的年代，正是中國封建社會內部發生變化的時期，而外國資本主義的入侵，更促進了這種劇烈的變動。他出生的那年春天，洪秀全領導的太平軍，占南京，破鎮江，下揚州，淮徐震動。鹽城以薛某、陳某為首的三百多農民，在捍海堰西起事響應，一度擊敗上岡官軍。到他四歲的時候，英法聯軍侵略中國，迫使清朝政府訂立了不平等的《天津條約》和《北京條約》，外國侵略勢力深入到我國內地。1884 年，玉樹三十二歲時，發生中法戰爭。清政府在戰勝之後反而簽訂了屈辱的《天津條約》，承認法國佔領越南，並允許其侵略勢力伸入華南地區。到玉樹四十二歲時，便發生了中日甲午戰爭，日本軍國主義者大舉進攻我國渤海遼東。倭艦且開到朐東，鹽阜地區一夕數驚。遼東半島失陷，北洋艦隊解體，接著便是馬關締約，割臺灣，賠鉅款，喪權辱國，藩籬盡失，門戶大開，清王朝匍匐在帝國主義的鐵蹄之下。而後便是列強競劃勢力範圍，掀起割地狂潮。玉樹的晚年，中國已一步一步地淪落為帝國主義的殖民地和半殖民地了！

生活在這種時代環境裏的玉樹，他的心是不能平靜的。他悲悼祖國的多難，哀念人民的疾苦，在《後樂堂集自序》中，一開始便說：「吾讀《詩》至《大雅·召旻》，不禁三復而泫涕也。」《大雅·召旻》首章講到「瘨我饑饉，民卒流亡，我居圉卒荒」，末章講到「今也日蹙國百里，於乎哀哉！」這不正是當時中國的形象寫照嗎？玉樹的社會政治觀點，集中地表現在《後樂堂文抄》中。這部文集的主導思想，用他自序中的話說，「其大旨以正人心、變國法為宗」，他極力要求「變法圖強」。打開文集來看，正如他自己所說，「每為詩文以抒感憤，瑣事纖題亦眤眤及於世變。」一股愛國愛鄉、憂世憂民的熱誠忠奮之氣，充溢於字裏行間，感人至深。

玉樹的政治社會思想，本於儒家的一貫論點，不過受過代潮流的影響，特別是中法兩次戰爭失敗的刺激，推動他要求變法維新。在《文抄》的政論、書函、記傳、雜說各文中，他要求發展資本主義工商業，改良農桑，求取富強；要求革新朝政，舒士氣，開言路，振人才，掃除「舊日唯諾之風」。他認

為，「今縱不能創立議院，豈可復遏抑言官？」他呼喚風雷，「以驚天下之怠惰與懈慢」；要求廢時文，以開明士子耳目；禁纏足，以解放婦女手足；設恤倉，以救助嫠婦的困苦。他認為當時的中國就是一個大監獄，「天下之困厄於中，而羣莫能脫；篤守其舊，而牢不可破者，皆獄象也。」他顯然是慷慨陳詞，揮拳撫掌，力主打破這座東方的巴士底牢獄了。

《後樂堂文抄》中保存了一部分有關鹽阜地區的史料。玉樹對於鄉里非常關心，積極參加桑梓的社會活動。《文抄》中有關政治社會、海防守備，海溢鹵潮、旱潦災異以及歷史沿革等情況的記載，足資研究地方史志者參考。

《後樂堂文抄》十卷，鉛印線裝本，光緒二十五年（1899 年）夏印於上海。上冊四卷，下冊五卷，外《詩存》一卷。這部集子，敢在 1899 年公開印行，是需要一點膽量的。那正是慈禧太后專政，「六君子」被殺，不少贊成變法的官員文士被革職、被圈禁的時刻。玉樹集中卷一、卷二的史論，實際也就是針對當世的政論，讚美商鞅、趙武靈王，歌頌韓魏公請太后撤簾還政，痛斥馮道、秦檜，筆鋒無不直指西太后、李鴻章、榮祿之流。不過玉樹畢竟是個很有節制的改良派，他居然請王先謙寫了一篇序。王當年做提督江蘇學政，玉樹在他任內成為優貢，屬於師生關係。但王先謙屬頑固派，這不能不認為是《後樂堂文抄》的一大矛盾。集中有幾篇文字，如罵康有為、翁同龢的，大約也是適應當時政治環境而匆匆補入的吧？歷來改良派始終在自我矛盾中生活，他的著作又豈能例外呢？

早歲已聞惕庵文名，然以流轉四方，雖見《文抄》，未得細閱。現今幽居多暇，又見此書，展誦者再，憮然有感。韓退之曾說：「世有伯樂，然後有千里馬」，「雖有千里之能，食不飽，力不足，才美不外見，且欲與常馬等不可得」，「只辱於奴隸人之手，駢死於槽櫪之間，不以千里稱也」。這次看《後樂堂文抄》，不禁為之屢屢掩卷廢讀。

庚戌臘月二十六—二十七日抄後記。

附錄四：陳玉澍集外佚作輯存

雙璞齋四書五經義大全序

嗚呼！經義晦昧之害，可勝道哉！昧於《魯論》時習之義，學者多能知而不克行，而仕無實用。證以《〈文選·東京賦〉注》，習之訓行，而知王肅、皇侃、邢昺、朱子之說非矣。昧於《大學》親民之義，在位者多有疏逖其民而愚賤之，而民隱不上聞。證以《帝典》之「百姓不親，五品不遜」與《洪範》之「謀及庶人」，而知宋儒改「親」為「新」之說誤矣。昧於「小人中庸」之義，則不知時中之可以偽為，而模棱長樂之徒得以盜竊令譽。證以《後漢書》之胡廣中庸，而知王肅本之作《反中庸》者淺矣。昧於《孟子》檢字之義，則不知豐年宜斂，無以為水旱凶荒之備而野有餓莩。證以趙注之訓檢為斂、《漢志》之引《孟子》作斂與李悝斂分三糶之法，而知《集注》以檢為制之不合矣。昧於「括囊無譽」之義，則庸臣保位之術巧。證以《荀子》卑污俗腐之語與《後漢書》括囊守祿之言，而知以括囊為懷智者謬矣。昧於「春王正月」之義，傾危譎觚之士乃得以素王改制之說惑亂天下，使人人有平權自由之心。證以《左氏》「春王周正月」之傳，而知以正月為夏正者誤矣。昧於「粵若稽古」之義，則敬天修身之意薄而災祲多。昧於「便程南為」之義，則治田芸耔之功疏而收穫少。證以《〈儒行〉注》之稽為合周祝解之天為古南，訛上下文之東作西成，而知鄭注之訓同天，《史記》之作南為不可易矣。

以經證經而經義明，以傳注證經而經義明，以子史證經而經義愈明。故說經者貴有實證與實事實理。無實證實事實理，則相率為偽，而剽竊摹擬之風盛。此時文之所以壞人心術，禍人家國，聖皇之所以決然捨棄，代以經義

論策者也。今夫義之說曷自昉乎？孟子引孔子曰：「其義則某竊取。」聖人之說經，取其義而已。《漢書》言「七十子喪而大義乖」，故《春秋》分為五而《詩》分為四。七十子之說經，亦取大義而已，章句訓詁瑣屑穿鑿之學不尚焉。至漢儒治《尚書》，有夏侯說義二篇，則以注為義。梁皇侃有《〈禮記〉〈論語〉義疏》，唐孔穎達有《五經正義》，則以疏為義。開元二十五年六月，詔試明經，問大義十條。《宋志》則曰帖經墨義，則場屋應舉之文為義。理宗端平元年九月，翰林學士真德秀以所著《大學衍義》上，則經筵進講之書稱義。今之所謂四書義、五經義者，宜用說義、正義之例以解經，兼用衍義之例以引史，或用經筵講義之例徵及時事，而不背經指（《申報》作「恉」）。上裨軍國政治，下正草野風教，乃能大別乎剽竊摹擬之八股，而不辜聖天子以實學造士之深心。然此未可遽為俗學期也。

滬上雙璞齋主人自辛丑七月十六日以來，深慮制藝既黜，試匪所習。爰採輯四書五經義若干篇，皆取精深閎博、有實理實事與實證而不詭於義法者。書成，問序於予，予為略述義之緣起與夫關係夫政事學術者，特抒鄙見，以弁冕其首。世之學者讀此書而能心知其意焉，庶不負朝廷以實學造士之深心也夫。鹽城陳玉澍序。

按：此文載雙璞齋主人輯《四書五經義大全》卷首〔註1〕。另以《雙璞齋四書五經義大全序》為題，於 1902 年 7 月 25 日刊載於《申報》第 10512 號（上海版）。《四書五經義大全》三十卷，清光緒壬寅年（1902）圖書集成局刊印本，共 8 冊。雙璞齋主人，名不詳。

另，1902 年 7 月 30 日《申報》第 10517 號（上海版）刊《論考試程氏》，曰：

　　考試之用制藝，自明迄今已數百年。其弊也，剽竊摹擬，展轉抄襲，空疏鄙陋之子因之生徼幸之心，而人才日以不振。皇上內□（殘，疑為「慚」）於心，<u>決然捨去，改試經義策論說者</u>，謂數百年積弊從此可一掃而空。惟當改制之初，非特應試者於經義策論之體裁未能詳辨，即持玉尺以量才，亦往往於所命各題貼人口實。夫不明頒定之章程，則意多歧；不知文章之程式，則題先誤。今為略稽故實，著之於篇。

〔註1〕雙璞齋主人輯《四書五經義大全》，林慶彰等主編《晚晴四部叢刊》第七編第一冊，文聽閣圖書有限公司 2012 年版，第 3～6 頁。

　　按：今命題之制曰四書義，曰五經義。義者，聖賢之精義也。孟子引孔子曰：「其義則某竊取。」聖人之說經，取其義而已。《漢書》言「七十子喪而大義乖」，故《春秋》分為五而《詩》分為四。七十子之說經，亦取大義而已。至漢儒治《尚書》，有《夏侯說義》二篇，則以注為義。梁皇侃有《〈禮記〉〈論語〉義疏》，唐孔穎達有《五經正義》，則以疏為義。開元一十五年六月，詔試明經，問大義十條。《宋志》則曰帖經墨義，則場屋應舉之文為義。理宗端平元年，翰林學士真德秀以所著《大學衍義》上，則經筵講學之書稱義。今之所謂四書五經義者，宜用說義正義之列以解經，兼用衍義之例以引史，或用經筵講義之例徵及時事。要之，為此體者皆貴有實證與實事實理，而不宜背乎經恉，此義之大略也。

　　一曰論。文家之有論體，導源於《論》《孟》。孔子論大哉堯之為君，舜、禹有天下、不與焉無間然，泰伯可謂至德，殷有三仁，夷齊不念舊惡，是即堯、舜、禹、泰伯、箕、微、比干、夷、齊之論也。論管仲器小、桓文正譎、季文子三思、臧文仲竊位、武仲要君、甯武子之愚、史魚之直、蘧伯玉子產之為君子，平仲之善交，令尹子文陳文子之忠清，孔文子公叔文子之謚文，以及子謂子賤、南容公冶長、賢哉回也諸章，各以一二語定其生平，皆論體也。舜有臣五人、回也其庶乎、齊景公有馬千駟、逸民伯夷叔齊諸章，又合論體也。至《孟子》則論尤詳備。如禹稷當平世，顏子當亂世；曾子居武城，子思居衛；伯夷隘，柳下惠不恭；兩人合論體也。其辯舜南面、堯瞽北面、禹不傳賢而傳子，及伊尹割烹、百里奚自鬻、孔子主癰疽諸章，就一事立論之體也。柳下惠不以三公易其介，子產惠而不知為政，仲子惡能廉，匡章未為不孝，此就一人論其得失也。舜發於畎畝之中，及夷之清、尹之任、惠之和、孔子之時，此合數人論定之也。其中波瀾意度，直開蘇氏父子之先聲。宋代以後，工此體者益盛。然必皆探源於經史，方能識見宏大而是非不謬於聖人。此論之大略也。

　　一曰策。《文章辨體》云：「策者，謀也。凡政化得失顯而詢之曰策問，其條對者曰對策，亦曰射策。」漢之鼌、董最為著□，唐韓昌黎集中亦有策問十四道，此皆用以□試者。夫策之義既稱曰謀，

則朝廷有大政事，若者可以施行，若者或虞窒礙，若者行之而有利無弊，若者行之而損少益多。舉眾人之心思為一事之準則，此策之大略也。夫試以義而覘其心術，試以論而覘其才識，試以策而覘其智謀，果使衡鑒不虛，實足以收得人之效。若仍敷衍成習，則易其名而不易其實，恐經義策論亦未必勝於時文詩賦也，於國家亦何補哉？

此文不載作者名，然劃線部分和《四書五經義大全序》同，疑此文亦陳玉澍所作。

讀五月十四日上諭〔註2〕

讀五月十四日上諭謹注，小臣陳玉澍捧讀此詔，始則忻然喜，繼則揪然憂，終又不禁殷然望也。泰西諸國與日本之盛強，強於憲政。憲政之精，意在以官制民，使民畏官，亦以民制官，使官畏民，交相畏而後交相愛，使國與民團結為一體。中國則官貴民賤，視元元如土芥，踐踩斬刈之而無忌憚，民亦遂疾視官長，漠視君國，而各心其心，故雖撫有四萬萬之眾，而不免為人魚肉垣，惴惴然有波蘭、印度之憂。其在《周易·乾》之上九以無民有悔，《姤》之九四以遠民起凶，此之謂矣。今皇上深知民之為貴，而曰民為邦本。國家用人行政，無非為民。恫憫下民之無辜則曰深宮騰懷，赤子受此荼毒。每一念及，常為淚下。斥州縣害民之積弊，則曰深居簡出，玩視民瘼，一切公事，漫不經意，以致幕友官親朦蔽用事，家丁胥吏狼狽為奸，公欵則舞弊浮收，刑案則拖累凌虐，亦可謂詳且盡矣。而最要之語則曰中國官民隔絕，痼習已深，惟隔絕而諸弊乃自此起也。言州縣保民之職任，則曰聽斷明允，緝捕勤能，為地方興利除害。於學校農工諸要政悉心經畫，教養兼資，亦可謂大而該矣。而最要之語則曰州縣之設，原期與民相親，能親民而職任乃自此盡也。從此牧令仰體聖懷，凜遵大訓，澗滌肺腸，各盡責任，民富國強，可坐致也。臣安得不忻然喜然？

而約束州縣、鼓舞州縣之策，不外責成督撫考查。考查之法制，則曰將州縣銜名年歲補署到任年月、錢糧完欠分數、命盜詞訟各案已結未結若干起、監禁羈押若干名、學堂工藝巡警諸要政是否舉辦，年終開列清單，據實詳報，督撫分別優劣，開列簡明事實，不准出籠統考語。較之向者三年大計之典，

〔註2〕按：原無題。《申報》第11236號（上海版），1904年7月29日第1版。

可謂密矣。然臣竊慮其難收實效，何也？詔書言州縣之設，原期與民相親，臣謂督撫之設，原期與州縣相親。詔書言中國官民隔絕，錮習已深，臣謂中國官官隔絕，錮習尤深。州縣之官親幕友家丁胥吏足以病民，督撫之官親幕友家丁胥吏亦足以病州縣。州縣之取於民者非一端，督撫之取於州縣者亦非一事。且州縣之於督撫，中有藩司間之，臬司間之，道府間之，間隔愈多，壅蔽愈易。偶一上謁，周旋進退之際有常儀，請安拜跪之外無他事，欲多發一語不敢，欲多留片刻不得。文貌相承，情志不通，督撫縱不忍欺皇上，未必州縣不多方欺督撫；州縣既欺督撫，督撫遂不得不欺皇上。州縣欺督撫，如革令張義澍以團練受知戴光以養蒙學塾得名者多矣。督撫欺皇上，如廣西貴縣知縣陳景華之貪暴而巡撫王之春且為之請旨嘉獎者亦多矣。責以臚陳實事，不難檃以紙上空談應之。雖以奏單登之官報，使民周知，知其欺，又疇敢發其覆哉？牧民者之無忌憚如故也，臣安得不愀然憂？

　　然則考察州縣，不責成督撫，可乎？曰此必不能也。考察司員，不能不責成堂官。考察營官，不能不責成提鎮。考察教職，不能不責成學政。考察鹽官，不能不責成都轉。此其例也。然而唐虞之治，不徒恃四嶽十二牧，而恃明目達聰；岐周之治，不專恃周、召分陝，而恃與國人交。今之八督十五撫，較舜、文之四嶽二公，相去若何。然則皇上欲遠民為治，難矣。今詔書不明言民為邦本乎？古者赫胥氏之尊民，尊邦本也；殷高宗之敬民，敬邦本也；周成王之近民，近邦本也。今使重頒戊戌七月二十八日上諭，使士民上書言事。州縣欺督撫，民能言之。督撫欺皇上，民亦能言之。督撫畏民，勝於畏言官。州縣畏民，勝於畏督撫。有畏憚而怯於為惡自，有肝膽而勇於為善有，何民事之不可舉、民困之不可紓耶？臣謹繹詔書言外之意，而知皇上慨中國之官民隔絕，即慨中國之君民隔絕。謂州縣之設，原與民親，即謂君主之立當與民親。臣知皇上親政而後，必有如俄皇大彼得、日本明治天皇之降尊紆貴，以親其民，盡撤障蔽以為圖治之本，創立憲政，以固保民之基者，臣安得不殷然望？

禮限君權同於憲法論〔註3〕

　　天之生人，不能無欲。有耳目口鼻之體，即有聲色臭味之嗜。有好安喜

〔註3〕按：《申報》第 11246 號（上海版），1904 年 8 月 8 日第 1 版。《禮限君權同於憲法論》題下無作者名。據夢畹生跋可知為陳玉澍之作。

佚之性，即有宮室車馬之娛。此固尊卑貴賤之所同也。而尊貴無上者欲亦無等，不有以限制之，將謂天下臣民皆已奴僕，天下土地皆已產業，天下貨財皆已畜積，天下兵刑皆已威權，亦何求不可得？何惡不可為哉？古先王憂其洪為元元毒痛無紀極而又非政刑之所能加也，於是三百三千之經、曲起焉。故《曲禮》首節首言「毋不敬，儼若思，安定辭，安民哉」，孔《疏》言「此一節明人君立治之本，先當肅心、謹身、慎口三事」。陸氏《釋文》以毋為禁止之，然則天子明在限禁之內也。次節即繼之曰「傲不可長，欲不可縱，志不可滿，樂不可極」，鄭《注》言「四者桀紂所以致禍」。此非即君權不可無限之彰明較著者乎？惜周衰禮廢，杞、宋無徵；七雄放恣，盡去典籍。重以祖龍之火，掃地無餘。淹中之出，什僅一二。《王度記》、《明堂之位》諸篇，久佚其詳，弗可考矣。然《小戴記》之《月令》，雖雜成於秦人之手，而其言「毋」，言「不可以」，閒檢天子，中凡數十見焉；《王制》雖纂於孝文諸博士，如「用民之力，歲不過三日」、「民無菜色，然後天子食，日舉以樂」之類，為民範君，其略猶可聞焉。更考之《周禮》，王宮服食何物，非制內宰、內小臣、閽人、寺人、內豎、九嬪、世婦、女御之屬，皆在大冢宰權限之內，非天子所能私庇。凡大喪、大荒、大札，天地有災，邦有大故，則不舉盛饌，膳正掌之。凡日月食，四鎮五嶽崩，令去樂國之大憂令弛縣，大樂正掌之。以司市一下大夫而能施國君。夫人、世子之憲罰，注司市言。「國君過市，刑人赦」，兼王者言之。鄭《注》賈《疏》說甚明。天子莫能奪焉。更考之《大戴禮·保傅》篇，太師之範圍其君者七事，太傅之範圍其君者十六事，太保之範圍其君者十事，少師之範圍其君者五事，少傅之範圍其君者六事，少保之範圍其君者十五事，太史之範圍其君者三事。大而畜民應事、親親禮臣、刑獄喪祭、戎事賞罰賜與之節，小而言語進退、升降俯仰、視聽咳唾、趨行寢坐之儀，外而冠帶車服、御器琴瑟、鸞和採章之度，內而忿怒說喜、醉饑饞飽、宴私湛樂之節，無非一禮之所防，維稍違拂，則糾之者至。故曰「失度則史書之，工誦之，三公進而讀之，宰夫減其膳，是以天子不得為非」。《注》以上五句皆本《大戴禮》。與歐人所謂立憲之國，人君不能為惡者，寧有異焉？蓋人主一生自胚胎，聆呱出舍，束髮既冠踐祚，以迄於南郊議謚，皆有檢柅於禮而不克自由者，故通國士庶如草之從風，皆約束於禮而莫能踰越，不待重典繁刑而咸知畏愛其上。故《傳》曰：「能以禮讓為國乎，何有？」後世如叔孫通、曹褒、許敬宗之所譔制，其宗旨不外天帝其君而奴隸其臣民。奴隸其臣，而為

尸弗臣，為師弗臣，父事三日，兄事五更，天王答拜，太子迎候之禮亡。奴隸其民，而拜受民數，就見百年，農郊省耕，外朝詢庶，遇柩於路，使人弔之之禮亡。上下隔而奸偽蠭起，疾威忞而下土其瘵，四海困而天祿亦弗永矣。先君子嘗謂三代以上之治多亂少，其原因不一，孔子「上好禮則民易使」之一言可以蔽之。三代以下之亂多治少，其原因不一，而《孟子》「上無禮，下無學」之一言足以該之。少聆此言，罔識其精。近十數年來，瀏覽西書，知專制之不如立憲，君權無限之不如有限。乃歎先君之深於禮而達於治也。古者，中國君權之有限，限之以禮經。近代泰西君權之有限，限之以憲法。憲法與禮經名雖殊異，而其為古今之公理則同。孔子曰：「夫禮之初，始諸天地。天地不亡，禮經終不可滅。」憲法終不容不立。近日俄皇久欲立憲，而受制母后蒙蔽中飽之弊，為歐美各國所無，乃致以數十萬海陸之軍挫於日本。我國政府漸悟專制之害，五月八日皇太后已有「朝廷為民司牧，不以天下奉一人」之諭。聖天子他日必有詔儒臣依據古禮，創植大卞，以振刷中國二千數百年，九重欲縱之敗，億兆塗炭之苦者。草莽下士，敢傾耳拭目以待焉。

此論為鹽城陳惕庵孝廉所箸。孝廉夙以經學古文鳴於時，近亦醉心新學。蒙意主立憲法以定君之權限，雖與侈言君民平等者迥別。然竊謂九重縱慾敗度奴隸臣民，惟古之暴君如桀、紂、幽、厲、秦政、漢武則然耳。二千數百年來，夫豈無視民如傷甘於菲飲卑宮、而使一夫無不得其所者乎？故僕以為君而自閒於禮法則可，民而欲以禮法限其君則不可。質之孝廉，其能置僕於諍友之列否耶？夢畹生跋。

《嶺南弭盜策》（存目）

按：見《粵遊日記》二十五日，不錄。

另，百度文庫之陳登豐《橫山先生年譜》〔註4〕1899（己亥，光緒25）載：

七月二十五日，致陳惕庵書：「竊謂謀國之理，猶修身也。修身以日新其德為主。旁諮近事，日知所無，新也。多識前言，以畜其德，亦何嘗非新？治國之法，猶之居家也；居家以能新其業為主，取鄰里之善，以去久錮之積習，新也；陳祖宗之訓，以維既壞之家法，亦何嘗非新？詩人之刺厲王也，文王託諷則曰：『殷不用舊。』武公借警亦云：『告爾舊止。』古人於國危之際，諄諄以舊望其君者，豈非望其君之謀新哉？今之二家，昧於此義，彼此相病，

〔註4〕網址：http://ishare.iask.sina.com.cn/f/66513123.html。

幾如甘辛之必不可以相入。維新者，以為不詆舊，不得為新，其實所詆者，乃今日之弊，並非厥初之舊；守舊者復自誣其與新無與，於是以空疏迂腐、與所謂因循蒙蔽者自便自利，而自以為舊。若是，則所守者，守弊而已，何嘗是守舊哉？」又云：「弟自丙申秋間於役武昌，董理《洋務輯要》。逾年，兩湖書院改章，又兼教史學。今年添課兵法，又講歷代兵事方略。自來史傳但有兵事，絕無講兵事之書。日上講堂，須擬講草，以弟冥煩，實於此事無所知曉，臺端史學極熟，無論何朝，如於某一兵事有所發明，必望惠顧前好，匡所不逮，實深冀幸。」

八月下旬，陳惕庵來書云：「善餘宗兄同年大人執事：八稔不覿，接獲簡翰，怡懌之忱，侔於晤言。雒誦再三，慨不去手。深歎執事洞達治要，而又得其會通，非近日守故求新兩家所能見及，非僅以詞義淵懿見長。時事不必言，言之徒令人憤悶。謹及執事諮詢所及一一陳之。玉樹雖亦瀏覽史書，而二十四部未能盡讀。於兵事率多草草讀過，未及詳究，實無以仰承明問。及門如同邑左梁、李樹滋，貴池姚觀湖，太平劉元準，泗洲許國修，皆有志行，喜研究經濟家言，而李生操持未堅，懼為流俗所染，執事交遊中及所海楚士，亦有奇才異能、忠義奮發、志力堅定之士，他日能為國任事者乎？求士匪一格，不可以己律物，要必以天良血性為本。如無天良而多才博學，必為邦國之螟蜮，轉不如庸庸者之無所短長。必血性勝人而又能曠其學識，乃可為國之寶也。玉樹素不求富、不患貧，雖無一錢之蓄，一椽之棲，略不動念。唯中年未有子息，先慈彌留時深以為憾。數年前納一篋室，產一女，已三歲，未卜將來能得震之一索，以慰先人九京之望否也？久不見長沙王祭酒師，亦未以尺書通問，內省頗以為疚。今寄上拙集四部，請以兩部獻祭酒師，一部贈同年謝鍾英，一部贈執事。」

按：此篇所錄陳惕庵來書，《後樂堂集》未收。

又，孔夫子舊書網見陳玉澍手書詩一頁，附如下：

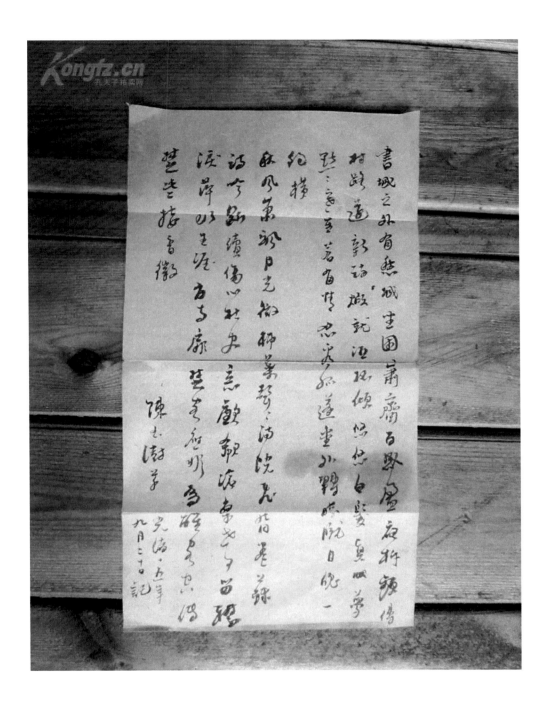

附錄五：徐嘉《陳惕庵後樂堂文三編序》
〔註1〕

　　惕庵《後樂堂文集》，王祭酒益吾為之序，曰：「忠愛之性，與眾殊絕，而學識日進，世變亦日進。」其續編則興化李審言序之，曰：「緯以經史訓詁，綜之事會根觸，其端憂蚤計，則如周矮、如湘纍，掩抑泣涕，寧玉碎蘭摧，而不為庸態以求合於世。」其自序亦云：「瑣事纖文，亦聒聒及於世變，要以正人心變國法為宗，一泗守舊、維新兩家偏駁之說。」籲瘏口，曉音棲，苴池竭，使群迷眾醉忽聞雷霆文之大旨，裹於性者則然，豈當世噉名者之所能為哉！嘉與惕庵為忘年交垂三十年，不惟文字相契要，亦不以流俗之毀譽相為重輕，猶審言也。余嘗服膺四農先生之言，挽回世運莫切於文章，則知文之本在忠孝，源在經術，其用必有剛直之氣，以起人心之痼疾，而振作舉世之頑懦鄙薄，以拯其危。使當公私耗竭，海宇騷然，搜刮誅求，疆圉日削，而手無斧柯，不能躬履諸艱，以挽斯世之阨而徒為。是紀事大書，微言諷諫，其文之煩冤沉痛，吞歎而止，如長沙疏，如司戶策，如同甫、水心之論事，亦何暇與桐城、陽湖較塗轍、辨義法耶？世有讀亭林之文者，咸知其耿介絕俗，而不為泥古之空言；讀南雷文者，咸知其開物成務，無講學流弊，以期復乎三代之郅隆。然皆明社既屋於焦原，毒浪中作黍離麥秀之歌，而有裨於世道人心，雖或秘密忌諱，而學者奉為斗杓焉。今之世，人心奚若？強鄰之窺伺，民生之憔悴又奚若？而貪欺昏惰，文偽相承，鑒於古有猩狐陽人之憂，鑒於今有緬甸、波蘭之懼。蓋去惕庵初為文時，變益劇矣。惕庵之端憂蚤計者，或數

〔註1〕　（清）徐嘉《味靜齋文存》卷一，《清代詩文集彙編》第 728 冊，上海古籍出版社 2010 年版，第 391～392 頁。

年而驗，或數十年而驗。其言而未驗者，亦惴惴乎將驗，則願與群迷眾醉者冀幸乎其言之或有不驗。今茲閏月，挐舟羅溝，惕庵語餘將刊三集，誣諉弁言。屬稿寄郡，歸晤溫叟，稿又寄還，初未得見。要其為文大旨，當不外乎數先生所稱，而軫念皇輿，恫懷時局，變徵之音愈泣涕道之也。抑余尤有說焉。光緒紀元，得相奉袂，惕庵述其先德之訓，曰：欲有以異乎？。今人自不好利始。欲有以同乎？古人自不好名始。今嘗拳拳於是，願復以勖惕庵並質諸序惕庵之文者，而非謂惕庵之文尚近於當世噉名者之所為也。惕庵勉旃！

附錄六：陳玉澍《粵遊日記》[註1]

粵遊日記卷一　　鹽城陳玉澍惕庵

粵遊日記序

　　自有舟車以來，遊者約分七等：上憫國瘁，下憂民瘼，懷仁抱義，南轅北轍，是為遊說；尋幽五嶽，攬勝九州，登高著屐，臨流賦詩，是為遊觀；學通申、韓，身依官府，勞形案牘，遠別鄉井，是為遊幕；心醉一官，足輕千里，揚旌張蓋，抗塵走俗，是為遊宦；擔簦負笈，尋師求友，足跡所屆，問道訪碑，是為遊學；仗劍酬恩，越疆踐諾，割慈去裏，驅馬弗顧，是為遊俠；東徂築紫，西適太蒙，追隨使節，考察利病，是為遊歷。此足擴古今遊子之大凡矣。使予遊觀邪？素乏宗炳之好。使予遊幕耶？不愛庾生之蓮。使予遊宦耶？恨無毛義之親。使予遊學耶？深慚師曠之語。使予遊俠耶？未結郭解之客。使予遊歷耶？不識甘英之面。無己，予其遊說乎！夫蘇仕齊而眷燕，儀相魏而忠秦，遊說之士賤輕於人久矣。然此乃妾婦奸宄之遊說，非聖賢豪傑之遊說也。援遊隴西，說囂歸漢；亮遊江東，說權拒操；非豪傑之遊說乎？西遊大樑，說惠以後利薄稅；東遊臨淄，說宣以憂民省耕；非聖賢之遊說乎？今將使予招粵賊以歸國，聯日英以拒俄，此固予之所未能也。然予聞粵西久亂，粵東多盜，勢將延蔓，等於洪、楊；芟此大厲，疇為胡、曾。蒿宮為之宵旰，蒸黎受其荼毒，瞻瞻之懷，殷憂已久。粵西柯中丞逢時，予舊識也，有書至；粵東程方伯儀洛，予知己也，以幣來。慨然曰：此正予遊說時矣！昔日本之興，以浮浪士，我中國之安，何必不以遊說客耶？遊者處人知而囂囂，說者

〔註1〕刊《文藝雜誌》1918 年第 13 期。

藐堂高之巍巍，豈予之所難耶？孟子所以說二王者，予將以說兩公也。於是浮韓溝，度金焦，泛長江，憩滬瀆，濯足陽侯之海，振衣粵王之臺，食珠江之魚，烹西樵之茶，行將溯鬱水，越蒼梧，泛灕江，遊桂管，陟獨秀之危峰，訪榕門之故里也。有以遊觀遊幕疑者，余笑而不答。光緒癸卯秋九月鹽城陳玉澍。

九月十三日平明，猶子宗諶來送行，謂予曰：「前明黃用中，國朝王鉞，皆有《粵遊日記》各一卷。伯父此行，其可無記載以備遺忘乎？」予曰：「然」。遂抽筆裁箋而為之記。午後由羅溝起行，隨行者門人劉庚伯啟晴，送行者左松樵矩、其弟竹樵菜、馬懷之為琳、劉崙甫五昌，及家椿齡等。兒子宗灝方二歲，隨後呼爺，牽裾不捨，家人抱之始返。松樵昆仲送至溝南橋頭而返，懷之送至建陽鎮而返，椿齡送至石家溝而返，崙甫隨予舟而西。夕飧而後，登岸緩步，沿溪踏月，草露浥齋，水波不興，萬籟俱寂。遙村登火，明滅不定，道經古剎，犬吠屢聲。有溝前橫，乃復入艇。西行七八里，至收成莊。泊舟羅漢院前，老衲遠志出迎，云：「已掃榻以待」，遂與庚伯、崙甫同宿禪房。比夢醒聞鍾，而東方已白矣。

十四日，晴。昧爽早起，檢束衾毯，頮餐俱畢，旭日始杲。遠公導觀院中之並蒂瓜。瓜生佛殿階隙，蔓長及簷，傍根結實，兩瓜形同，重亦相等，庚伯謂可以瓞名之。院中又有櫻桃一株，歲必春秋再華，《群芳譜》之所不載。崙甫別予而返，予亦登舟解維南行。由收成莊西南行，出馬家蕩，古射陂也。《漢書·武五子傳》：「廣陵王相勝之奏奪王射陂草田以賦貧民。」張晏注《漢志》謂「射陽為射水之陽。」射陂、射水皆即今之馬家蕩。論者以入海之射陽湖當之，其說偏矣。勝之姓不可考。損上益下，可為萬世居官者法。鹽邑風景，湖蕩為最，所經過如皮家團、沙家莊、錢家淘等處，皆澤國也。藕田敗葉，搖風掠水；葭葦菰蒲，色兼蒼黃；魚箔蟹籪，圍合如罦；沙鳥雲帆，往來迆錯；黃葉村舍，皆在煙波洲渚間，令人想見趙北燕南景狀。由錢家淘西行五六里，有小村曰「潘家舍」；入寶應界，居民多種蔬、蓺藍、栽蒼葡、賣花為業。藍有數種，其利均厚，畝可歲穫錢數十緡。灌溉宜勤，肥料宜多，勸農之官久廢，種植之利不興。吾鹽惰農明知其利，而蓺者尠也。猶憶尾春首夏間，歸自大樾，道經陳留、杞縣、睢州、拓城，見道旁多靛池，甃以白石，旁有巨井，轆轤汲水，以灌藍田。較之安宜澤農，難易懸絕。西行十八里至蛤扡淘，又十里至望直港，明月已出林梢上矣。長市臨溪，疏燈映水，艤艇沽酒，

以飲榜人。

十五日，晴。平明解纜，西行十五里，抵寶應之利涉關。即東水關。雉堞雖陳，瓴甋無缺。道光十五年，知縣成都唐汝明輯資督修。高墉之半，石碣猶存。唐軍雖近好名，然較勝於近世俗吏之嗜利病民者焉。城垣堢隙，多生楮棟枸杞之屬，托根甚高，薪樵不得，雖無斧斤之害，亦無利益於人，趙威後所謂「於陵率民出於無用者」也，然較之道旁荊棘，卻曲迷陽，刺衣傷足，阻害行旅者，不猶愈耶？午餐後，偕劉生入南門，遊泮宮，憑欄觀泮水，溜而澄，遊魚唯唯，令人興濠濮間想。劉生言先生曾言《魯頌·泮水》篇之芹、茆與藻皆可食之物，固矣。考三者，性皆喜潔，而茅為尤甚，所生池沼，稍入糞穢即萎。然則泮宮不生無用之物，又豈容不潔之物耶？予曰：「旨哉斯論！可與共學，可與適道。」日晡登堤西眺，見夕陽之下，一片白光，不辨其為蘆花、為遠水也。未幾，小輪舟自北而來，傍岸不行，遂連物入舟，順流南下。瞬及界首，越高郵，過露筋祠。比行抵召伯埭，而夜已半矣。憶丙申季冬之月，與成君渙庭楊生同寅同泊此處。夜不成寐，作書寄劉楚薌明府崇照於金陵，有「長市厭堤，疏燈可數，暗風吹水，湖星搖光」之語。低回舊事，境過情留，彈指光陰，已七更裘葛矣。召伯埭以晉太傅謝安得名。安特典午清談之客耳，迥非召康公比也。召公治陝以西，大得名和，有司請召民營宮室，公曰：「不勞一身，而勞萬民，非吾先君文王之意也。」乃循行鄉邑，舍於棠樹之下，聽獄訟，課農桑焉。《韓詩外傳》所載較《史記·燕世家》為詳。今之官府，誠能降尊親民若此，何患教養之不興，民情之不附，國勢之不振，外侮之不戢哉！南皮張孝達宮保《勸學篇》，言切理至，似亦可謂教科要書。然內外篇無一字及於親民貴民，一若國無民猶可以為國，君無民猶可以為君者，非惟失西政之本原，亦且昧古王之體要矣。張公為中國柱石，重臣所見猶若此，余復何責哉！夫召公之作《卷阿》，戒成王也。七章曰：「唯君子使，媚於天子。」八章曰：「唯君子命，媚於庶人。」今日民主之國，官媚民而不媚君；君主之國，官媚君而不媚民。惟君民共主之國，合天子庶人而兩媚之。深得召公作詩之旨。厲王時，此義不明，而《民勞》、《板蕩》之詩作矣。舟過召伯湖。不禁召頤思召公之意。

十六日，晴。辰時舟抵京口，申刻乘麥遠公司之華利輪船東下。舟經北固山、象山、焦山下，遙見鎮江府署，高踞山頂。憶昔壬辰冬月，上謁座師王可莊先生，下榻署中之見山草堂。時國勢粗競，列強未敢昌言瓜分，而先生

語及國瘁民瘼，輒太息流涕。使先生目擊甲午中日之役、庚子聯軍之禍，能無傚賈長沙之痛哭耶？先生守鎮江二載，多善政，深得民心，調任蘇州，未久而歿。江督劉忠誠公臚陳政績，方以文翁之守蜀郡、召信臣之守南陽、富鄭公之知青州，論者咸謂當之無愧。自先生歿後，蘇省無復良二千石。今先生介弟旭莊太守仁東，經魏午莊制府奏請傳旨嘉獎，其能如小馮君之接踵大馮君耶？不禁引領望之。

十七日，雨。昧爽自通州之狼山展輪東下，午刻進吾淞，泊虹口，凍雨驟降，朔風甚壯。舟停江心，波濤怒湧，冒雨登岸，人眾喧擠。所乘輕舠，長不及刃，簸揚傾側，其勢甚危。予與庚白跧伏，不敢轉動。比到岸，檢點衣裝。失一書簏，內藏《後樂堂三集槁》、《卜子年譜》、《民權釋惑》諸雜著，及墨西哥祕鎖三十枚。文稿與《民權釋惑》均無副本，竭二年心力，始克成書，一旦失去，頗甚懊懣。未幾，亦遂夷然處之，但命庚伯出帖尋求而已。數年來稍知從事養心養氣養量之學，不敢以一人之毀譽、一物之得失、一事之順逆為忻戚也。薄暮往申報館，晤同年雷軍曜瑡，華亭氣節士也。昔嘗撰序以贈，文見《後樂堂二集》。

十八日，陰。晨興與庚伯往會金劍花孝廉詠榴於申報館。坐甫定，有人持名片示劍花。予起示之，即予名片也。問所自來，其人言有一乞丐，攜書一束，名片一紙，置之案頭，言請付雷君，問其名，不告而去。予取其書觀之，皆予簏中所藏者也。失物復得，喜不可言。惟英洋三十枚及書箱摺扇筆硯等物，為所乾沒，亦遂度外置之，不復追尋。午後閱滬上諸報，知俄人在東三省，不肯如約撤兵，且海陸增戍，運炮購糧無虛日，覊我奉天將軍增祺。兩宮震懼，急遣古北口提督馬景山軍門於昆率師萬人，馳往榆關扼守，以備不虞。且電召直隸總督袁世凱入都，與湖廣總督張之洞同入內廷，垂詢戰守事宜。袁、張二公怒俄人無禮，欲以兵戎相見。噫！我中國自甲午、乙未以來，已同幾上之肉，聽人斮斫。庚子之禍，抑又甚焉。辛丑下詔變法，人皆有剝極生復之思，不謂言路未開，臣心益敝，徒飾虛文以蒙蔽朝廷，酬賠款以割剝黎庶，國用未足，民怨已深，累卵之危，不可思議。而王大臣之奏疏，且云皇太后明年七旬萬壽，普天同慶，薄海臚歡，忍為此媚悅之語，以欺慈聖。且以承辦慶典，屬之道勝銀行。此所謂自侮人侮，自伐人伐者也。稍緩瓜分，已為厚幸，更何敢與強俄決雌雄哉！閱報至此，為之不寧累日。黃昏後與庚伯緩步，北至虹口，東至黃浦江，南入上海縣城。街衢既隘，燈火亦稀。臭惡之氣，撲人

鼻觀。比之英法租界，廣狹污潔懸殊，此即中外榮辱安危之現象也。古者國門三塗，塗分三道，男子由右，婦人由左，車從中央。掌之以司空，巡之以野廬，與城郭溝洫同為國家重大之政。道茀不治，單子知陳之將亡，拭宰清按：「清」讀若「圊」。潔道路。荀子以為惠商之善政，與近日西人之治，不謀而合。即此一端，而知三代之治不可復矣，豈獨井田學校為然哉！庚伯言衢巷太狹，則火災易延，不獨人馬徒輿並行為害也。華人貪近利而昧遠圖，造宅者占越街道，治田者填塞河湄，此為舉火政、興水利者所宜必禁。是日招商局新豐輪船開往粵東，船票已將購矣，以豐潤張安浦中丞人駿。乘此船赴廣東巡撫任，僚從甚盛，舟中無復隙地，遂不果。

十九日，晴。作家書語函，一寄鹽城羅溝館舍，一寄清河江北大學堂。又作書寄劉楚薌明府於蛟川，勸其服闋出山，略言國事多艱，人才難得，但才守可以自信，即丘園不可安居。又作書寄馬慕蓬大令為瑗。於寶坻，略言近日疆吏，不能破格任賢，有異政而無顯仕。徐東甫尚書會澧、袁慰廷宮保世凱先後奏請傳旨嘉獎，為司空見慣之事，不足以表異循良云云。與庚白閒步街衢，見售湖北彩票、浙江彩票、江南彩票、鳳翔彩票者，凡數十家，為之撫然太息。中國苟且之政，至稅賭而極，較於闐、龜茲徵女肆之錢，直一間耳。既收闔姓之鉅資，復襲呂宋之秕政，國家以賭博誘民聚賭，抽頭之律不亦可議廢耶？午後買招商局致遠輪舡船票，日晡束裝登舟。同舟者多口操粵音，所載貨物運往香港者多，運往羊城者少。

二十日，晴。醜正解纜，睡夢中聞機輪擊水聲如殷雷，不知其為江為海也。比旭日照窗，海風稍壯，舳艫動搖，頭腦微眩，擁衾仰眠，卓午未興，簋湌既設，飽餐若素，遂躍然興曰：「能食即能行，奈何以僵臥自廢，效土耳其、摩洛哥病夫之國不能自立也！」急登舡首，左右瞻顧，海天遼廓，不見島嶼。詢之長年，三老云：「已過招寶、虎蹲、普陀、落伽諸山，入臺州境矣。」臺州臨海縣有花維正紹中者，深藏時務之士，素無半面之識，曾通尺素於予，推崇備至，讀而生愧。浙東知己，獨有斯人，把晤無從，悵惘曷極。日暮見西面山峰，逶迤不絕，問之榜人，不能舉名。

二十一日，情。黲雲暖空，仰不見日，颸自乾來，舟搖若簸，雪浪銀濤，排空矗立，如玉山千峰之伏起，如白馬萬匹之奔馳，枚乘曲江之觀，無此其偉。舟雖低昂欹側，而予與庚伯行立於驚風駭浪之中，略無暈眩，乃知心悸則膽怯，氣足則神完，稍懷思葸，便成頹廢。憶昔壬辰二月，泛海入都，大波

撼舫，終日倚枕，審非恇怯所致？及戊戌下第，由海道南旋，既出大沽，海天丕霽，波平如鏡，一碧千里。三日之內，鯨濤不興。彼時謂行海之樂，無異登瀛。然人生盡處平順之境，則膽氣不壯，識力不增。今者箕伯陽侯，實為惠我。卓午過福州之白狗山，連峰七八，若斷若續，又有山形若浮龜，首尾皆具。比舟過廈門，已曰入崦嵫。黑風暗海之中，見遙峰孤燈，乍明乍滅。

　　二十二日，晴。風力狂猛，不減昨日。晨興四顧，不見一山。鯨濤噴雪，高與檻齊。人立船首，衣髮皆濕。舟側案攲，瓦缶墮落，食器破碎聲與波濤洶湧聲相應。時有漁舠千艘，逆風揚帆，逆風揚颺，舟入浪凹，僅見檣杪，突落突起，若沉若浮。憑欄俯觀，代為危懼。舟中漁子安坐不驚，子龍、伯約之膽不是過也。國家若招募此輩入海軍學習，可成勁旅。舟行浙閩大海，自北而南。既入粵洋，則自東而西。巳刻遙見舟北有山，潮州饒平縣之南澳也。午刻見舟北有山，潮州澄海縣之汕頭也。過此而西，北岸島嶼迤邐，望之隱然，為惠州陸豐之田尾洋山、九島山、五峰山，與海豐縣之碣石相接。日晡而後，風威稍斂，臥客皆與觀瀾者佈滿於舡之左右。丱女稚男遊嬉自得，有繈負其子而俯視漣淪者。

　　二十三日，晴。寅初抵香港。披衣出眺，缺蟾在空。懈氣溟濛，不若江月空明遠甚。四山合圍，隱約可見。東南一岸，燈若繁星，市廛最勝處也。昧爽橫艇，關吏先至，檢查煙客，頃刻而畢。香港為南洋第一埠頭，與北岸九龍對峙，而貨物出入口概不徵稅，故商賈趨之若鶩。惟私煙之禁甚嚴。凡吸食鴉片者須購煙膏煙具於華豐公司，違者重罰，顯宦莫能解免。該公司之輸白金於香港總督也，歲三百六十萬，煙膏一兩值銀三錢六分，價雖昂貴，莫敢私藏煙土。自煎煮，故其地窮民之吸煙者絕少。中國煙民太眾，由於吸煙太便。吸煙太便，由於煙館太多而煙土又易購也。故中國欲議禁煙，先宜嚴禁煙館而掃其利於公家。有私售煙土煙具者必重罰之，使吸煙者動輒觸禁受罰，諸多不便，久之可以不禁自絕。日本之治臺灣也，設立煙籍，非領官府鑑札者不得吸煙。凡購買煙土、煙燈、煙鎗等物，皆官給鑑札。如無鑑札者，即治以吸私煙之罪。法嚴而信，令出必行。胥吏豪猾莫敢上下其手，故無窒礙難行之患。中國官不任事，法不勝弊，國無鉗束，人盡自由。欲以英人治香港、日人治臺灣之法治之，恐不可得矣。此管、商、申、韓所以為政治家之大豪傑也。與庚伯短衣陟崖，徐行縱覽，見羣嶺環抱，澶在兌方，海曲水深，可容萬艇，形勢極似煙臺。樓閣崇隆，街巷壯闊，林園幽邃，花木扶疏，大致無異

滬北。而鑿麓成衢，環山為市，高高下下，陟降皆闤，碧海千帆，蒼峰萬木，高低掩映，自成一幅畫，則滬上遠不及也。考《大清一統志》卷三百三十三，詳載廣州山水，有濠鏡、澳山而無香港。道光二年，阮文遠公修《廣東通志》，於內洋、外洋、海防、山澳、礮臺圖說甚詳，於香港亦甚脫畧，但有紅香爐汎官駐紮其地而已。設非英人經管構造，至今不過海中一荒島，中國人仍不知其地之佳處何在也。向者日俄交爭之樺太，不知為我國之庫頁島。近者俄人屢言將以哈爾濱為新聖彼得堡，中國不知哈爾濱為何所。德人所據之膠澳，亦非中國談地形者之所重也。通國不講地學，必待竊據於人而其名始彰，豈不深可慨哉！有販夫販婦設市船頭，物多靡麗，造自洋人，皆非日用必不可缺者。然以制美價廉，購者甚眾。為物雖微，要足以娛樂人之耳目，而蠱其心志，傾其資財，此區區者無一非商戰之利器也。彼巧我拙，抵制不易。竊願大皇帝崇尚工藝，尊敬匠人，以俄皇大彼得為師表。夜二鼓，由香港展輪而西，兩面高山壁立，其隘處如門對峙。行數十里，猶見香港高處之繁燈也。

　　二十四日，晴。平明駛入東莞縣西南之虎頭門。虎頭門亦名虎門，有大虎、小虎二山，一名虎頭山，即秀山也。礮臺高據山麓，俯瞰海水，是為廣州門戶，有水師提督駐此。又北行六十里至三江口。三江者，謂東江、中江、北江也。東江，古浪水，一名龍川，水源出江西安遠縣，南流入廣東和平縣，道經龍川、河源、歸善、博羅、增城、東莞諸縣，經廣州城南，北江自北來會，西江自西來會。北江即古湞水，源出南雄州保昌縣，流經南雄州、始興、曲江、乳源、英德、清遠、三水諸縣，經佛山鎮，南過荔支灣、柳浦，於廣州府城之西南，北會東江，南會西江。西江以廣西之左江、右江、桂江為上源，自梧州流入廣東，經封川縣、德慶州東安縣、高要縣、三水縣至廣州城西南，與北江、東江合。西北二江既合，有珠江之名。《番禺縣志》又謂之牂牁江，即《漢書‧南越傳》之牂牁江也。廣西之右江，亦名柳江，出自牂牁，僅三江之一。至潯州，合左江，即鬱水也。至梧州，左右江合桂江，即漓水也。廣西之三江既合，流入廣東為西江。西江仍名牂牁，是偏舉一源而捨其二也。珠江兩岸稻田接壤，塍皆種樹，滿目青蔥，橘綠橙黃，香隨風至。回望海上諸山，嵐光猶撲人襟袂也。舟抵白鵝潭，下椗江心，橘舠蔗艒，什百環集，打槳揚帆，無非巾幗，皆繈負其子於肩。入境不待採風，已知其男逸女勞之俗矣。出番佛一尊，喚艇束裝登岸。行經租界，木茂陰濃，大似吾鄉盛夏風景。舟子謂鴻安客棧向無盜賊之警，逐寓居焉。宅狹而長，百室一狀。永巷深窅，不見天

日。居其中者，有類幽囚，求空闊之庭除，不可得也。尤可憎者，臨江架板，鑿空為廁，傍廁汲水以治饔飧，飽嘗污流，不以為怪。素性嗜潔，既食欲哇。羊城疫癘素重，隘室、穢水二者當任其咎。然蘇文忠與王敏仲書，言廣州一城人好飲鹹苦水，春夏疾疫時，所損實多。此俗自宋已然，非昉於今。街衢窄狹，大似江西省城，而整潔過之。

二十五日，晴。程雨亭方伯以肩輿來迎，由客棧入寓藩署，所居在三堂之西。門東向，簷後有林於百數十竿，大可作篙，高出屋脊，綠陰罩窗，紅塵不到，此君真不可一日無也。然敗葉厚積，蚊蚋易生，晝出嚙人，宵攻幃幌，與兩粵山菁藏盜無異。方伯初相見時，即言會城盜賊多而且橫，白晝搶劫之案層見迭出，難以重典治之。而若輩愍不畏死，愈誅愈多，緝捕幾無良法。文署則捕役通盜，武營則兵弁庇盜，鄉野則紳士窩盜。其異於廣西者，止州縣官尚未與盜合耳。廣西寇亂固無掃盜之期，而廣東伏莽亦有一發不收之患。加以吏治廢弛已久，度支虧短甚鉅，欲彌補目前，非挪借洋債不可。雖以督撫岑、張二公之賢，欲振頓維持，以弭未來之亂，使國家不再受洪、楊之禍，恐未易言也。聞言太息，作《嶺南弭盜策》，其言曰：嶺南，古盜藪也。漢、唐、宋、元、明之世皆多盜，不獨國朝為然。國朝當雍、乾、嘉、道之世已多盜，不獨近日為然。其見於列聖諭旨、督撫奏疏、名人文集者不可勝引。若道光間巡撫黃恩彤輯《廣東省例新纂》，所載有會匪、單匪、盜匪、洋匪諸名，有廣州水陸緝捕、南韶連水陸緝捕、惠州巡河捕盜、潮州巡河捕盜諸章程，又其後矣。治病者必診其病之所自起，治水者必窮其水之自出，治盜何獨不然，是必不可不察其原因也。竊謂歷代公共之原因有六，本朝專獨之原因有四，而教養之廢不與焉。教養誠為弭盜之大本，不教養誠為多盜之原因，然官不教養其民，聽民之自為教養，此中國秦、漢以來之所同，非今日之所獨也；今日二十三行省之所同，非粵省之所獨也。以此歸咎粵官，聞者將抵為苛論，姑捨此原因而不言焉。《史記正義》謂嶺南之人多處山陸，其性強梁，故曰陸梁。身帶刀劍，負氣好爭，聚族械鬥，血肉狼藉，始蹂鄉里，既抗官兵，皆陸梁之性使然。此公共之原因一也。越畿舊俗，性好巫鬼，邪說易惑，會匪以多。《隋志》謂其逆節易萌，半由於此。此公共之原因二也。猺獞雜處，種類甚多。《通典》謂人雜夷獠，不知教義。《隋書·地理志》陳交廣風俗，言諸蠻重賄輕生，惟富為雄。華風遲被，夷俗未改。憪不畏法，良有由來。此公共之原因三也。欲治民盜，先治官盜。故季康子患盜，孔子以不欲箴之。廣州

貪泉之波，滔天久矣。如孟嘗、衛颯、鍾離牧、吳隱之者，曾有幾人？故《山堂考索》言官廣南者多以貪墨，激吏民之變，啟蠻獠之擾。此公共之原因四也。古今大患，無如否隔。僻在嶺南，蒙蔽尤易。文武之吏率多諱盜養癰，以保固祿位，媮一身目前之安，而貽禍來者，莫肯詳言伏莽之害。觸犯時忌，故狼虎佈滿山澤，而宮廷晏然不知。此公共之原因五也。溪峒嶮岨，林菁幽深，依險負固，易抗朝命。雖有良將，不易搗穴。又蜑戶漁舟，居近海島，水陸劫掠，出沒無常。故其亂恒較平原大陸為多。此公共之原因六也。《漢志》云「南海多犀象、瑇瑁、珠璣、銀銅、果布之湊，中國往商賈者多取富焉」。說本《史記‧貨殖傳》，而《隋志》所述異同。《南齊書‧州郡志》則云：「捲握之珍，富兼十世。」唐人詩亦云：「此鄉多寶玉矣。」廣東財之諺，近日服官者所豔稱也。本朝捐例之濫，遠勝前代。光緒以來，仕途益雜，而指捐廣東者恒多於廣西。此輩心術操守，豈可復問？一旦身臨民上，亦寇攘耳。氣類相感，盜乃日滋。此專獨之原因一也。廣東賭風之甚，甲於天下。南皮張公督粵，奏加闈姓賭稅。合肥李公督粵，又奏收小闈姓賭稅。歲共收三百六十餘萬，遂為粵省入款之大宗。此外又有山票、番攤諸名目，闈姓一年數賭，山票七日一賭，白鴿票日日可賭，番攤時時可賭。會城佛山既為總匯之所，而各府州縣亦無不賭館林立，舉國若狂，老弱麕集，男婦奔走，士民失業，轉富為貧，一旦貲財蕩盡，則相率而為盜矣。此專獨之原因二也。張公重斂於前，而元氣已傷；剛毅收括於後，而財力益耗。至辛丑賠款，廣東勻攤三百萬，大府無從羅掘，於是房捐、糧捐、屠捐、酒捐、煙膏捐、沙田捐接踵而起，前此所設之釐卡稅額亦增，頭會箕斂，而閭閻之脂膏竭矣。抽稅既重，物價頓昂。來其一斤食鹽，一斤值錢四十；糯米一斤，值錢六十；青菜一斤，值錢三十有奇。日用所需無不騰貴，民生日蹙，困頓無聊，乃輦入萑苻，以延殘喘。劫殺擄贖之案，無地無日蔑有。此專獨之原因三也。葡萄牙人之據壕境，雖始於前明中葉，其時華威尚強，敵氛未惡，未敢公然藏奸，抗拒上國。迨道光壬寅，香港為英人所據，遂為中國逋逃一大洲藪，雖與粵垣相距咫尺，而華洋隔絕，中國官不能越境拘提，奸民遂有恃不恐。國家欲設一領事官以治華民，歷任使臣屢爭未得，香港一埠遂為前明塞外之板升，盜賊因之益橫。九龍山與廣州灣又將為香港之續矣。此專獨之原因四也。有此專獨之四大原因，又益以前代公共之六原因，粵盜之多，不亦宜乎！人但知粵西已發之亂之不可猝平，而不知粵東將發之亂之尤為大厲。其不至同時併發者，以未有粵西之大饑耳。然

欽、廉、惠、潮諸州郡潢池竊弄，已非一處。況民窮愈遲，禍亦愈大焉。向者洪、楊之亂，由粵入楚，蔓延十有六省，攻陷六百餘城，勞師二十載，糜餉數萬萬而後定，其時中國人材極盛，軍力較競，互市者未敢公言瓜分華土，而平寇已若此之難也。今者國勢遠遜咸、同，而列強遠勝咸、同，倘復遇咸、同赭寇之亂，則軍非借用洋兵不可，將非借用洋弁不可，餉非借用洋債不可，恐寇雖平而土地已非我有矣。為疆吏於此者，不可不籌之早也。然而因捐多盜而停捐無期，因賭多盜而禁賭無望，因稅多盜而減稅無日，因敵多盜而制敵無策，雖以曾、胡二公治之，恐亦無去火抽薪之策。然遂謂粵事不可為則大不然。但以蹈常習故之態治之，真不可為耳。如諸大府此後於文武官員降尊霽威，但以情誼相感，不以勢分相臨，悉屏虛文，嚴責實效，如稟賀令節站香班相見屈半膝請安之類，概行禁止，大開言路，盡撤障蔽，時時以王陽明之願聞己過求通民情為宗旨，於省城設立求言館，屏除一切忌諱，禮聘九府五直隸州老成清正之士各一二人使居館中，不時接見，詢以利弊，俾陳□□、李□□之流有所忌諱而不敢妄為，推誠布公，手書諭牧令，使降尊親民，力興教養，分別良莠，不使民與賊合；誅鋤內應，不使役與賊通；使民知官之可恃，敢於殺賊；使賊知官之可畏，改而為民。賊日少而亂可不作。昔人言州縣得一良有司勝得勁兵數萬，良不誣也。然廣東九府五直隸州轄州廳縣八十有六，安能盡得良吏以治之？為執簡馭繁之計，無如擇賢監司良二千石專倚而久任之，俾如嚴樂園之守漢中、傅重庵之觀察辰沅永靖，予以訓練兵勇、黜陟屬吏之權，不束以有司文法。但得十數賢才，則粵東可轉危而為安。然羊城近日候補實缺道府，安得有如嚴樂園、傅重庵者？無已，則惟有借材異地之策，擇他省之政聲卓著、眾論僉同、平日之真知灼見者奏調來粵，使為道府。以中國土宇之廣，十數人似不難旁求。以岑制府聖眷之隆，知皇上必從其請而不拒此策。誠行粵東，其有豸乎！推此法以治粵西，粵西之民其有鳩乎！昔漢順帝永和中，日南、象郡羣蠻並反，朝廷以張喬刺交州，祝良守九真，開示慰誘，並皆降散，由是嶺表無虞。靈帝中平中，嶺南大擾三府，精選賈琮為刺史。琮至，罷復徭役，選良吏試守諸縣，遠近翕然，巷路為之歌曰：「賈父來晚，使我先反。」嶺表自是安堵。此選用道府之明效，嶺海平亂之故事也。然此仍非萬全之策，欲拔禍本而塞亂源，必停捐、禁賭、減稅，去其四大原因之三而後可。（未完）

《粵遊日記》為鹽城陳愓庵先生玉澍所著。先生殫心經史之學，而又洞

達世變，時時以救民強國為己任。所為文，雄奇倜儻，有陳同甫推倒一時豪傑、開拓古心胸之概。彊吏之賢者聞其名，爭以幣聘羅致之。雇先生落落寡合，惟閉門著書，思藉文字以挽回時變。所著有《後樂堂詩文集三編》、《民權釋惑》、《卜子夏年譜》、《毛詩異文箋》、《鹽城縣志》等書，已次第刊行。此《日記》係遊歷粵省時所著，成書未久，先生遽歸道山，幸稿本為先生同邑友人印君水心所藏。去夏承印君遠道郵示，急為付刊。瑨與先生同肄業於澄江之南菁書院，旋於光緒戊子同舉於鄉，嗣是商榷文史，月必同函。或過滬江，必訪我寓廬，相與縱譚時事，唏噓感慨，往往窮日夜不休。蓋先生抱救時宏願，時思得同志者以共任仔肩，雖以瑨之空疏迂謬，而亦不忍屏棄之。今讀其《日記》，且承以氣節士相推許，固慚名不副實，而故友拳拳殷誼，亦不能不深九原知己之感。校刊既竟，為泫然者久之。丙辰二月，松江雷瑨謹跋。

附：王欣夫《蛾術軒篋存善本書錄・辛壬稿卷二》〔註2〕

粵遊日記二卷一冊

　　清鹽城陳玉澍撰。鈔稿本。華亭雷瑨手跋。

　　玉澍字惕庵，光緒戊子舉人。南菁書院高材生。經學得定海黃氏之傳，而尤留心時務。所著《後樂堂集》多策政治經濟，迥非書生泥古之見。此記光緒癸卯應廣東布政使程儀洛之聘入粵，自九月十三日啟程，至歲暮而歸。廣州為通商大埠，其時吏治民風，刻剝奢侈，有積重難返之勢。厥蔽之大者有三：曰稅，曰賭，曰盜。稅則巧立名目，掊克聚斂，無所不至，而莫甚於賭捐，竟列為政費之正項。賭則如闈姓、番攤、山票等，而莫酷於牛欄賭，使農民廢其耕種之業。民既不勝稅、賭之害，於是迫而相率為盜，及其猖獗，猶粉飾欺蒙。惕庵謂「稅愈加，賭愈盛，盜愈熾，而禍愈速。自古衰亂之朝，無此政體。蓋賭與盜皆源於上之苛稅，以啟其僥倖鋌走之心」。惕庵可謂痛乎其言之也。「外人於通商地，許其歲納地租，姑於明嘉靖十四年葡萄牙人之租澳門。至光緒時則各國多有之。如法國租舊督署及箭道地，歲納租銀僅八十六元，可謂國體之至辱。時岑春煊為總督，銳意欲澄貪墨之風，而上下相蒙，無濟於事，方且與桂撫柯逢時意見僢馳，多所掣肘。」凡此皆記載甚詳，可作晚清史料，不僅遊記而已。他如多識物產之繁富，則秔含《南方草木狀》也，紀

〔註2〕王欣夫撰，鮑正鵠、徐鵬標點整理《蛾術軒篋存善本書錄》，上海古籍出版社
　　　2002年版，第511～512頁。

附錄七：陳玉澍《教育芻言》[註1]

首孝《後漢書・韋彪傳》：「國以簡賢為務，賢以孝行為首。」孔子曰：「事親孝，故忠可移於君。」

禮陳師範《後漢書・文苑・趙壹傳》：「壹報皇甫規曰：『君學成師範，縉紳歸慕。』」長善救失。《禮記・學記》：「教也者，長善而救其失也。」善莫如慈，自注：慈即孝也。《內則》云：「昧爽而朝，慈以旨甘。」《周書・諡法》：「慈惠愛親曰孝。」《莊子・漁父篇》：「事親則慈孝。」《齊語》云：「不慈孝於父母。」《春秋元命苞》、《說文解字》皆以烏為孝鳥，而《廣雅・釋鳥》、梁武帝《孝思賦》謂之慈鳥。《祭統》曰：「孝子孝孫。」《孟子》曰：「孝子慈孫。」慈與孝非有二也。古人以慈為孝，故能以愛子之心愛父母。後人專以慈屬之親，遂有厚於慈而薄於孝者，而世教衰微矣。失莫如去。自注：《說文》：「去，不順忽出也。從到子。」引「《易》曰：『去如其來如。』不孝子突出，不容於內也。古文作㐬，從到。古文子。」今《易》作「突如其來如」。鄭《注》謂不孝之罪，五刑莫大，故有焚如、死如、棄如之刑。去為到子，自注：到，古倒字。《說文》人部無倒字。到子即今所謂逆子，故《說文》以不順釋之。育從其文。自注：《說文》：「育，養子使作善也。從去肉聲。」去為不孝子，不善之大者，而育字從之，教育之所當首戒者可知矣。改化薄孝，《史記・秦始皇本紀》：「黔首改化，遠邇同度。」《禮記・坊記》：「君子以此坊民，民猶薄於孝而厚於慈。」教育之門。《說文》「育」字下引《虞書》曰「教育子」。

[註1] 第一至三章刊《大道》1936 年第 6 卷第 6 期，第四至六章刊 1936 年第 7 卷第 1 期，第七章刊 1936 年第 7 卷第 2 期。書名下題「陳惕菴先生遺著」。

四體有心，枝葉有根。《後漢書‧延篤傳》：「夫仁人之有孝，猶四體之有心腹，枝葉之有根本。聖人知之，故曰『君子務本，本立而道生』。」孝經不專，何以省身。《論語》：「曾子曰：『吾日三省吾身。傳不習乎？』」《釋文》：「魯讀傳為專。」宋翔鳳《論語發微》曰：「曾子以《孝經》專門名其家也。」三孝不勳其一，（大戴禮曾子大孝篇孝有三大孝尊親其次不辱其下能養釋詁勳勉也）何以為人。《孟子》：「不得乎親，不可以為人。」為子不能，何以為臣。《通典‧凶禮》引鄭駁異義云：「據《孝經》資於事父以事君，言能為人子，乃能為人臣也。」

孝道不明著，何以使六合歸仁。趙岐《孟子章指》：「孝道明著則六合歸仁矣。」吾不徒憂虎狼之潡潡，《史記‧蘇秦傳》：「夫秦，虎狼之國也。」《易》：「虎視眈眈，其欲逐逐。」《漢書‧敘傳》：「作其欲潡潡。」《注》云：「潡潡，欲利之貌也。潡音潊。」而憂梟鏡之优优。《說文》：「梟，不孝鳥也。日至捕梟磔之。從鳥，頭在木上。」《漢書‧郊祀志》：「祠黃帝用一梟、破鏡。」孟康曰：「梟，鳥名，食母。破鏡，獸名，食父。黃帝欲絕其類，使百官祠皆用之。破鏡如貙而虎眼也。」《楚辭‧招魂》：「豺狼從目，往來优优些。」王逸注：「优优，眾多也。」案：「优优」與「駓駓」、「訧訧」、「莘莘」、「甡甡」並同。作首孝篇第一。《《書‧堯典》疏》：「《堯典》，弟一篇之名，當與眾篇相次，弟訓為次也。」

第一章《詩‧關雎》疏》：「自古而有篇章之名，與詩、禮俱興，故《那》序曰『得商十二篇』，《東山》序曰『一章言其完』是也。」○按：此章言孝為教本。

或問道有父母乎？曰：「道安得無父母？董子曰：『道之大原出於天。』見《漢書‧董仲舒傳》。是天者，道之父母也。」或問禮有父母乎？曰：「禮安得無父母？《小戴禮》曰：『禮必本於太一。』」《禮運》曰：「是故禮必本於太一，分而為天地。」《疏》云：「太一者，天地未分混沌之元氣也。」則太一者，禮之父母也。或問天地有父母乎？曰：「天地安得無父母？《易‧繫辭傳》曰：『易有太極，是生兩儀。』」孔《疏》曰：「太極謂天地未分之前，元氣混而為一，即是太初、太一，故《老子》云：『道生一』，即此太極是也。又謂混元既分，即有天地，故曰『太極生兩儀』，即《老子》云『一生二』也。不言天地而言兩儀者，下與四象相對。兩儀謂兩體容儀。」《周易乾鑿度》曰：『易始太極，太極分

而為二，故生天地。』則太極者，天地之父母也。」或問教有父母乎？曰：「教安得無父母？《大戴禮》曰：『民之本教曰孝。』《曾子・大孝篇》。《小戴禮》曰：『眾之本教曰孝。』《祭義》。《孝經》曰：『孝者，德之本也，教之所由生也。』又《祭義》云：『至孝近乎王，雖天子必有父。至弟近乎霸，雖諸侯必有兄。先王之教因而不改，所以領天下國家也。』《疏》云：『先王設教之原，因人心有孝弟，即以孝弟教人，是因而不改。』孔氏意亦謂孝在教先。又鄭康成注《祭統》云：『教由孝順生。』則孝者，教之父母也。」古者明主賢君肅慎三本。奉天本則舉顯孝弟，表異孝行；奉地本則躬耕親蠶，以承祭祀；奉人本則立辟雍庠序，以教孝弟敬讓。見《春秋繁露・立元神篇》。然則庠序不修孝弟，是為無本之教。玉澍不敏，與聞此間教務欲以保存天經地義者，《易・繫辭》：「亡者保其存者也。」《春秋繁露・五行對篇》：「父授之，子受之，天之道也。故曰：孝者，天之經也。孝子之行取之土。土者，五行最貴者也。五聲莫貴於宮，五味莫貴於甘，五色莫貴於黃，此謂孝者，地之義也。」以保存盡倫之國美，《荀子》：「聖也者，盡倫者也。王也者，盡制者也。」《吳志・張溫傳》：「顯國美於異境，揚君命於他邦。」即以保存崇本之國化，《春秋繁露・立元神篇》：「夫為國，其化莫大於崇本。」即以保存全國之人心，不敢不與髦言孝。《詩》：「思齊譽髦思士。」毛《傳》：「有名譽之俊士。」

第二章按：此章言古聖賢皆以孝為教。

我中國開闢以來，有最大兩教育家。一曰玄王，《詩・長發》：「玄王桓撥。」《傳》：「玄王，契也。桓，大。撥，治。」《國語・周語》：「玄王勤商，十有四世。」賈《注》：「玄王，契也。」《荀子・成相篇》：「契，玄王，生昭明。」《白虎通義・瑞贄篇》引《詩》，以玄王為成湯，非是。一曰素王。《左傳疏》引《六藝論》：「孔子既西狩獲麟，自號素王。」又盧欽《公羊序》云：「孔子因魯史記脩《春秋》，制素王之法。」《孔子家語》：「齊太史子余謂南宮敬叔曰：『天其將欲素王之乎？』」玄王為堯司徒，敬敷五教。《見舜典》。孟子謂其教以人倫，孔子謂其教民孝友。《大戴禮・五帝德篇》：「孔子告宰我曰：『契作司徒，教民孝友。』」是玄王以孝為教也。《論語》載孔子四教，曰文、行、忠、信。《淮南子》則謂孔子「專行孝道，以成素王」。《主術訓》。又言孔子「弟子七十，養徒三千，

人皆入孝出弟」。《泰族訓》。衛將軍文子曰：「夫子之施教也，世道者孝弟。」見《大戴禮·衛將軍文子篇》。《家語》作「導之以孝悌。」《荀子》謂孔子以孝弟化闕黨，《荀子·儒效篇》：「孔子居闕黨，闕黨之子弟罔不畢分，有親者取多，孝弟以化之也。」而荷杖、搏杖、置杖之問，《呂氏春秋》：「弟子從遠方來者，孔子荷杖而問之曰：『子之公不有恙乎？』抱杖下問之曰：『子之父母不有恙乎？』置杖而問曰：『子之兄弟不有恙乎？』」《廣韻》「杖」字而云：「孔子見弟子，抱杖而問其父母，拄杖而問其兄弟，曳杖而問其妻子。」〔註2〕尤為彰明較著。是素王以孝為教也。素王之門有兩大教育家：曰曾子，曰子夏。曾子設教南城，《孟子》：「曾子居武城。」《史記·仲尼弟子列傳》：「曾參南武城入。」案：南武城故城在今山東沂州府費縣。《漢書·地理志》曰：「南成，《後漢書·郡國志》曰南城。」其鉅子《呂氏春秋·去私篇》：「墨者有鉅子腹䵍」；《上德篇》：「我將屬鉅子於宋之田襄子。」有公明儀、《禮記·祭義》注：「公明儀，曾子弟子。」公孟子高、公明高，《說苑》作「公孟子高」。孟、明，古同音，通用，猶孟津作盟津也。公明宣、見《說苑》。樂正子春、見《祭義》。單居離、見《大戴禮》。陽膚、見《論語》。子襄趙岐《孟子注》：「子襄，曾子弟子。」薛應旂《人物考》曰：「南武城人。」之倫。子夏教授西河，注見序。其高弟《史記·禮書》曰：「子夏門人之高弟也。」《索隱》言子夏是乃孔子門人之中高弟者，謂才優而品第高也。有魏文侯、公羊高、穀梁赤、曾申、李克、段乾木、陸璣《毛詩草木蟲魚疏》：「孔子刪詩，授卜商，商為序以授魯人曾申。」○余皆見序。田無擇、田子方，名無擇，見《莊子·田子方篇》。禽滑釐之徒。宋儒之談道統者，必由孟子、子思而溯源於曾子。見朱子《大學章句序》。漢儒之講經學者，必由荀、毛、陸璣《詩疏》：「子夏四傳至根牟子，根牟子授趙人荀卿，荀卿授魯國毛亨。亨為詁訓傳，以授趙國毛萇。」公、穀、公羊高、穀梁赤俱授經子夏，注見前。而溯源於子夏。孔子為漢學宋學之始祖，子夏、曾子實為漢學宋學之大宗，其教澤之宏遠，在馬、鄭、程、朱之右。然吾觀魏文侯有《孝經傳》，《齊民要術》引魏文侯《孝經傳》曰：「民春以力耕，夏以鋤耘，秋以收斂。」朱竹垞《經義考》以為庶人章「用天之道，分地之利」二句注。是史所謂授經文侯者，《史記·魏世家》及《六國年表》皆云文侯受經於子夏。即《孝

〔註2〕按：「而問其妻子」，底本誤作「妻問其而子」。

經》也。《論語》為子夏所撰，《論語》邢《疏》引鄭玄云：「仲弓、子游、子夏譔。」又《文選注》引《論語崇爵讖》云：「子夏等六十四人共譔。」《仲尼微言》，惠氏棟謂《論語》也。首章言為學之道，次章言為人之道。一則曰「其為人也孝弟」，再則曰「孝弟為人之本」，元和江聲《論語竢質》云：「『孝弟也者，其為人之本與？』仁當讀為人。古字仁、人通。『其為人之本』正應章首『其為人也孝弟』句，不知六書假借之法，徒泥仁為仁，誼字紛紛辯說無當也。」又寶應朱彬《經傳考證》說與此略同。案：《北史・孝行傳・序》、《太平御覽》引《論語》皆作「其為人之本與」。謂不孝弟不可以為人也。是子夏以孝為教也。曾子以《孝經》為教，其門弟子最以孝著者為樂正子春。詳見《小戴禮・祭義》、《大戴禮・曾子大孝》。吳起母喪不歸，遂與之絕。《史記・吳起傳》。所著書，以《曾子立孝》、《曾子大孝》、《曾子本孝》名篇，皆見《大戴禮》。無一非訓世之言。是曾子以孝為教也。曾子、子夏歿後，孟子為戰國大教育家，非荀卿所及。自注：「荀子言性惡，專與孟子為難。又《子道篇》首言『入孝出弟者，人之小行也』，且與孔子為難。其所謂中行者，上篤而下順也。篤順豈大於孝弟？其所謂大行者，從義不從父也。此但可期諸犂牛騂角，不可以教率土普天，其好高而害理如此。」其告曹交曰：「堯舜之道，孝弟而已矣。」告彭更曰：「入孝出悌，守先待後。」告梁、齊二王皆曰：「謹庠序之教，申之以孝悌之義。」是孟子以孝為教也。慨自秦相商鞅，禁民父子兄弟同居，《史記・商君傳》：「令民父子兄弟同室內息者為禁。」且言國有孝弟必削亡，《商君書・去強篇》：「國有禮有樂，有詩有書，有善有修，有孝有弟，有廉有辯。國有十者，必削至亡。」棄孝廢仁，自致車裂之禍。《文心雕龍・諸子篇》：「至如商、韓，六虱五蠹，棄孝廢仁，車裂之禍，非虛至也。」秦民自此不知孝弟為何事。國俗偏愛小兒，不如周人愛老。《史記・扁鵲傳》：「過邯鄲，聞貴婦人，即為帶下醫。過雒陽，聞周人愛老人，即為耳目痹醫。來入咸陽，聞秦人愛小兒，即為小兒醫。」父借耰鋤，慮有德色。母取瓢椀，立而誶語。見《賈子・時變篇》。以小利而兄弟相獄，《呂氏春秋・高義篇》：「秦之野人，以小利之，故兄弟相獄，親戚相忍。」彝倫斁敗不可言，《書・洪範》：「彝倫攸斁。」《傳》：「斁，敗也。」而秦社亦屋矣。《禮記・郊特牲》：「喪國之社屋之。」蓋自伏犧取法河圖，孔安國、馬融、王肅、姚信並云伏羲得

囂則人意動。」詞氣不可鄙背，《論語》:「出詞氣，斯遠鄙倍矣。」舉動不可輕脫。《晉書·劉毅傳》:「輕佻躁脫，職為亂階。」舉凡一切有損聞望之處，《詩·卷阿》:「令聞令望。」不可以敖以遊。《說文》無「遨」，古止作「敖」，從出從放。知事君不忠之非孝，則當念國家歲費十數萬金錢建此上庠，教毓吾曹，不可不思報禮之重。《禮記·中庸》:「則士之報禮重。」食學堂之食即食吾君之食，衣學堂之衣即衣吾君之衣，舉凡一切寢坐器具，何一非聖王渥惠所逮，《漢書·外戚傳》:「蒙聖皇之渥惠兮。」念及此而忠愛之忱自油然生，浡然興。一切邪奸梟亂之說，《荀子·非十二子篇》:「飾邪說，文奸言，以梟亂天下。」自不忍出諸口矣。知臨事不敬之非孝，則當知無論練習何科，皆宜搏心壹志，《史記·秦本紀》:「搏心壹志。」《索隱》:「搏，古專字。」實事求是而不浮。《漢書·河間獻王傳》:「修學好古，實事求是。」知朋友不篤之非孝，則當知同堂之畦畛，黃庭堅賦:「視其胸中，無有畦畛。」不可不融規過之箴誡，《隋書·蕭后傳》:「綜箴誡以訓心。」不可不摯語言之細故，《漢書·匈奴傳》:「朕追念前事，薄物細故。」不可忿懥。《禮記·大學》:「身有所忿懥。」注:「懥，怒也。或作懫，或作疐。」知戰陳無勇之非孝，則不可不力湔文弱之末習，《世說》:「蔡司徒在洛見陸士龍，為人文弱可愛。」林俊《白鹿洞賦》:「奚弊弊於末習。」不可不亟張尚武之英風，《文選》孔稚珪《北山移文》:「張英風於海甸。」《詩》:「以雅以南，以籥不僭。」《箋》云:「周樂尚武，故謂萬舞為雅。雅，正也。籥舞，文舞也。」不可不念馬革裹屍之烈，《後漢書·馬援傳》:「援謂孟冀曰:『男兒要當死於邊野，以馬革裹屍還葬耳，何能臥床上，在兒女子手中邪？』冀曰:『諒為烈士，當如是矣。』」不可不思狐尾懸首之羞。《文獻通考·四裔考》:「吐蕃重壯賤老，重戰死，惡病終，以累代戰歿者為甲門，臨陣奔北者懸狐尾於其首，表其似狐之怯。」以表著通國學堂之歸旨，《後漢書·黃瓊傳·論》:「其歸旨異夫進趣者乎？」以銷磨虎鄰兼取之野心。杜甫詩:「愁寂鴛行斷，參差虎穴鄰。」《書·仲虺之誥》:「兼弱攻昧，取亂侮亡。」《左氏·宣四年傳》:「狼子野心。」此五者皆所以廣吾孝《禮記》。於，《坊記》:「於父之執，可以乘其車，不可以衣其衣，君子以廣孝也。」即所以修吾身也。《中庸》曰:「思修身不可以事親。」《小學紺珠》曰:「治身莫先孝。」諸生皆南州望士，《晉書·顯榮傳》:「榮既南州望士，

躬處右職。」其勉旃毋忽！

第四章按：此章發明戰陳無勇非孝之義，言日本之強由於教學。

戰陳無勇非孝，此一言在我國今日尤為無價殊珍。《宋史·外國傳》：「占城王遣使來貢，表言：『臣不愛殊珍。』」宋鄭俠詩：「篋有無價珍，貴於青玉案。」中國廿四史所載虎夫熊士，《文選·東京賦》：「虎夫戴鶡。」《書·康王之誥》：「熊羆之士，不二心之臣。」國傷鬼雄，《楚辭·國殤》：「身既死兮神以靈，魂魄藏兮為鬼雄。」人以為忠臣，吾以為皆孝子也。日本通國黎蚩，《五運歷年記》：「身之諸蟲，因風所感，化為黎蚩。」喜唱《大和魂》、《從軍樂》、《祈戰死》諸歌曲，人以為勇夫，吾以為皆孝子也。甲午乙未，既肩中國於前；甲辰乙巳，復戡強俄於後。《爾雅·釋詁》：「肩戡，勝也。」人謂以作憲為茭根，《漢書·蕭望之傳》：「作憲垂法，為無窮之規。」又《禮樂志》：「青陽開動，根茭以遂。」師古曰：「草根曰茭。」故有此強幹。《後漢書·賈逵傳》：「左氏尊君父，卑臣子，強幹弱枝。」吾謂以《孝經》為父母，故產此獷兒也。《吳志·孫策傳》，《注》引《吳歷》曰：「曹公聞策平定江南，常呼獷兒，難與爭鋒也。」考《古文孝經》孔《注》本、《今文孝經》鄭《注》本，我中國久佚，而日本尚存雁本，並立學官。自注：「黃遵憲《日本國志》：『《孝經》立孔安國、鄭康成注。』」案：《古文孝經》孔《傳》，《隋書·經籍志》已言其亡於梁亂。至隋，秘書監王邵所得孔《傳》，當時儒者已疑其偽。日本所傳孔《傳》，亦贗本也。康成不注《孝經》，故鄭《志》與目錄不載其名，而蕭《大唐新語》謂康成孫所為，王伯厚謂鄭小同撰，是也。宋咸平中，日本僧奝然來獻鄭注《孝經》，其書不傳。近儒汪氏翼滄於海舶得日本《古文孝經孔傳》一卷，論者謂不如皇侃《論語義疏》之可貴，故黎氏庶昌所刊《古逸叢書》有《論語皇疏》而無《孝經孔傳》。」後深草帝寶治元年，宋理宗淳祐七年丁未。勒令天下家藏《孝經》一本。若有不孝不順者，配諸陸奧、出羽。迨至德川氏投戈講藝以來，《後漢書·樊準傳》：「光武東西誅戰，不遑啟處，然猶投戈講藝，息馬論道。」名儒輩出。《後漢書·蔡邕傳》：「孝武之名臣輩出，文武並興。」如山木信有、校定《孝經》一卷。中村欽、著《孝經示蒙局解》一卷。林信勝、著《孝經集注》一卷。片山世璠、著《古文孝經標注》一卷、《古文孝經參武》三卷。山崎嘉、著《孝經外傳》一卷、《孝經詳略》二卷。新井祐登、著《古文孝經發》三卷。太宰純、

著《古文孝經正文》一卷。冢田虎、著《孝經和字訓》一卷、《家注孝經》一卷。赤松宏、著《孝經述》。古屋鼎、著《孝經注》。井上立元、著《孝經集說》一卷。豐島乾、著《孝經餘論》一卷。熊澤伯繼、著《孝經外傳或問》一卷。中江原、著《孝經啟蒙》一卷。毛利瑚珀、著《孝經評略大全》四卷。貝源篤信、著《孝經大義》一卷。岡田引之、著《孝經引證》一卷。中村和、著《孝經翼》一卷。寨宮必簡、著《孝經齋氏傳》二卷。之倫，無不解說《孝經》，著書立訓。而中江原教人，且專以孝經為標旨，《神僧傳》：「佛圖澄講說之日，正標宗旨。」揭出孝敬二字以為鵠的。迨明治維新，國中學校林立，凡童稚入小學堂者，先講倫理，取古來忠臣孝子烈士繪之為圖，編之為歌，以發其慷慨激昂之氣，此為舉國同仇敵愾之根源。《傳》：「諸侯敵王所愾。」今《左傳》作「愾」。蓋孔子二十二章、一千八百七十二字之一經，顏師古注：「《漢書・藝文志》引桓譚《新論》云：『《古孝經》一卷，二十二章，一千八百七十二字。』」朱竹垞《經義考》卷二百二十二引李士訓曰：「大曆初，予帶經鋤瓜於瀍水之上，得石函，中有絹素《古文孝經》一部，二十二章，一千八百七十二言。」又《玉海》卷四十二引桓譚論說同。今日本《古文孝經》一千八百六十一字，少十一字。嘉惠於七十三國、一千八百餘島之億兆也。大矣，曾子之言孝道也！曰：「推而放諸東海而準，推而放諸西海而準，推而放諸南海而準，推而放諸北海而準。」《小戴禮・祭義》、《大戴禮・曾子大孝》同。言四海而先東海，若預知日本崇尚孝治也者，此一奇也。《祭義》言「孝弟發諸朝廷，行乎道路，至乎州巷，放乎蒐狩軍旅，眾以義死之而弗敢犯」，若預知有日本以孝治克敵之事也者，此又一奇也。《尉繚子》曰：「國有孝慈廉恥之俗，則可以以死易生。」《戰威篇》。《呂氏春秋》曰：「人臣孝則事君忠，處官廉，臨難死；士民孝則耕芸疾，守戰固，不罷北。」《孝行覽》。多士貪羨日本之強，《詩・皇矣》：「無然歆羨。」《傳》云：「無是貪羨。」不可不修孝行。多士痛憤華官之愛錢惜死，《宋史・岳飛傳》：「文官不愛錢，武官不惜死，則天下太平矣。」有違孔子思義授命之教，《論語》：「孔子告子路曰：『見利思義，見危授命。』」與《曲禮》苟得苟免之戒，《曲禮》：「臨財毋苟得，臨難毋苟免。」更不可不修孝行。

　　第五章　此章言四海皆重孝治，近日西人亦同。

　　《南史》載扶桑國，地在中國之東。親喪，七日不食。祖父母喪，五日不食。兄弟伯叔喪，三日不食。嗚乎！何其俗之厚而制之善也！孔子所謂東夷之子善居喪者，莫能及焉。《禮記·雜記》：「孔子曰：『大連、少連善居喪，三日不怠，三月不解，期悲哀，三年憂，東夷之子也。』」古之扶桑，今之日本，皆崇尚孝治。曾子推諸東海之言驗矣。然西海、南海、北海亦非不講三道五養也。《祭統》：「是故孝子之事親，也有三道焉，生則養，沒則喪，喪畢則祭。」《呂氏春秋》：「養有五道。」歐人喪父母亦有服，服以黑色為緣，室中案上必供奉祖父母、父母之照像，雖不墓祭，而常有省墓供獻香花之舉。是推諸西海而準也。呂宋正南有馬加撒番族，剛猛好武，技擊最精。揚帆海上，獲利則歸養其親。余松龕中丞謂得此輩數萬，可以創霸。見《瀛寰志略》。是推諸南海而準也。俄國大學校中曾以三綱五常論試士，江陰繆君佑孫遊歷至彼得羅堡，實親見之。見《俄遊彙編》。俄皇尼古喇第三素不喜專制政體，以承順母后，故不敢輕言改革。自客歲海陸之軍大敗於日本，境內亂民揭竿蜂起，俄太后亦漸寤專制政體之非，俄皇始下詔，立憲法，設國會。其孝而順親如此。是推諸北海而準也。乃有生於禮義之鄉、聖賢之宅，《穀梁·哀十四年傳注》：「中國者，禮義之鄉，聖賢之宅。」而蔑棄內美，《楚辭·離騷》：「紛吾既有此內美兮。」謬託泰風，《爾雅·釋天》：「西風謂之泰風。」妄創父子平權之談，以遂其肆行自專之計，《大戴禮·曾子本孝篇》：「孝子之使人也，不敢肆行，不敢自專。」以為金邱沃野之風。《淮南子·墜形訓》：「八殥之外有八紘。西方曰金邱，曰沃野。」不知堯之孝治已西被沃民，東至黑齒。《淮南子·修務訓》：「堯立，孝慈仁愛，使民如子弟，西被沃民，東至黑齒。」又《墜形訓》：「凡海外三十六國，自西北至西南方，有白民、沃民；自東南至東北方，有大人國、君子國、黑齒民、玄股民。」王嘉《拾遺記》言冀州之西二萬里，《山海經·大荒北經》：「黃帝乃命應龍夷之冀州之野。」《注》：「冀州，中土也。」《淮南子·墜形訓》：「正中冀州，曰中土。」有孝養之國。昔黃帝伐蚩尤，除諸凶害，獨表此處為孝養之鄉。舜受堯禪，其國執玉帛來朝，特加賓禮。又燕昭王八年，有扶盧國來朝。其國在玉河之西萬里，國民咸孝謹，居喪號哭，河水為之不流，春木為之改色。禹導河，曾至其地，

目為扶老純孝之國。《希臘國志》載其國多美俗，子女於父母極為孝敬恭順。則西人之子之崇尚孝義久矣，何待今日哉！

第六章按：此章詳解《蓼莪》詩意，發明父母罔極之恩情，以示人子當及時盡孝之義。

晉王裒、齊顧歡、宋趙惟吉並以孤露，讀《詩》至《蓼義》之篇，悲哀流涕。《晉書．王裒傳》：「讀《詩》至『哀哀父母，生我劬勞』，未嘗不三復流涕，門人受業者遂廢《蓼莪》之篇。」《南史．隱逸傳》：「顧歡早孤讀《詩》，至『哀哀父母』，輒執書慟泣，由是受學者廢《蓼莪》篇，不復講焉。」《宋史．宗室傳》：「惟吉，字國祥。歲時奠享，哀幕甚至。每誦《詩》至《蓼莪》篇，涕泗交下，宗室推其賢孝。」魯峻碑：「悲蓼義之不報。」「莪」作「義」。且有聞人詠此詩，亦泣涕悲不自勝者。《水經注．沔水篇》：「沔水西又有孝子墓。河南秦氏性至孝，事親無倦。親沒之後，負土成墳，泣血墓側。人有詠《蓼莪》者，氏為泣涕，悲不自勝，於墓前得病，不能食，虎常乳之。今林木幽茂，號曰孝子墓也。」嗚呼！可以感發人之孝愛者，《釋名》：「孝，好也。好，愛父母也。」莫此詩若矣。孔子曰「興於詩」，曰「詩可以興」，良有以也。其首章曰：「哀哀父母，生我劬勞。」二章曰：「哀哀父母，生我勞瘁。」瘁，病也，本鄭《箋》。《爾雅．釋詁》亦曰「瘁，病也。」劬亦病也。《鴻雁》：「劬勞於野。」《傳》：「劬勞，病苦也。」又《釋詁》：「劬勞，病也。」父母之病，多由積勞於子女而成。《鴟鴞》篇曰：「恩斯勤斯，鬻子之閔。」斯恩者，愛也。勤者，勞也。鬻者，稚也。閔者，病也。《傳》：「恩，愛。鬻，稚。閔，病也。」於「勤」字無釋。《箋》以為「殷勤」。《疏》申毛，以勤為惜。並失之。恩則有無已之心，勤則有必竭之力。恩勤之至，而病以生焉。自注：「毛《傳》意本如此三章，《傳》以『予受拮据』為手病，『予口卒瘏』為口病，是其明證。《正義》申毛，以閔病屬之稚子，非經傳意也。」可與此詩相發明也。三章曰：「無父何怙，無母何恃。」《說文》：「怙，恃也。恃，賴也。」怙、恃皆依賴之義。《箋》云：「怙恃父母，依依然以為不可斯須無也。」是也。四章曰：「父兮生我，母兮鞠我。拊我畜我，長我育我。顧我復我，出入腹我。」此章摹寫恩勤，最為切至。「生我」者，父流氣以生我。《箋》云：「父兮生我者，本其氣也。」《疏》云：「父流氣以生我。」「鞠我」者，母懷妊以養我。《傳》：

「鞠，養也。」《疏》云：「母懷妊以養我。」自一月而膏，至十月而生，皆鞠之日也。《淮南子·精神訓》：「一月而膏，二月而秩，三月而胎，四月而肌，五月而筋，六月而骨，七月而成，八月而動，九月而躁，十月而生。」朕，徙結反，音絰。「拊我」者，拊之以手，欲其安臥。自注：「《左傳·襄二十五年》：『公拊楹而歌。』《注》：『拊，拍也。』古之所謂拊，即今之所謂拍也。嚴粲《詩緝》謂『拊以防其驚』，其說是也。《說文》：『拊，揗也，撫安也。』一曰循也。拊與撫通，揗與循通。《後漢書·梁竦傳》引《詩》，正作『撫我畜我』。撫、循皆有安之之義。」「畜我」者，扶之以手，欲其坐立。自注：「《箋》云：『畜，起也。畜又作慉。興也。』《說文》：『慉，起也。子生數月，父母欲其起坐。能起坐矣，則欲其起立。能起立矣，則欲其起行。』」「長我」者，導之使行。自注：「《呂氏春秋·蕩兵篇》：『勝者為長。』注：『長，率也。率則有導引之義。』」「育我」者，嫗之以體。自注：「《箋》云：『育，覆育也。』《疏》云：『覆育者，謂其寒暑，或身體嫗之，覆近而愛育焉。』《樂記》：『煦嫗覆育。』此《箋》、《疏》所本。然嫗覆乃冬日之事，暑非所宜也，《疏》小誤。吾邑姚茂才煥章，孝子也。解說此詩，有云：『長我者，養之使成。育我者，教之以善。』《說文》：『育，養子使作善也。』義亦正大。」「顧我」者，自家而外迴視之。自注：「《詩·匪風》，《箋》：『回首曰顧。』《論語》：『不內顧。』皇《疏》：『顧，回視也。』『顧我』謂於出門時回首視之，《箋》以顧為旋視，旋與回同。」「復我」者，自外而返審視之。自注：「《箋》：『後，反復也。』案：《爾雅·釋言》：『復，返也。』《華嚴經音義》引珠叢復謂重審察也。則復我謂歸家時審視其子也。」「出入腹我」者，人子在外在內，父母無所不用其厚愛也。自注：「《傳》：『腹，厚也。』《說文》同。馬瑞辰《毛詩傳箋通釋》曰：『詩歷言拊、畜、長、育、顧、復，而終以出入腹我，蓋言出入則已舉在內在外，無所不該，故以腹我括之，見其無所不愛厚。《箋》訓懷抱，似不及《傳》義所該之廣。』案：馬說似是而非。出入當以人子言。人子一出一入，皆父母所厚愛也。此句並非承上下句欲報之德字，乃總括上文六句。」「欲報之德，昊天罔極」者，昊天之德無窮，父母之德亦無窮。《法言·孝至篇》謂「父母，子之天地」是也。五章言「南山烈烈」，六章言「南山律律」者，言南山之巔至高而難登，以喻父母之德至高而難報。自注：「《傳》：『烈烈然至難也，律律猶烈烈也。』案：難當如行路難、蜀道難之難。烈與厲古字

通，故烈山氏亦作厲山氏。《說文》：『巤，巍，高也。讀若厲。』《玉篇》、《廣韻》作『嶼』，云『巍也』。《集韻類篇》：『嶼，力檗切，山高貌。』則『烈』乃『嶼』之假借，『律律』之『律』乃『崒』之假借。司馬相如《子虛賦》『其山則隆崇崒崒』是也。以南山喻父母，猶《南山有臺》之以南山喻君也。此章以南山喻父母，猶上章以昊天喻父母也。」又言「飄風發發，飄風弗弗」者，言日月易逝，如飄風之疾，人子不可不愛日也。自注：「《傳》：『發發，疾貌。弗弗，猶發發也。』《法言·孝至篇》：『不可得而久者，事親之謂也，故孝子愛日。』」嗟乎！予本鮮民，三章〔註3〕「鮮民之生」，《傳》：「鮮，寡也。」胡承珙〔註4〕《毛詩後箋》云：「鮮民猶言孤子。」瞻依並喪，《詩·小弁》：「靡瞻匪父，靡依匪母。」高詠此詩，潸焉出涕。《大東》，《傳》：「潸，涕下貌。」然逮銜恤靡至之日，《箋》云：「恤，憂。靡，無也。」馬瑞辰曰：「《說文》：『覲，至也。』又，『覸，至也。』靡至，猶云靡覲親耳。」始自恨養之不卒，《箋》云：「卒，終也。我獨不得終養父母。」始自責莪之為蒿，嚴粲《詩緝》云：「《爾雅》：『蘩之醜秋為蒿。』《疏》云：『蘩、蕭，莪之類，始生氣味各異，其名不同，至秋老成則皆蒿。』蓋莪始生，香美可食。至秋高大，則粗惡不可食。喻自初生猶是美材，至長大乃是無用之子。」嗟何及哉！《詩·中谷有蓷》：「何嗟及矣。」竊謂此詩弟四章歷敘父母罔極之德，一愛字足以蔽之。《論語集注》所謂「父母愛子之心無所不至」。盡孝之事不一，要必以愛為根。服勞奉養，其枝葉也。枝葉不茂者，根不深也。枝葉不生者，根已絕也。以孝報慈，實以愛酬愛。無愛情而欲篤於孝情，難矣。《戰國策》：「此其率民出於孝情者也。」故《周書·諡法》及蔡邕《獨斷》曰「慈惠愛親曰孝」，商太宰曰「不愛則不孝」，《莊子·天運篇》。《淮南子》曰「事親有道矣而愛為務」。《本經訓》。名登學士之版者，《周禮》：「大胥掌學士之版。」鄭司農云：「學士謂卿大夫諸子。學舞者，版籍也。今時鄉戶籍謂之戶版。」有淺於孝子之愛者乎！《禮記·祭義》：「孝子之有深愛者必有和氣。」宜令三復《蓼莪》之篇，永言劬勞之恩，《詩·下武》：「永言孝思。」以免亡愛不思之刺，《周書·諡法》：「解不思忘愛曰刺。」刺音辣。以全養享不辱之敬。《禮記·記義》：「君子生則敬養，死則敬享，

〔註3〕「章」，底本誤作「草」。
〔註4〕「珙」，底本誤作「琪」。

終身弗辱也。」豈惟家之慶，《易》：「積善之家必有餘慶。」而亦邦之光也。《詩》：「樂只君子，邦家之光。」如曰公堂無蓼莪之人，公堂，注見上。《後漢書·陳寵子忠傳》：「周室陵遲，禮制不序。蓼莪之人，作詩自傷。」而公家猶有菁莪之美也。《左氏·僖九年傳》：「公家之利，知無不為，忠也。」《中論·藝紀篇》：「《詩》曰：『菁菁者莪，在彼中阿。既見君子，樂且有儀。』美育羣材，其猶人之藝乎？」則吾未之敢信。

第七章按：此章專據禮經為說，備舉人子孝養之實事，言子事父母必教婦事舅姑，遊學方無遺憾。

六藝之言孝也，《史記·滑稽列傳》：「孔子曰：『六藝於治，一也。《禮》以節人，《樂》以發和，《書》以道事，《詩》以達意，《易》以神化，《春秋》以道義。』」莫詳於禮。《禮記》之言孝也，莫詳於《內則》，足以綜括諸篇，《唐書·姚思廉傳》：「推究綜括，為《梁》、《陳》二家史，以卒父業。」其言「雞初鳴，咸盥漱，櫛縰，端紳，搢笏，以適父母之所」，《釋文》：「盥音管，洗手。漱，漱口也。櫛，梳也。縰，徐，所綺反。黑繒韜髮。鄭注：端，元端士服紳，大帶。搢猶扱也。笏所以記事也。」即《文王世子》所謂「雞初鳴，衣服至寢門外問安否也」；其言「問衣燠寒」，即《曲禮》所謂「冬溫夏凊」也；其言「疾痛苛養而敬抑搔之。鄭注：「苛，疥也。抑，按。搔，摩也。」《釋文》：「養本又作癢。」父母涕洟不見。注：「輒刷去之。」冠帶垢和灰請漱，衣裳垢和灰請澣。注：「手曰漱，足曰澣。和，漬也。」衣裳綻裂請補綴。五日請浴，三日具沐。面垢請靧，足垢請洗」，皆《曲禮》所謂「聽於無聲，視於無形」者也；其言「　酏、酒醴、芼羹、稻黍、梁秫唯所欲，棗栗飴蜜以甘之，菫荁粉滫以滑之，脂膏以膏之」，而又詳載腥、臐、膮、醢、雉、兔、鶉、鷃等物，《釋文》：「腥，牛臛也。臐，羊臛也。膮，豕臛也。」《字林》云：「豕羹也。」即《王制》所謂「異糧宿肉，貳膳常珍」也；《王制》：「五十異糧，六十宿肉，七十貳膳，八十常珍。」《內則》亦有此文，唯「貳膳」作「二膳」。其言「昧爽而朝，日入而夕」，即《曲禮》所謂「昏定晨省」也；其言「出入則或先或後，而敬扶持之」，即《檀弓》所謂「左右就養無方」也；鄭注：「左右謂扶持之。」其言「下氣怡色柔聲以溫之」，即《祭義》所謂「深愛和氣，愉色婉容」也；其言「無私貨，無私蓄，無私器」，注：「不專家財。」即《檀弓》所

謂「稅人則以父兄之命」,《曲禮》所謂「父母存,不有私財」,《坊記》所謂「父母在,不敢私其財。父母在,饋獻不及車馬」也;其言「諫若不入,起敬起孝,說則復諫」,即《坊記》所謂「微諫不倦,勞而不怨」也;其言「父母之所愛亦愛之,父母之所敬亦敬之」,即《坊記》所謂「睦於父母之黨」也;注:「睦,厚也。」其言「父母雖沒,將為善,思貽父母令名,必果;將為不善,思貽父母羞辱,必不果」,自注:「上『思』字當訓願。《詩·文王》:『思皇多士。』《箋》:『思,願也。』下『思』字當訓慮。《荀子·解蔽》:『仁者之思也。』注:『思,慮也。』」即《祭義》所謂「不辱其身,不羞其親,不遺父母惡名」也。而吾尤重取《內則》者,《古文孝經》既亡,閨門之教久廢,《古文孝經》二十二章,有「閨門章」。此篇中父母舅姑並舉者五,子婦並稱者五,於豚雞魚鱉之濡、鄭注:「凡濡謂烹之以汁和也。」疏云:「濡謂烹煮以其汁調和。」食羹醬飲之齊、羔腒犢鮮之膳、注:「腒,乾雉也。鮮,生魚也。」蔥芥韭蓼之用、羶膳臊鬱之忌、《內則》:「牛夜鳴則羶;羊泠毛而毳,羶;狗赤股而躁,臊;鳥麃而沙鳴,鬱。」注:「羶,惡臭也。鬱,腐臭也。」《釋文》:「羶音由。」尻腦乙醜之去,兔去尻,豚去腦,魚去乙,鱉去醜。注云:「皆為不利人也。魚有骨在目旁,狀如乙篆,食之鯁入。醜,鱉竅也。」無不備載畢陳。婦德婦功,《昏義》:「教以婦德、婦言、婦容、婦功。」斯篇為密,故以《內則》名篇。《鄭目錄》云:「以閨門之內軌儀可則,故曰內則。」實可補《孝經》所未備。夫男子有天地四方之志,《射義》:「天地四方者,男子所有事也,必有志於其所有事。」或不能恒依膝下,《孝經》:「故親生之膝下。」注:「親猶愛也。膝下,孩幼之時也。」全賴孝敬勤勞之婦,勿逆勿怠,《內則》:「子婦孝者敬者,父母舅姑之命勿逆勿怠。」又曰:「子婦勤勞之事。」無違無衍,能得君舅君姑之懽心,《爾雅·釋親》:「凡舅姑在,則曰君舅君姑。歿則曰先舅先姑。」《孝經》:「得人之懽心,以事其親。」庶扶杖者不上思子之臺,《漢書·賈山傳》:「民雖老羸癃疾,扶杖而往觀之。」《庾開府集·擬連珠》:「章華之下,必有之臺思子。」負書者《後漢書·左雄傳》:「負書來學,雲集京師。」可以卒業而返。《子華子·北宮子仕》:「弟三意未得以卒業也。」樂羊遊學所以能七載弗歸者,以妻能躬勤養姑也。《後漢書·列女·樂羊子妻傳》:「遠尋師,一年來歸,感妻言,復還終業。七年不

返，妻常躬勤養姑。」**凡我多士，無匹既非葛楚**，《詩・隰有萇楚》：「樂子之無知。」《箋》：「知，匹也。」《正義》曰：「知，匹，《釋詁》文。」**有齋詎無季蘭**，《詩・采蘋》：「有齊季女。」《傳》：「齊，敬也。」《玉篇》引《詩》作「有齋季女」，並引《說文》「齋，材也」。《左傳・襄二十八年》：「行潦之蘋藻，實諸宗室，季蘭尸之，敬也。」**報德當諧好逑**，《詩・蓼莪》：「欲報之德，昊天罔極。」《關雎》：「君子好逑。」《傳》訓好逑為善匹。**錫類莫若教婦。**《詩・既醉》：「孝子不匱，永錫爾類。」《顏氏家訓》：「教婦初來，教兒嬰孩。」**妻能循法**，《毛詩序》：「《采蘋》，大夫妻能循法度也。」**母不尸饔**，《詩・祈父》：「有母之尸饔。」鄭《箋》：「尸，陳也。」朱《傳》：「尸，主也。」**於遊子之心獨無恔乎？**趙岐《孟子注》：「恔，快也。」**所憂者，道不躬行**，《孟子》：「身不行道，不行於妻子。」**孝緣妻衰**，《荀子・性惡篇》：「舜對堯曰：『人情甚不美，妻子具而孝衰於親。』」**勗帥之敬不修**，《儀禮・士昏禮》：「勗帥以敬。」注云：「勉帥婦道以敬。」**刑正之化無聞**，《詩》：「刑于寡妻。」《釋文》引《韓詩》：「刑，正也。」趙岐《孟子注》同。**而勃谿反唇以作，更何望於閨門之內樹軌則乎！故《內則》先言子事父母，繼乃言「婦事舅姑，如事父母」。**

後記：苦中作樂，忙裏偷閒

是故君子不以其所能者病人，不以人之所不能者愧人。

——《禮記·表記》

人各有能有不能，充類至盡，聖人有所不能，庸何傷乎？今之僞趨逐勢者，無足責矣。其間有所得者，遇非己之所長，則強不知爲知，否則大言欺人，以謂此外皆不足道。夫道大如天，彼不見天者，曾何足論。己處門內，偶然見天，而謂門外之天皆不足道，有是理乎？

——章學誠《文史通義·內篇四·說林》

躺平是我的夢想，但生活總把我薅起來，然後暴打。

——網絡語

Whenever you feel like criticizing any one, just remember that all the people in this world haven't had the advantages that you've had.

——《*The Great Gatsby*》

一

自 11 月 5 日集中整理《詩經世本古義》以來，不覺已過二十天，完成了 300 頁，還有 1900 頁。十一月將盡，還是抓緊時間先完成《陳玉澍集》的前言和後記吧，——畢竟這個更緊急。

第一次接觸陳玉澍，不消說，自然還是張舜徽先生的《清人別集敘錄》，然而當時讀完著實沒有留下什麼印象。在《清人別集敘錄》著錄的六百家之中，名家太多，陳玉澍實在是太過於普通，沒有什麼讓人特別關注的地方。加之通行的古代文學史教材又沒有講到他，更何況晚清近代文學囿於課時，

也不大有時間講。

　　大概是入職鹽師之後，那時候的研究工作正好處於青黃不接的境遇。一方面，博士已經畢業，用來換取一紙文憑的《全元文》已然生厭，看著就煩，雖然它隨著我從武漢來到了鹽城。然而，五年過去了，輾轉變遷住所，它卻一直跟隨著我，從東村搬到國園壹城，又從國園壹城搬到翡翠國際。為了搬它，每次我都要勞神費力地分批塞滿幾個紙箱。雖在搬遷的過程中，也有過數次親密接觸，但從未翻開一冊一頁，大概緣分已盡。既然這樣，那就隨緣，一切就到此為止了吧。不僅如此，由於這套書體積頗大，很占地方，一向嗜書的我甚至開始對它有點嫌棄。本擬將其賣掉，為狹窄的空間騰出一點地兒，然而掛在網上許多時日，居然無人問津。看來喜歡它的人並不多！同時呢，還出於對古籍整理的敬畏，尚未萌生出整理古籍的念頭。所以，舊的雖已過去，新的尚未來到。初到鹽城，不知底細，某月某日居然冒出了一個想法：有空可以搞一部鹽城文學史玩玩。

　　於是在翻《清人別集敘錄》的時候，就格外留意相關的人物。然而，翻完之後，無情的現實就是，——陳玉澍貌似是唯一一個在冊的。至此，我才對陳玉澍有了印象。於是接著翻袁行雲《清人詩集敘錄》、《江蘇藝文志》（鹽城卷），一路下來，這才發現自己的想法實在是有點不切實際。——原來，比起蘇南，如蘇州、南京、常州等，鹽城乃至蘇北（徐州、淮安除外），文化要落後很多，歷代的著作實在不多。歷經歲月的刪汰，留下來的就更加稀少。而且很多人的作品也就一卷兩卷，就體量而言，也無法整合成書。就在這留下來的鹽城著述當中翻來撿去，最後也就兩個人較有分量：一是東臺吳嘉紀，一是建湖陳玉澍。吳嘉紀以詩著稱，早在 1980 年，就有楊積慶先生的《吳嘉紀詩箋校》，收錄在上海古籍出版社的《中國古典文學叢書》裏。而陳玉澍呢，則無人問津。直到 2020 年，《鹽城師範學院學報》第 3 期才刊有楊秀娟老師的《陳玉澍經學詮釋的近代觀照——以〈後樂堂文鈔續編〉為中心》，也是迄今唯一一篇研究陳玉澍的論文。——我數年前曾擬作一文，以揭櫫陳玉澍詩文之價值，然而忽忽至今，未曾動筆。諸多雜事，為之奈何！

　　在開始古籍整理工作之後，最先選定的是沈欽韓集、劉毓崧集、秦瀛集，然而後來半路殺出了新的東西，「一波未平，一波又起」，除了《劉毓崧集校證》一鼓作氣完成外，另兩本起步甚早的書則中斷至今，未能接續，「後來居上」的幾本倒是搞成並出版了幾種。《陳玉澍集》便是其中之一種。具體詳實

的開始時間，有待查核日記，應該是 2018 年下半年。那時的想法，《鹽城文學史》固然寫不成，但在這個城市工作，搞個別集應該是不成問題的。加之陳玉澍的詩文集卷帙浩繁，體量不小，字數也不會太少（那時候喜歡啃大部頭），不妨放手一試。當然，內容也是很豐富的。不然，也就沒有整理的必要了。

趁著這一股子熱情，工作就這樣開始了。——事實上，我的很多書或文章都是這「一股子熱情」的結果。由此看來，心血來潮也不見得是壞事。事情的進展也很順利，19 年的時候主體部分基本完成。隨後因為又有新的書稿在寫，這書便不再成為主流，只是偶爾有新的發現才加以補綴。而附錄部分的一些材料，還是拖到今年才陸續完成的。

不是因為在鹽城工作，我應該不會關注陳玉澍，更不會有這本書的整理。這或許就是所謂的「緣」。《全元文》的緣已經盡了，這本書的緣又能持續多久？畢竟，學術中的「誘惑」也很多，保不準過一陣子就又拜倒在了新的石榴裙下。

二

今年的冬天的很溫暖，以致於我釣了好多次魚。但近幾天急劇降溫，由之前的十幾度下滑到零度以下，連續幾天均是如此。好像遲來的冬天是真的來了。天寒地凍，於是只能「我與狸奴不出門」了。上周剛了結了本學期的課務，轉眼已是公曆的年末，不覺又到了年度總結的時候。雖說離舊曆春節還有一個多月的時間，但可以肯定今年不會再有新的變數。今年學術上的事大概是這樣的：

1. 一月份《〈全元文〉補正》獲鹽城市第十三次哲學社會科學憂秀成果獎二等獎。

2. 三月份申報副教授職稱，獲批。《〈周易玩辭困學記〉校證》出版，五月收到樣書。

3. 四月開始整理《闇疆園杜詩注解》，得十幾萬字，未完。

4. 七月整理鄉賢李鈞簡《周易引經通釋》，未完。

5. 九月份擬做《張次仲集》，遂整理《待軒詩記》，完成《國風》部分。

6. 自去年十一月開始，至九月完成《〈曝書亭集詩注〉校證》（附《曝書亭詩錄箋注》）的主體。《〈純常子枝語〉校證》出版，十一月收到樣書。

7. 隨之開始《〈吳詩集覽〉校證》，兩個月專力於此，完成二十餘萬字。

8. 十月獲批國家社科基金後期資助項目（《古周易訂詁》整理與史源學考辨）。

9. 十一月暫停《〈吳詩集覽〉校證》，開始《詩經世本古義》的整理，今已完成十七卷。

日復一日，年復一年，這幾年專心整書，日子就這麼耗著。頭髮越來越少，眼睛越來越近視，腰背越來越佝僂，形容越來越枯槁……然而，即便如此，每天過得充實，那種感覺實在妙不可言，樂於沉醉其中。

今年文章寫的少了，只是將昔年的三篇舊文稍加整飭，找了省級刊物陸續發表了，還得了幾千元的稿費，貌似還不錯。兩篇史源考《易》的文章，前後投了幾個 C 刊、C 擴、C 刊集刊（都是讀博期間關注的刊物），然而一個沒中。博士畢業的硬性條件是發表兩篇 C 刊，當時對這個 C 刊目錄非常關注。自博士畢業後，我便不關注這些。沒想到現在投稿錄用竟然如此之難。看來我還是整書好了！不過，令我感動的是，投的幾個刊物大都退稿很快，甚至第二天就退了。這比起某些投過去之後就石沉大海了的刊物而言，實在是業界良心。不耽誤彼此的時間，非常值得點贊。

就生活而言，今年釣魚的次數明顯得到了提升，無論是 30 多度的炎炎夏日，還是 5、6 度的秋冬時節，城東、城中的數條野河都能見到我的身影，有時是和二三釣友一起，但大部分時間則是我孤身一人。——人到中年，好像更喜歡享受孤獨。每個人都很忙，為生活而奔波操勞，開口喊人有時候會有深深的負罪感，正如網絡語所說的：「人世間有一種尊重，叫做不打擾。」而垂釣的優勢也正在此，不像下圍棋，不像鬥地主，也不像打麻將，它本不需要呼朋引伴，一個人拿起釣竿，背起行囊，說走就走，風雨無阻。由於實踐多了，釣技也感覺有了提升。人心浮躁的年代，如果做不了好人的話，但起碼可以選擇不做一個壞人。走出書齋，融入自然，河邊的空靈，滌蕩了紅塵中的種種喧囂。面對著一泓碧波，平日裏的喜怒哀樂，就在不知不覺中逃竄了，藏匿了，絲毫不見蹤影。那一上午或一下午，甚或一整天，幽靜的河邊，一人，一竿，狀態就是「眼中有漂，心外無物」，也不失為修身養性的方便法門。

當然，不釣魚的時候，我會帶著小寶去觀魚。（小時候一直不明白，為什麼父親打麻將、下象棋時，旁邊總有人喜歡圍觀，而且時間很長，似乎自己也在局中人。現在我好像有點懂了。原來自己圍觀也是一種體驗，一種參與。）

從綠地一期到東亭湖，再到紅星美凱龍，幾個小時的時間，和小寶在那裏玩耍，也是遛娃的好去處。興許過幾年，他長大了，也能陪我一起作釣。想想吧，既帶了娃，又釣了魚，豈非一舉兩得！茲錄觀魚所作的歪詩數首，以見一時之心情。

　　溜娃至東亭湖，觀數人垂釣，半天無口，胡謅數句（12.14）
　　蘆荻蕭蕭楊柳枯，
　　趁晴溜崽至小湖。
　　揚竿守釣頻移位，
　　問訊鄰人有口無。

　　任是寒天不肯休，
　　樺間回水盡情搜。
　　近觀釣友魚多少，
　　卻道天涼好個秋。

　　非稚非衰三五男，
　　中年心境未堪言。
　　抽煙守釣雙寂寞，
　　今日河邊又一天。

　　早起只緣日溫高，
　　人誇爆護釣技超。
　　誰知空軍遲歸去，
　　怕是妻嚴要發飆。

　　赴學校，路遇小區大爺，問其最近漁情如何，稱多日無口，已封竿矣。但今日天氣轉好，又欲出門。網語有云：你大爺永遠是你大爺。於公交車戲為數句。哈哈（12.15）
　　卻言近日欲封竿，
　　枉坐寒塘若許天。
　　蚯蚓紅蟲或餌料，

調靈調鈍總無緣。

城東有口何辭遠，
城北出魚不覺偏。
數日空軍人去後，
但留野鴨戲寒煙。

長夜無眠喜溫高，
停竿數日走一遭。
水寒何計魚停口，
鯽鯉無緣有白條。〔註1〕

　　然而，天一稍冷，我就封竿了。而東亭湖每天中午還是三四十人在作釣，湖邊還有未曾融化的冰。釣魚人的熱情實在過於誇張！想到抖音看到的，南京最早的地鐵，都成了大爺釣魚專列；徐州雲龍湖的暴雨，水已漲至釣友腰部，依然不收竿；遼寧的大雪，覆蓋了整個原野，河邊獨釣者儼如雪人，卻巋然不動……我一直以為自己是個釣魚人，但比起他們那種敬業的精神，我似乎明白了兩件事：一是我可能是一個偽釣魚人，二是真愛無敵。

　　於是，我開始反思，我的毛病也恰恰就在做事不深入，淺嘗輒止這一點上。這在打麻將精神、釣魚人精神面前，實在是展漏無遺。如果哪天，我能把這種精神放在學術上，是不是能夠多幹出一些東西呢？

三

　　從河邊的超塵境界回到現實，似乎就不那麼美好了。現有的評價機制，對於高校教師（多為教學科研型）的要求，除了教學之外，更注重科研。衡量科研的指標，無非就是高層次項目、高級別論文、高規格獲獎。項目有了，論

〔註 1〕補：早上看抖音雜詠（1.12）
　　　其一：霾重霜寒且莫言，攜娃直走小河邊。時人未識余心苦，不弄魚竿十二天。
　　　其二：長竿逗釣手難開，寒月蝸居究可哀。壺內紅蟲知多少，閒中無事且數來。（有關春軍兄閒觀紅蟲視頻）
　　　其三：晴日口停盼多雲，溫差氣壓亂紛紛。空軍本是尋常事，又恐人問魚幾斤。

文有了，獲獎有了，自然就優秀。反之，就是「無能」。生性疏懶散漫如我者，對此一向不怎麼上心。加之隨心所欲，從我所好，近幾年不務正業，奔波在各類古籍之間，文章自然是發不了的，獲獎更是不知從何說起。至於課題嘛，身為博士，必須要報，於是每年跟著打個醬油應個景，也沒怎麼花心思在上面。今年亦是如此。先是國家社科，然後是國家社科後期資助，然後是江蘇省社科，一個也沒有少，一個都沒有少。而我呢，本就志不在此，抑或是能力不行，幾年來，時報時輟，報的幾次一直是以失敗而告終。不是死在終點（會評），而是死在路上（通訊評審，俗稱盲評）。——不過，我也不在乎。網語有云：「鮮花再美，在牛眼中也不過只是一堆飼料。」所謂關心則亂。不關心，則能奈我何！《老子》曰：「吾所以有大患者，為吾有身。及吾無身，吾有何患？」誠哉斯言！今年由於疫情影響，各項目的公佈時間都比較晚。國家社科沒中，意料當中。後來的江蘇省社科沒中，也是意料當中。而國家社科後期資助居然中了，倒是出乎意料之外。

於是乎有人說實力在線，有人說我一直看好你……然而這些都不重要。雖然，不乏有人將課題等同能力，但我一直頑固的以為：沒有課題的時候，我不認為我有多差；有了課題，我也不覺得我有多強。我還是我，我只是我，——因為每個人都是獨立的存在！還是韓文公講得好：「聞道有先後，術業有專攻。」沒課題的，終究都會有，只是早晚的事。有課題的，還能接著拿不？這恐怕就不好說了。但頗有以課題自傲者，其實這算多大個事兒呢！

再說了，你有一個一般課題，你覺得自己牛，可問題是，你拿一般課題的時候，有人拿了重點課題，你牛什麼？你拿了重點課題的時候，有人拿了重大課題，又怎麼比？你拿了一個課題，有人結項了一個課題，又申請上了一個課題，又怎麼說？你拿了幾個課題，掙了很多科研經費，可這點錢在有人眼中根本就微不足道，那又會是一種什麼樣的感覺？（比如最近網絡直播帶貨的薇婭被罰稅 13.41 億，有網友說我祖先從猴子幹到現在，也沒掙到這麼多錢。那這幾個課題的經費，又算得上牛嗎？）〔註2〕……

於是又回到《齊物論》：「毛嬙麗姬，人之所美也。魚見之深入，鳥見之高飛，麋鹿見之決驟。」你認為牛的東西，在別人看來又會是別一般的東西。這麼些年來，我始終認為和別人作比較，那是一件很無聊、很無謂的事情。恰恰相反，一個人的成長，不是通過和別人的比較得出，而是需要和我自己

〔註2〕括號內係補寫。

作比較。今天的我比起昨天的我如何，這才是前進的方向。現在的我早已經養成了寫日記的習慣，且持續了數年，未曾中斷。之所以記日記，很大的一個出發點就是做到每日一總結，以期自警。自己每天在進步，這就夠了。和別人比，恐怕麻煩就接踵而至了。古人說：「人比人，氣死人。」誠不我欺！此一執念不除，痛苦就要與之形影不離了。——當然，「比上不足，比下有餘」在有時候又不失為一種健康的心態。

囉嗦了半天，再回到課題。雖說課題不等於能力，但在目下這個形勢下，有了它，起碼給我帶來了安寧。因為有了國家社科，只要在研，其他的項目，諸如國家社科、國家社科後期資助、教育部項目、省廳項目等一概不能申報。換而言之，在未來幾年我未結項的日子裏，我相當於被暫時封印起來，不具有申報各類項目的資格。也即是說，接下來的幾年裏，沒有人催著我去打醬油了。與之相關的專家培訓、本子打磨等活動，我就不用參加。

我為自己贏得了更多的時間，這是一件令人高興的事。畢竟，人到中年，時間真的不夠用。本命年的牛年就快完了，忽忽年近四十，思之無限感慨！

四

抖音的熱門背景音樂裏，有一首張傑、張碧晨合唱的歌，名叫《只要平凡》。

> 也許很遠或是昨天
> 在這裏或在對岸
> 長路輾轉離合悲歡
> 人聚又人散
> 放過對錯才知答案
> 活著的勇敢
> 沒有神的光環
> 你我生而平凡
>
> 在心碎中認清遺憾
> 生命漫長也短暫
> 跳動心臟長出藤蔓
> 願為險而戰

跌入灰暗墜入深淵
沾滿泥土的臉
沒有神的光環
握緊手中的平凡

此心此生無憾
生命的火已點燃
有一天也許會走遠
也許還能再相見
無論在人群在天邊
讓我再看清你的臉
任淚水鋪滿了雙眼
雖無言淚滿面
不要神的光環
只要你的平凡

在心碎中認清遺憾
生命漫長也短暫
跳動心臟長出藤蔓
願為險而戰
跌入灰暗墜入深淵
沾滿泥土的臉
沒有神的光環
握緊手中的平凡

　　上世紀九十年代，李宗盛曾有《凡人歌》，有道是：「你我皆凡人，生在人世間。終日奔波苦，一刻不得閒。」「你我生而平凡」，沒有強大的依靠，當然只能「握緊手中的平凡」。只要平凡，甘於平凡，在平凡的人生路上不斷進步，此生便足矣。

　　有時候，晚上躺在床上，卻心緒萬千，輾轉難眠，眼睛盯著天花板，會忍不住回顧自己這三十多年的人生路。想想一個出生於犄角旮旯的小孩，憑著中等偏上的成績，通過不斷的學習，在曲折中奮進，最後竟成了一名高校

教師。雖然在外人看來，不過就一吃粉筆灰的窮教書先生，算不得多成功，但於我而言，於我數十個同齡的夥伴而言，我實在欣賞這平凡之路，也享受這平凡之路。我文不像秀才，武不像兵，肩不能扛，手不能提，卻能不像父母那樣日曬雨淋，年復一年地辛勤勞作，最後卻所獲甚微；也不像夥伴們初中輟學便南下廣東打工，之後還是一身蒼老疲憊地回歸鄉里⋯⋯想想，這平凡又有何不好呢！雖說和別人比較不好，可是在這種情況下的對比，往往容易讓人知足。知足常樂，人生的快樂不就如此簡單嗎！

五

課務不多，每周七節，此外就是寫書和遛娃。生活日常，則需要感謝岳母和父親。父親上半年和下半年各來帶過小寶一段時間，後來則由岳母接替。除了帶小寶之外，家裏的一日三餐，還有衛生，小寶的吃喝，甚至買菜，都是岳母負責。每天頗為辛苦！年過六旬的老人，在這個陌生的城市裏，開始不斷地適應新的生活，融入新的環境，接觸新的人群。也就在這平凡的日子裏，小寶已經三歲多了。健康快樂每一天，生活就這麼簡單。走在路上，一些許久不見得朋友會說：「小孩都長這麼大了！」「長這麼大」的背後，一粥一飯都藏著老人巨大的心血。

值得感謝的是，《入粵日記》是熊鑫代錄的，《教育芻言》第1～3章是楊燦燦代錄的，4～7章是楊曉、孫悅凡代錄的，幾篇集說的文字是李樺樺、唐定瑩代錄的，附錄的部分書信是楊素婷、龔佳培、項雨菲代錄的。她們都是我帶過的學生，楊素婷、龔佳培已經研究生在讀，楊燦燦已經走上了教師的崗位，熊鑫還有幾個月就要大學畢業，其他幾位還是大二的學生，風華正茂，未來必是一片光明！我羨慕她們的青春年少，更期待看到她們的成功。

特別需要感謝的一個人是李堯院長。2020的八月，我還在山東臨沂釣魚，某個下午便接到了李院長的電話（那時她剛回文學院主持工作），稱我的省社科本子已上會，並問及我省社科後期的申報計劃。一向隨心所欲的我，原本就對填表工作諸如課題申報書、論著活頁等提不起勁，加之連續報了幾年也沒中一個，讓我對之更加感不興趣。開學後，在後期資助申報磨本子的時候，我便提出自我放棄。李院長斷然拒絕，笑著說：「想放棄？開什麼玩笑！趕緊回家修改。」又說：「你可以自我放棄，但我不會放棄你。」隨後的日子裏，無論是工作還是生活，李院長都給予了我極大的關心。在我沒有課題的艱難

日子裏，在我「已棄療」的躺平姿態裏，李院長反覆叮囑：「我看好你」、「我覺得你可以」、「不試一試怎麼知道自己不行」、「我相信天道酬勤」、「付出自當有回報」、「做起來很重要」、「我會一步步見證你的成長」……或是面談，或是微信，她沒有置身在領導的位置，而是宛如一個大姐，一個朋友，在和小弟、朋友聊天，聊人生，聊學術，聊做人，開導我那顆固執、偏激、極端的心。那些諄諄教誨，讓我受益良多。這兩年，我的心情和從前大不相同。那一次又一次的鼓勵，給予了我莫大的溫暖和勇氣。面對工作也好，面對生活也罷，以後的人生路上，我想，當我選擇放棄或者逃避時，或許我也會笑著對自己說：have a try。

六

今天完成了《詩經世本古義》的卷十九，下午去學校上交了期末試卷，並補充了教學日志等材料。雖說明天評估處就要抽查試卷，很有可能就要中槍，畢竟好多年沒查到我，但內心竟感到無比的輕鬆。秋學期就這樣過去了，2021 年也就這麼完結了。

四點多從學校出來，氣溫不是很高，還夾雜有風，但眼瞅著陽光不錯，於是決定步行至新四軍紀念館，然後乘公汽回家。等車大概費了不少時間，於是背了一遍吳梅村的《圓圓曲》。反正戴著口罩，路人也看不到我是在背書，聲音只在口罩裏回轉就完了。坐在車上，行駛在熟悉的線路上，透過車窗，看見路上有大爺收購廢品，瞪著三輪車，車上載著的紙箱、塑料瓶堆得老高；有清掃大街的奶奶在收拾散落街頭的樹葉；有背馳而過的救護車，有接小孩放學的家長，有高空作業的裝修工人，有因追尾而在焦急的打電話的快車司機，有孤獨的垂釣者，有吵架的夫妻，有查電瓶車未戴頭盔的交警……形形色色的人，五花八門的生活片段。然而，最令我驚訝的，竟是臨街兩側的門面。幾天不出門，熟悉的門面似乎又關閉了不少。疫情帶來的衝擊，對有些人來說沒有直接的影響，但對於某些人來說，衝擊實在太大，甚至關乎生死。在以前，歇業的門店隔個三五天，馬上又會重新開業，不過換成新的招牌而已。而如今，這店關了，恐怕就是關了，短期內很難有人接盤。

坐在車上，我忍不住發了一個朋友圈：

上午完成卷十九。下午去學校交上試卷，填好檢查材料，心裏格外輕鬆。等車的時候，背梅村《圓圓曲》一過。沿途的門面又關了不少，又該有多少人

在艱難度日……

過了一會兒，漢洋兄寫了一個評論：

我輩乘馬從徒安坐而食，踵常途之役役，窺陳編以盜竊，不餓死當知足。

眼下的新冠病毒還在蔓延，12 月 23 日 0 時起西安這個千萬人口的特大城市也封城了。其他的一些城市也不時會有核酸陽性的報導。突然想到理想的蘑菇的《蘑菇瑣話》，稱：

庚子年大疫，蘑菇叔所見所聞，良可詠歎。乃自作小曲云：

庚子歲，紅羊劫。新冠肆虐，興起湖北。問百家宴後，幾家殘絕。廟堂憂，市井歇，河山變色。行商的愁容慘，打工的哀聲咽。天橋底，高速路，殯儀館，如此春節。拼了幾多同胞血，最難堪，衣勝雪。

網事紛紛爭發帖，有人評說，有人鼓盆歌，看不盡齒冷心熱。什麼粉與紅，什麼白與黑。汪之罪，李之責，由人揣測。算世故人情都領略，到明年俱作浮雲，姓與名，渾忘卻。

這該死的疫情什麼時候能夠結束呢？

再想想每天看抖音刷到的那些關於無助的芸芸眾生的小視頻，心裏頗不是滋味。當你看到一頭紮進不知道多深的泥水中幫忙打撈鑽頭的工地「水鬼」，當你看到為了給兒子建房娶媳婦而獨自背著水泥罐爬坡的老母親，當你聽到身患絕症的娃娃因疼痛而喊出的那一聲聲「媽媽」，當你聽到無力支付高昂的醫藥費的中年人在醫院門口抱頭痛哭……那勇敢的一跳，那佝僂的身軀，那稚嫩的聲音，那無奈的悲慟，在我眼前，在我耳畔，揮之不去，經久不絕，我的眼淚終於沒有忍住，奪眶而出。

是啊！一介書生，舌耕為活，於世無補，還有什麼不知足的呢！

2021 年 11 月 25 日寫 1、3 節
12 月 28 日寫 2、4、5 節
2022 年 1 月 11 日晚寫第 6 節
1 月 14 日下午改定
麻城陳開林書於翡翠國際